KB189039

한국기독교
사회윤리의
흐름과 전망

한국기독교사회윤리의 흐름과 전망

2024년 10월 25일 초판 인쇄
2024년 10월 30일 초판 발행

지은이 조용훈 · 오지석 · 이장형 · 문시영 · 홍순원 · 이종원 · 이창호
펴낸이 이찬규 | **펴낸곳** 선학사 | **등록번호** 제10-1519호
전화 02-704-7840 | **팩스** 02-704-7848
이메일 ibookorea@naver.com | **홈페이지** www.북코리아.kr
주소 13209 경기도 성남시 중원구 사기막골로 45번길 14 우림2차 A동 1007호
ISBN 978-89-8072-272-3 (93200)

값 20,000원

한국기독교사회윤리학회 학술총서 1

한국기독교 사회윤리의 흐름과 전망

조용훈·오지석·이장형·
문시영·홍순원·이종원·
이창호

 선학사

서문: 기독교사회윤리(학)의 학문적 특징

　　기독교사회윤리학은 산업혁명 이후의 새로운 사회의 등장과 관련이 있습니다. 그전까지 윤리학의 주된 관심은 개인의 성품과 덕목, 그리고 신학적 토대 마련에 있었습니다. 하지만 개인과 사회를 점차 구분하기 어렵게 되고, 개인의 도덕성에 미치는 사회구조나 제도의 영향이 커지면서 새로운 윤리방법론이 등장하게 된 것입니다. 특히, 과학기술의 급속한 발달과 두 차례 세계전쟁은 교회의 사회적 책임의식을 불러일으켰습니다. 그리고 그 책임은 개인에 대한 응답을 넘어 사회조직과 구조 그리고 인간 이외의 자연생태계로까지 계속해서 확장되고 있습니다.

　　윤리적 행위의 동기만 아니라 행위의 결과까지 관심하는 사회윤리는 신학적 토대만 아니라 사회과학적 인식과 분석에도 관심하게 만들었습니다. 기독교사회윤리에서 규범은 신학적 정체성 혹은 특수성만 아니라 사회현실에 부합하고 적실해야 하기 때문입니다. 말하자면, 기독교사회윤리학은 신학적 통찰이나 상상력만 아니라 관심하는 사회 이슈에 대한 사회과학적 전문지식을 필요로 합니다. 결혼과 가족, 기술과 과학, 생명과 의료, 정치와 경제, 법과 문화의 제 영역에서 윤리적 이슈들이 발생하고, 그에 대한 각 분야의 전문지식도 폭발적으로 늘어나면서 기독교윤리학자들의 지적 엄밀성과 부지런한 학문 태도가 중요해지고 있습니다. 한 학자가 모든 분야의 전문가가 될 수는 없기에 기독교윤리학자들 사이에 적절한 역할 분담도 이루어지게 될 듯합니다.

이 책에서 독자들은 기독교사회윤리학의 범위가 얼마나 넓은지, 그리고 연구방법론이 얼마나 다양하며, 윤리학자들이 얼마나 부지런해야 하는지 어렴풋이나마 알게 될 것입니다. 여기에 실린 글들은 시대적으로 본다면 한국사회의 근대부터 최근까지의 이슈들을 다루고 있습니다. 오지석 교수와 이장형 교수의 글은 개화기 및 근대 한국사회의 윤리적 이슈들을 다룹니다. 한편, 공간적으로 지역사회(마을)는 물론 세계화된 사회에서의 지구적 윤리 이슈들을 다루고 있습니다. 이종원 교수의 글이 전자에 해당한다면, 조용훈 교수의 글은 후자에 해당합니다. 한편, 윤리적 책임의 대상과 관련해서는 전통적인 인간 대 인간이라는 범위를 넘어서 동물로까지 확장되고 있습니다. 이창호 교수의 동물 신학과 윤리에 대한 연구가 그러합니다. 한편, 기독교사회윤리의 신학적 토대 연구로 문시영 교수는 아우구스티누스의 사회적 영성을 다루었고, 홍순원 교수는 창조신학과 창조윤리를 다루고 있습니다.

인공지능을 필두로 4차 산업혁명의 발전은 인간과 사회 그리고 자연생태계에 '혁명'이란 말 그대로 상상하기 어려울 정도의 변화와 충격을 불러올 듯합니다. 그만큼 기독교사회윤리에 대한 관심이 커짐에 따라 우리 기독교윤리학자들의 역할과 책임도 늘어날 것입니다.

2024년 10월
한남대학교 교수 조용훈

목차

01

개화기 서양예절서 연구[1]

오지석(숭실대학교 한국기독교문화연구원, HK교수)

1. 들어가는 말

이 글은 서학 윤리학, 개화기 기독교 윤리 등을 다루는 선행연구에서 다루지 않은 서양 예절, 서양예법의 수용을 서례서(西禮書)[2]로 살펴보면서 우리 삶에 구체적으로 어떤 영향을 끼쳤는지 살펴보는 데 그 목적이 있다.

조선은 고려와 달리 전쟁을 통해 건국한 것이 아니라 왕조의 교

---

1 본 장은 『기독교사회윤리』 55집에 수록된 논문을 부분 편집한 글이다.

2 근대전환기의 서례서는 『서례수지』, 『교제신례』, 『보통교육(普通教育) 國民儀範』, 『서례편고』(西禮便考) 등이 있다. 서례서에 대한 선행연구는 다음과 같은 것들이 있다. 허재영, "화법 교육사의 차원에서 본 『西禮須知(서례수지)』연구", 「화법연구」 29(2011); 권두연, "근대 초기 서양 예법서의 등장과 『교제신례(交際新禮)』: 출판과 유통을 중심으로", 「반교어문연구」 55(2020); 권두연, "근대 초기 지식의 편집과 중간 유통자에 대한 고찰: 이철주(李喆周)의 『서례편고(西禮便考)』를 중심으로", 「반교어문연구」 57(2021); 권두연, "교제의 필요성과 서양 예법서의 간행", 「반교어문연구」 61(2022).

체로 성립되었다. 조선은 고려와는 달리 불교를 배척하고 국가의 지배 이데올로기로 성리학을 채택하여 초기 국법을 대신하여 『국조오례의』 (吉禮, 嘉禮, 賓禮, 軍禮, 凶禮)가 법제로서의 역할을 했고, 『경국대전』이 완성된 후 이 두 책은 조선 500여 년간의 통치에 기초와 근간이 되었다.[3] 조선은 예법서 간행의 오랜 전통이 있다. 국가의 다섯 가지 예식을 다룬 『국조오례의』에서부터 한 가정에서 부녀자가 지켜야 할 도리(『내훈』)나 예의범절에 대한 일상 의례까지 예(禮)에 대해 강조했다. 특히 일본과 청과의 전쟁 후 국가 재건을 예를 통해 해야 할 정도였다. 그렇기 때문에 조선시대 지배계층은 "예가 사회생활의 기본 질서로 인식되었던 유교 사회에서 예법을 따르고 지키는 것은 일종의 법과 같은 효력을 가지고 있어서 마땅히 준수해야 할 것"[4]으로 인식했다.

조선은 개국 이래 고수해온 해금정책(海禁政策)에서 벗어나 1876년 개항과 더불어 문호를 개방한다. 이로써 중국과 일본 이외의 국가와 정식적으로 조약을 맺고 교류하기 시작한다. 조선은 미국과 1882년 조미수호통상조약(朝美修好通商條約)을 맺은 후 1883년 영국과 독일, 1884년 이탈리아와 러시아, 1886년 프랑스 등 서구 열강들과 통상조약을 체결하고 본격적으로 문호를 개방하고 교류하기 시작한다. 이 시기부터는 단순히 서양의 문물의 전파에 그치지 않고 관료, 외교관, 의사, 외교관, 선교사, 상인, 여행가, 군인, 교사, 지리학자, 종군기자, 화가 등 다양한 직업의 외국인들이 유입되는 인적 교류의 풍경이 발생한다.

근대전환기 조선은 개국 이래 지켜오던 의례와 예법의 대상에도

---

3 이재룡, 『조선 예의 사상에서 법의 통치까지』(예문서원, 1995), 245-246.

4 홍현식, "국조오례의", 『한국민족문화대백과사전』 3(한국정신문화연구원, 1997), 759.

변화가 생긴다. 왜냐하면 개항 이전까지 의례와 예법의 대상은 주로 나라 안의 백성들이었지만 이제는 외교 대상이 지리적으로 확장 확대 되고, 대한제국기에 이르면 국내에 거주하는 거류민뿐만 아니라 체류 하는 외국인들 전체로 확대되었기 때문이다. 다시 말해 외국과 교유함 과 외국인과 교제함에 있어서 이전과는 다른 예법이 필요하게 되었다. 박은식은 이런 상황을 유동작의 『교제신례』(交際新禮) 서(序)에서 "아, 오늘 각국의 교제를 춘추시대에 비교하면 어찌 같이 말할 수 있겠는 가. 온 하늘 아래 전 지구 위에 증기선과 철도가 베틀처럼 왕래하여 말 이 다르고 풍속이 다른 사람들이 모두 형제처럼 교류하니, 예가 여기 에서 생겨난다"[5]고 표현하고 있다. 권두연은 이와 같은 상황을 "국내에 유입된 서양인의 수가 늘어나고 그 부류 역시 다양해지면서 이들을 어 떻게 대해야 하는가라는 문제에 직면"[6]했다고 기술하고 있다.

서양 학문에 대한 인식은 이미 예수회 선교사들이 중국에서 활동 하던 16세기부터 있었다. 바뇨니가 서양의 실천학에 대한 소개와 동아 시아 전통을 접목하여 『서학수신』, 『서학제가』, 『서학치평』 등으로 표 기하여 서양 학문을 '서학'이라고 표현했다.[7] 서양 학문을 서학이라고 불렀듯이 서양 예절 혹은 서국 예절을 '서례'라고 표현한 용례를 보면 『한성순보』 1884년 8월 1일자 기사 "서양 사람은 서양을 돕는다"에 서 프랑스와 중국이 베트남 북부지역의 통킹(東京)지역을 두고 벌어진 분쟁을 다룬 "서례(西禮)로 절함이 오래되었는데"라는 데에서 찾을 수

---

[5] "噫, 今日各國之交際, 時春秋之世, 豈可同年而語者哉. 普天之下, 全球之上, 輪舶鐵軌往 來如織, 殊音異俗之人, 皆交涉如兄弟, 而禮於是乎生矣." 朴殷植, "交際新論序", 柳東作 述, 『交際新禮』, 博文社, 1905; 권두연, 앞의 글(2020), 112에서 재인용.

[6] 권두연, 앞의 글(2020), 74.

[7] 오지석, "오랑캐에게 예절을 배우다", 「기독교사회윤리」 42(2020), 141-144.

있다.

'서례'라는 용어가 본격적으로 등장한 것은 대한제국의 학부가 편찬한 교과서 목록과 제목이다. 1894년 학무아문이 설립되고 이후『국민소학독본』,『신정심상소학』 등의 공교육 교과서가 간행되면서 서례를 다룬 프라이어(John Fryer, 傅蘭雅)의『서례수지』(西禮須知)도 간행된다. 여기서 서양의 예법을 구체적으로 '서례'라고 언급한다. 권두연의 연구에 따르면 대한제국 시기의 서양예법서는『서례수지』,『교제신례』,『서례편고』로 총 세 권이다.[8] 이 시기 동서양 예법을 다룬 책이 있는데 진희성의『보통교육국민의범전』(1908)이다. 여기서는 개화기 서양예절서 연구라는 취지에 맞춰 서로 영향을 주고받은 앞의 세 권을 다루기로 하자.

이 글은 이 세 권의 서양예법서(서례서)의 문헌 분석을 통해 근대전환기 서양의 예절 또는 예법의 수용을 소개하고, 교육에 관한 근대전환기의 모습과 외국인과의 교류의 흔적, 그리고 에티켓에 대한 갈증을 살펴보고, 예법의 대상이 외국인에까지 확대된 과정 속에서 전통 문화와 서양 문화의 접점을 충돌로만 이해하지 않고 수용과 변용의 단면을 드러내고자 한다.

근대전환기 세 권의 서양예법서 가운데 프라이어의『서례수지』를 먼저 살펴보기로 하자. 초대 학부대신이었던 박정양은 1881년 조사시찰단 일원으로 일본을 방문했으며, 1887년 주미공사로 당대 일본과 미국을 체험한 인물이다. 학무과장이었던 이상재 또한 1881년 조사시찰단으로 참여했고, 박정양을 따라 미국으로 건너가 그를 수행했

---

8   권두연, 앞의 글(2022), 141.

다. 이는 학부 교과서 선정과 집필에 일본과 미국 외교사절 경험이 있는 이들이 관여했을 가능성이 농후하다. 이들이 자신들의 서양인과의 교제(交際) 경험을 통해 풍속과 문화교류라는 방향성을 정하고 서양예절의 소개와 교육을 위해 프라이어의 『서례수지』를 선택했다고 추정할 수 있다.

2. 서양 예절의 소개:
존 프라이어의 『셔례슈지』(西禮須知, 1896 · 1902)

1) 존 프라이어는 누구인가?

존 프라이어(John Fryer, 傅蘭雅, 1839~1928)를 언급하고 있는 선행연구는 설충수의 "존 프라이어(John Fryer)연구: '그는 선교사인가 과학 전파자인가?'"(2020)[9], 조병한, "근대 중국의 개혁과 서양인: 로버트 하트와 존 프라이어를 중심으로"(2004)[10], 오순방의 "현대중국번역의 초석을 다진 선교사 존 프라이어와 한국기독교박물관 소장(所藏) 존 프라이어의 한적(漢籍)들"(2000)[11], "科技启蒙到小说启蒙：晚清时

---

9 설충수, "존 프라이어(John Fryer)연구: '그는 선교사인가 과학 전파자인가?'", 「한국교회사학회지」 56(2020), 159-193. 이 연구는 다른 기존의 연구와는 달리 '존 프라이어'에 집중해 본격적으로 그의 생애와 학술활동을 중심으로 다루고 있다.

10 조병한, "근대 중국의 개혁과 서양인: 로버트와 존 프라이어를 중심으로", 「한국사 시민강좌」 34(2004).

11 오순방, "현대중국번역의 초석을 다진 선교사 존 프라이어와 한국기독교박물관 소장(所

期傅兰雅的启蒙活动"(2003)[12]과 "청말의 벙역사업과 소설작가 오견인"(2005)[13] "존 프라이어의 소설현상공모활동과 清末의 新小說《醒世新編》"(2010)[14], "传教, 翻译, 启蒙, 小说 - 19世纪 中文基督教小说的创作与传播"(2011)[15], 이상·오순방의 "从"时新小说"征文活动解讀傅兰雅"(2018)[16], 그 외에 남영만의 "중국 산학서「代數術」券1, 券2에 나타난 算法에 대한 고찰"(2012)[17], 허재영의 "화법 교육사의 차원에서 본『西禮須知(서례수지)』연구"(2015)[18], "근대 중국의 서양서 번역, 보급과 한국 근대 학문에 미친 영향 연구"(2017)[19], "제1장 계몽주의에 대한 사상적 접근 경향"(2019)[20], 강미정·김경남의 "근대 계몽기 한국에서의 중국 번역 서학서 수용 양상과 의의"(2017)[21], 정성미·송일기의 "梁

藏) 존 프라이어의 한적(漢籍)들", 「인문학연구」 30(2000), 251-283.

12   오순방, "科技启蒙到小说启蒙 : 晚清时期傅兰雅的启蒙活动", 「중국소설논총」 18(2003), 57-75.

13   오순방, "청말의 번역사업과 소설작가 오견인", 「중국어문논역총간」 14(2005), 287-323.

14   오순방, "존 프라이어의 소설현상공모활동과 清末의 新小說《醒世新編》", 「중국소설논총」 32(2010), 279-315.

15   오순방, "传教、翻译、启蒙、小说 - 19世纪中文基督教小说的创作与传播", 「중국어논문역총간」 28(2011), 117-215.

16   이상·오순방, "从"时新小说"征文活动解讀傅兰雅", 「중국소설논총」 54(2018), 155-169.

17   남영만, "중국 산학서「代數術」券1, 券2에 나타난 算法에 대한 고찰", East Asian Mathematical Journal, 28-4(2012), 475-485.

18   허재영, 앞의 글(2015), 211-232.

19   허재영, "근대 중국의 서양서 번역, 보급과 한국 근대 학문에 미친 영향 연구", 「한민족어문학」 76(2017), 64-104.

20   허재영, "제1장 계몽주의에 대한 사상적 접근 경향", 허재영·김슬옹·윤금선·김혜련·서민정, 『한국 근대 계몽운동의 사상적 기반』, 경진, 2019, 9-79.

21   강미정·김경남, "근대 계몽기 한국에서의 중국 번역 서학서 수용 양상과 의의", 「동악어문학」 71(2017), 253-288.

啓超의『西學書目標』내용분석"(2016)[22], 장의식의 "淸末의 上海格致書院: 시대변화와 그 한계"(2018)[23], 윤지양의 "淸末 上海에서 출판된 西洋畵法 교재《論畵淺說》과《畵形圖說》연구"(2018)[24], 오지석의 "편하설의『論理略解』연구: 근대전환공간의 최초의 한글 논리학 교과서"(2021)[25]가 있다. 이외의 연구로는 차영위(車穎威)의 "傅兰雅征文小说《五更钟》研究"(2015) 석사논문이 있다. 이상의 기존 연구들을 종합해보면, 프라이어는 영국 출신의 선교사이자 과학 전파자이며 서양 서적의 번역자로서 문화전달자라 할 수 있다.[26]

그렇다면 개화기 서양예절을 동아시아에 소개해주고, 대한제국의 학부가 수용해 전파한『서례수지』의 저자 존 프라이어에 대해 자세히 알아보자.

선교사들에 대한 평가를 살펴보다 보면 순수한 선교사로 평가되는 사람이 있는가 하면 "기독교 선교에 전념하기보다는 자신의 출세를 위해 기회를 틈타 끊임없이 자신의 영향력과 자신의 노력에 대한 보상을 과장한 사람"[27]의 부류로 언급되는 사람이 있다. 프라이어의 경우 순수 선교사의 역할도 있었지만 세평은 후자처럼 전해지기도 한다.

존 프라이어는 1839년 8월 6일 영국 잉글랜드 켄트(Kent)주 하이

22　정성미·송일기, "梁啓超의『西學書目標』내용분석", 「서지학연구」 68(2016), 415- 450.

23　장의식, "淸末의 上海格致書院: 시대변화와 그 한계", 「중국사연구」 117(2018), 207-242.

24　윤지양, "淸末 上海에서 출판된 西洋畵法 교재《論畵淺說》과《畵形圖說》연구", 「중국어문논총」 89(2018).

25　오지석, "편하설의『論理略解』연구: 근대전환공간의 최초의 한글 논리학 교과서", 「현대유럽철학연구」 61(2021), 147-178.

26　설충수, 앞의 글(2020), 161.

27　조너선 스펜스, 『근대중국의 서양인 고문들』, 김우역 역(이산, 2009), 182.

트(Hythe)에서 가난한 순회전도자의 맏이로 태어났다. 그는 부모의 영향으로 어린 시절부터 중국 선교를 준비했다. 1860년 하이베리 사범대학(Highbury College)을 졸업한 후 1861년 홍콩 성바울서원의 교장으로 부임하여 1863년 8월까지 임기를 마쳤으며, 그 무렵 그는 성공회의 평신도 선교사 즉 평신도 선교교사(a lay missionary teacher)로서 봉사하고자 했다. 왜냐하면 그가 보기에 중국 교육체계는 결함이 있었다. 그는 1863년 여름 교사로서 선교할 수 있다는 확신을 가지고 베이징으로 거주지를 옮기고 동문관에서 영어 교사로서 성공회 선교 교사로 신청하여 12월 10일 영국성공회 선교사로 비준을 받는다. 그는 1864년 11월 약혼녀 안나(Anna Roleston)와 결혼하게 되었는데 결혼에 하자가 있다고 판단한 성공회 선교부는 프라이어의 선교사 신분을 철회한다. 이에 대해 설충수는 프라이어가 여느 선교사와는 달리 직접적인 선교보다는 영어교육을 통해 문화적인 의미 또는 종교 관념을 담아내고자 하게 된 이유가 된다고 보았다.[28]

그는 우여곡절 끝에 1865년 가을 상하이 영화서원의 교장이 된다. 그의 간접적 선교방법은 성공회 선교사들에 의해 '지나친 세속화'라는 비난을 받았지만 그는 교육을 통해 기독교 선교의 첫길을 열어가고자 했다.[29] 다시 말해 그의 선교정책은 전통적이고 직접적인 선교에서 교육 중심으로 그리고 서양 서적의 번역이나 지식 소개로 전환하게 되었다.[30] 그는 1868년 5월 20일까지 영화서원의 교장직을 수행하면서 1866년 11월 『상해신보』 편집을 맡아서 서양 서적 관련 글을 번역

---

28   설충수, 앞의 글(2020), 164-165.

29   위의 글, 166.

30   위의 글, 167.

해 게재하기도 했다. 그는 양무운동에 감명을 받았고 자신이 실천해왔던 선교와 교육이 양립하기 어렵다고 인식하면서 서양 서적의 번역에 관심을 두었다. 그는 학교 사업보다는 신문이나 저작을 통해 더 많이 서양의 사상과 과학을 전파할 수 있다고 보았다. 그래서 선교사들의 설교보다는 서양의 과학기술을 전하고 배우게 하는 것이 중국의 계몽운동이라고 보았다.[31] 그는 영화서원에서의 교육경험과 『상해신보』의 편집활동을 통해 자신이 나가야 할 길을 정립하기 시작했고, 1868년 5월 31일부터 중국사회에서 그의 위치를 확고하게 한 강남제조국 번역관 일을 1896년 미국으로 가기까지 28년 동안 했다.[32]

그는 강남제조국에서 28년 동안 90여 종의 번역서와 중서(中西) 명목표 4종에 대한 편찬 등 강남제조국에서 출판한 서적의 절반가량을 펴냈다. 이후 이런 제조국에서의 번역 일 등을 모아 "강남제조총국 번역 서양서사략(江南制造总局翻译西书事略)"이란 글을 작성하는데, 이 글은 1880년 2월 29일 노스-차이나 헤럴드(North-China Herald, 중국명: 北华捷报)에 실렸다. 이 글에서 프라이어는 자신이 중국에 와서 살아온 삶을 되돌아보며 그의 번역 일에 대해 다음과 같이 기술한다. "내가 중국에 거주한 지 이미 20년으로 마음에 기뻐하는 것은 오직 중국이 격치를 널리 일으키어 중국과 서양이 한 궤에 이르기를 희망할 뿐이다. 그러므로 평생 전적으로 이 일에 매달려 다른 것에 이르지 않았다."[33] 그는 이 외에도 『격치휘편』 발간, 격치서원, 격치서실 등의 일을 맡았고

---

31 위의 글, 168.

32 강남제조국과 프라이어의 관계는 설충수의 논문 "존 프라이어(John Fryer)연구: '그는 선교사인가 과학 전파자인가?'", III. 강남제조국에서의 활동(169-174)을 참고하라.

33 王扬宗, 『傅兰雅与中国的科学启蒙』(北京, 科学出版社, 2000), 49; 설충수, 앞의 글 (2020), 173에서 재인용.

서양 지식을 널리 보급하고 전하고자 했다. 또한 익지서회와 협력하여 서양 과학지식을 중국 교육 현장에서 사용되고 활용될 수 있도록 초등 교재 시리즈인『격치수지』(格致須知) 시리즈 편찬에 공을 들였다.

프라이어는 1877년 5월 상하이에서 열린 제1차 중국 선교사대회에서 교회학교 발전을 위해 설립한 교육기관이며 주로 교회학교 교과서를 책임지는 역할을 한 익지서회(益智書會, The School and Textbook Series Committee)[34]에서 선교회 소속 선교사는 아니지만 서회 위원으로 추천되어 초·중등학교 교과서 편찬에 참여했다. 그 당시 익지서회에서 다룬 과목은 산술, 대수, 측량, 박물학, 천문학 등 수학·과학에 대한 과목과 더불어 논리학, 정신철학, 도덕철학, 정치경제학 등에 관한 것도 있었다. 프라이어는 초등교재 주 편집을 맡았다. 그는 과학교육과 종교전파를 결합하려는 시도에 대해 반대하고 1879년 10월 위원직을 사퇴했으나 서회가 그가 제시한 비종교적인 서적을 편찬하는 조건으로 서회의 편집권을 그에게 넘겼다. 그는 1896년 미국으로 갈 때까지 17년간 전체 편집을 책임졌다.

프라이어는 이른바 "동학서점(東學西漸)"의 역할을 했다. 그는 1896년 미국으로 건너가서 캘리포니아대학(University of California at Berkeley)의 동방언어 교수로 부임해서 중국 역사와 문화, 언어 등을 가

---

34 익지서회는 1890년 상하이에서 열린 제2차 중국선교사대회에서 교회학교의 증가와 이에 따른 실제적으로 가르치는 문제가 점점 확대되면서 중국의 구교육을 개혁하고 신식교육을 발전시키려는 목적으로 영문명을 "중화교육회(Educational Association of China)"로 바꾼다. 중문명은 익지서회를 그대로 사용하다 1905년에야 "중화교육회(中华教育会)로 바꾼다. 중화교육회의 초대 회장은 마티어였다. 1896년 프라이어가 중국을 떠나고 난 후 중화교육회의 사업이 저조하게 되었는데, 그 원인은 이 시기에 중국교육사업과 과학지식의 보급, 발전이 이미 선교사들의 번역서 수준을 뛰어 넘었기 때문이라고 할 수 있다. 설충수, 앞의 글(2020), 181에서 재인용.

르치고 그 대학이 동양학, 중국학의 중심이 될 수 있도록 했으며 제조국을 위한 번역도 지속적으로 했다. 또한 미국에 유학 오는 중국 학생을 고무하고 돕기 위해 중문판『미국가방대서원도설』(美國加邦大書院圖說)(1900)을 편찬했고,『중국교육명록』(中國敎育名錄, *The Education Directory of China*) 미국 교육부의 영문판『중국 미학생획준입학기유』(中國留美學生獲準入學記)(1909)[35]도 편찬했다. 이후 그는 중국의 시각장애 아동을 위해 상하이와 한커우(汉口)에 맹아학교를 세웠고 시각장애인들을 위해『맹인교육이론』(1911)을 편역하기도 했다. 그는 1915년 명예교수로 퇴임하여 1928년 90세 일기로 세상을 떠났다.

2) 서양 예절(西禮):『서례수지』(西禮須知, 1896 · 1902)

『숭실대학교 한국기독교박물관 소장 과학 기술관련 자료 해제집』(2009)[36]에는 프라이어가 기획한 익지서회의 교회학교(미션스쿨) 초 · 중등 입문 교재 가운데 수지류 9권[37]과『격치휘편』45권을 소개하고 있다. 프라이어가 원래 기획한 것은 10집(시리즈) 각 시리즈 8종 80권이었다. 그것을 분류해보면 자연과학[1, 2, 3집『광학수지』(光學須知, 1895),『성학수지』(聲學須知, 1887),『지학수지』(地學須知, 1883),『화학수지』(化學須知, 1886)], 공예 · 기술[4 · 6집『전학수지』(電學須知, 1887)], 사회과학[5집], 의약

---

35 『중국 유학생이 미국 유학에서 수용할 규정』은 미국의 대학 제도, 대학 모집 현황, 중국 학생의 미국 유학 현황, 건의 및 충고 그리고 미국 대학 일람표 등이 소개되어 있어서 미국 유학을 원하는 중국 학생에게 중요한 지침서라 할 수 있다.

36 숭실대학교 한국기독교박물관 학예과 편,『한국기독교박물관 소장 과학 · 기술 자료 해제』(숭실대학교한국기독교박물관, 2009).

37 여기에서는 숭실대학교 한국기독교박물관 소장본을 중심으로 소개한다.

[7집 『전체수지』(全體須知)],**38** 천문ㆍ지리[8집 『천문수지』(天文須知, 1887), 『지지수지』(地誌須知, 1882)], 8집 『국지수지』(國志須知), 세계지리와 역사[9집 『국사수지』(國史須知)], 세계 종교[10집 『교무수지』(教務須知?)] 등이다. 프라이어가 중국에 있을 때 발간된 것은 27종이었다. 특히 과학기술 관련 "○○須知"류의 서적들은 프라이어가 직접 저술하거나 번역하여 『격치휘편』에 연재했던 것들을 대해 중문(中文) 만오천 자 내외로 편집했고 주로 각 과목의 가장 기본 이론을 소개했다.**39** 우리가 여기서 주목하는 것은 『서례수지』와 『이학수지』이다. 『서례수지』는 대한제국이 세계에 문호를 개방하면서 겪게 되는 통상과 예절에 대한 고민을 풀어줄 것으로 기대된 서적이고, 『이학수지』(理學須知)는 그가 미국으로 건너간 후 출판된 것으로 목록만 전해지고 현물이 전해지지 않았던 서양 논리학서**40**이다.

　『서례수지』를 연구한 것으로는 허재영의 "화법 교육사의 차원에서 본 『서례수지』연구"(2015)와 권두연의 "근대 초기 서양 예법서의 등장과 『교제신례』"(2020), "근대 초기 지식의 편집과 중간 유통자에 대한 고찰"(2021), "교제의 필요성과 서양 예법서의 간행"(2022) 등이 있다.

38　『의약수지』는 설충수의 연구에서는 언급하고 있고, 숭실대학교 한국기독교박물관에서는 소장하지 않고 있다.

39　설충수, 앞의 글(2020), 184.

40　여기에 대해서는 오지석의 "편하설의 『論理略解』연구: 근대전환공간의 최초의 한글 논리학 교과서", 「현대유럽철학연구」 61(2021), 147-178을 참고하라.

표 1. 숭실대학교 한국기독교박물관 소장본

분야	책이름	비고
자연과학	『광학수지』(光學須知, 1895) 『성학수지』(聲學須知, 1887) 『지학수지』(地學須知, 1883) 『화학수지』(化學須知, 1886)	『격치수지』 시리즈 1, 2, 3집
공예·기술	『전학수지』(電學須知, 1887)	4, 6집
사회과학	-	5집
의약	『전체수지』(全體須知)	-
천문·지리	『천문수지』(天文須知, 1887) 『지지수지』(地誌須知, 1882) 『지리수지』(地理須知, 1883)	『국지수지』(國志須知)
세계지리와 역사	-	『국사수지』(國史須知)
세계종교	-	『교무수지』(敎務須知)

그림 1. 숭실대학교 한국기독교박물관 소장

『서례수지』는 현재 1886년본이 서울대학교 규장각 소장본으로 전해지고 있고, 학부에서 편찬한『서례수지』는 1896년 간행된 것으로 추정하고 있으나 1902년과 1905년에 중간된 것으로 보인다. 1902년 본은 숭실대학교 한국기독교박물관, 단국대학교 율곡도서관, 연세대학교 학술문화처도서관, 서울대학교 중앙도서관, 경북대학교 중앙도서관에 소장되어 있고 1905년판은 고려대학교 도서관에 소장되어 있다. 1902년 발행된 국문본 『서례수지』는 숭실대학교 한국기독교박물관과 서울대학교 중앙도서관과 연세대학교 학술문화처도서관에 소장되어 있고, 이 가운데 원문 서비스가 제공되고 있는 곳은 숭실대학교 한국기독교문화연구원 인문한국플러스사업단 디지털아카이브이다. 허재영은 규장각본과 한문본, 한글본을 합본으로 엮어서 영인해 『(존 프라이어 著) 서례수지』(경진, 2015)를 출판했다.

『서례수지』는 서양의 예절에 대해 반드시 알아야 한다는 의미를 부여할 수 있고 기본적이면서도 필수적으로 알아야 하는 예법서라 할 수 있다.[41] 이 서례서는 중국 주재 영국 성공회 평신도 선교사 존 프라이어가 교회학교 초등교재 시리즈 가운데 하나로 기획해서 편찬한 것이다. 그러다 보니 당연히 서양인인 그가 중국 경험을 바탕으로 저술한 것이다. 허재영은 이 『서례수지』에 대해 1900년대 한국 역사학자들의 세계사 역술의 주요 자료로서 "예(禮)에 대한 고정관념을 탈피하고 지역·문화에 따라 예법이 달라짐을 고려하여 중국인에게 서양인의 교제 예법을 소개하고 있다"[42]고 말했다.

학부에서 발간한 중문본과 한글본의 차이는 크지 않다. 중문본의 장 제목을 보면 "總說(총설), 結交(결교), 宴客(연객), 拜客(배객), 談敍(담서), 用菸(용어), 衣飾(의식), 取樂(취악), 零事(영사)"이다. 한글본은 장 구분에서 큰 차이는 없지만 장 제목을 의역하거나 우리나라 실정에 맞

---

41 권두연, 앞의 글(2020), 79.

42 허재영, "해제", 허재영 편, 『(존 프라이어 著) 서례수지』(경진, 2015), 5.

게 "총론, 친구 사귀는 법, 손님을 쳥ᄒᆞ야 잔치ᄒᆞ는 법, 친구 찾는 법, 친구와 슈작ᄒᆞ는 법, 담배 먹는 법, 의복 입는 법, 질기는 일, 항용 례절"로 쉽게 읽을 수 있게 번역했다. 이 책의 간행 취지를 알 수 있는 내용은 다음과 같다.

> 녯젹에 어진 ᄉᆞ람이 교졔ᄒᆞ는 례를 베푸러 빅셩의 뜻을 뎡케 ᄒᆞ니 이는 ᄉᆞ람마다 잠시 떠나지 못홀 일이오, 또 곳 ᄉᆞ람마다 ᄌᆞ긔의 신명과 지산을 보호ᄒᆞ는 울타리라. (…) 그런 고로, 례라 홈은 난잡ᄒᆞᆫ 폐를 바로잡아 ᄉᆞ람으로 ᄒᆞ야곰 평정직케 ᄒᆞ는 거시니라. (…) 셰계 각국에 풍속이 각각 부동ᄒᆞ니 이곳에셔 힝ᄒᆞ는 례가 엇지다 타쳐에 합당ᄒᆞ리오. 이졔 만일 셔양 ᄉᆞ람을 디ᄒᆞ야 ᄂᆡ 풍속만 힝코자 ᄒᆞ면 반다시 무식ᄒᆞᆫ ᄉᆞ람을 면치 못홀디니 엇지 가셕지 아니리오. 그런 고로 셰샹에 통힝ᄒᆞ는 례를 비호는 거 가ᄒᆞ니라.[43]

『서례수지』가 발간되었던 1897년 당시 대한제국에 거주한 외국인은 총 3,253명이었다. 청국인이 1,273명, 일본인이 1,758명, 서양인이 262명에 불과했다. 다시 말해 거류나 체류 서양인의 수는 많지 않았다는 것을 알 수 있다.[44] 하지만 청국인이나 일본인 외 서양인들이

---

43 위의 책, 11.

44 임선애, "개화기와 외국인에 관한 담론 연구:『독립신문』의 논설을 중심으로", 「인문과학연구」 17(2012), 147; 손정목, "개항기 한성 외국인거류의 과정과 실태", 「향토서울」 38(1980), 29-82에 따르면 청국인이 한성에 들어오게 된 계기는 1882년 임오군란 진압 구실이었다. 이때 들어온 군역상인은 40명이다. 1910년 말까지 경성에 거주한 청국인 수는 519호 1,828인이고 일본인은 1885년부터 본격적으로 한성 거류가 시작되었는데 19호 89인이었고, 1910년 9월에는 8,794호 34,468인에 달했고, 서양인은 1912년 기준으로 306인이었다.

조선으로 유입되면서 교제가 국가 사이의 예전(禮典)뿐만 아니라 개인적 관계에서도 필요한 예법이라는 의식이 발생하게 되었다.

권두연은 『서례수지』가 간행된 이유로 선진 문물에 대한 고종의 관심과 해외 경험 및 체험이 있는 집필자에 직접적인 연관이 있다고 밝히고 있다.[45] 이는 『서례수지』가 유통된 양상과도 밀접하게 관련되는데 다음 인용문은 『서례수지』가 독립협회 회원들뿐만 아니라 일반인에게 읽혔음을 뒷받침하는 기사이다.

> 방효충씨는 독립 협회 회원도 아니요 방청ᄒ는 친구인디 조긔
> 의 돈으로 셔례슈지라 ᄒ는 칙 열권을 사셔 도라간 일요일 독립 협
> 회 토론회 회셕에 들여 노흐며 여러 회원들이 돌녀 보고 문견과
> 지식을 넓게 ᄒ엿다니 방씨 곳흔이는 참 기명 진보에 크게 유의 흔
> 이라 우리는 방씨를 대ᄒ야 깁히 치샤ᄒ노라.[46]

독립협회는 당시 문명개화를 추구하면서 근대 지식과 문화에 대한 열망이 높았다. 이런 독립협회가 주최하는 토론회에 『서례수지』가 반입되었다는 것은 흥미롭다. 이는 대외적으로 서양을 체험한 관리와 지식인의 요청만이 아니라 국내에서도 이미 서양인과의 교류가 있었고 그에 대한 예법서의 요구가 있었음을 알 수 있다. 또한 『서례수지』는 사립학교의 교재로 활용되었다.

---

45   권두연, 앞의 글(2022), 143.

46   『독립신문』, 1898.5.10. 3면 잡보.

前 叅書官 尹鎬烈 大東紀年五冊 世界年契一冊 公法會通三
冊 大韓地誌二冊 萬國地誌三冊 牧民心書四冊 泰西新史二冊
中日畧史一冊 俄國畧史一冊 美國獨立史一冊 埃及近世史一冊
精選籌學{解式幷一冊 籌術新書二冊 新訂籌術三冊 日語襦誌五
冊 世界全圖四件 最新韓國地圖 二件 西禮須知一冊[47]

『서례수지』는 1896년 학부 교과서로 발행되어 문명개화를 열망
하는 개화 지식인이나 학생들에게 서양인이 알려주는 서양예법이라고
할 수 있다.[48]

3. 서양 예절 수용과 내재화: 유동작의 『교제신례』(1905)

1) 서양인과의 교제와 서양 예법(西禮)

개항하자 지리적 인식 부족과 접근 불가능 등의 어려움에서 벗어
나면서 대한제국을 방문하는 서양인들이 급증했다.[49] 특히 1890년대
이후 동아시아의 관문이자 요충지인 대한제국에서 벌어지는 정치현상
이 외국인의 관심을 끌었고 여행가들에게 새로운 세계에 대해 갈증을

---

47 〈會興學{校義捐金額〉,『황성신문』, 1906.8.11, 4면 광고.

48 권두연, 앞의 글(2022), 145.

49 홍준화, "제5장 개항기 외국 여행가들이 본 조선, 조선인", 국사편찬위원회 편,『이방인이
본 우리』(두산동아, 2009), 214.

풀어줄 대상으로 부상했다. 미국, 영국, 프랑스, 독일, 스웨덴, 러시아, 일본 등을 비롯한 다양한 국가에서 여행가들이 왔다. 이들의 직업은 지리학자, 민속학자, 천문학자, 화가, 외교관, 기자, 교사, 군인, 선교사, 전문 여행가 등과 같이 다양하다.[50] 이들은 대한제국의 지리적 환경, 조선인의 성격, 풍속, 관습 등에 관심을 가져서 다양한 경험을 하면서 다양한 기록을 남겼는데 영국의 지리학자로 영국 왕립학회의 회원인 이사벨라 버드 비숍의『한국과 그 이웃 나라들』과 여행기(旅行記) 같은 저서가 이러한 대표적 사례이다.[51]

그런데 이들이 남긴 기록은 단순히 여행지에서 본 것을 그대로 기록하는 것이 아니라, 그들이 속한 정치적 · 경제적 · 사회적 맥락이 반영되기 마련이다.[52] 서양인의 입장에서 쓰였기에 대한제국을 바라보는 그들의 시선이나 관점은 잘 드러나지만 그들과 교류하거나 그들이 접촉한 대한인의 실상을 파악하는 데는 한계가 있다.[53] 개화기에 방문한 서양인들은 대한제국을 "은자의 나라"나 "고요한 아침의 나라"로 이미지화하거나 대한인을 "더럽고 게으른" 습성을 지닌 민족으로 서술하는 경우가 많았다. 이는 19세기 서양인들이라면 누구나 가지고 있던 문명화의 사명(mission civilisatrice)이라는 일종의 시대정신의 표출이라 할 수 있다.[54]

한편 개항과 더불어 한국인들은 사절단 일원으로 서양 국가를 방문하게 되고, 서양식 교육이 전파되고, 서양 종교의 선교활동의 영향

50   위의 글.
51   이사벨라 버드 비숍,『한국과 그 이웃 나라들』, 이인화 역(살림, 1994) 참조.
52   홍준화, 앞의 글(2009), 214.
53   권두연, 앞의 글(2022), 145.
54   조현범,『조선의 선교사, 선교사의 조선』(한국교회사연구소, 2015), 285.

으로 유학생과 해외 취업자들이 바다를 건너 이방인과 직접적인 교류와 교제를 시작한다. 서양의 여러 나라와 통상조약을 맺은 대한제국은 1883년 미국에 보빙사를 파견한다. 그리고 1887년에는 미국에 초대 주미전권공사를 파견하고, 1896년 러시아의 니콜라이 2세 대관식 참석을 위해 사절단을 파견한다. 한국인들의 근대전환기 해외 경험은 사절단 파견과 같은 국가 차원에서 행하는 공식적인 것이었다.

대한제국 사절단의 수행원으로 참여한 유길준이나 윤치호는 당대로는 유일하게 일본과 미국에서 서양의 지식과 학문을 단순히 체험하는 데 그치지 않고 유학했다. 해외에서 보고 듣고 관찰한 것을 기록으로 남긴 경우가 드물고 이를 주목하는 사례가 많지 않았다. 우리가 주목할 수 있는 자료로는 민영환의 『해천추범』, 김득련의 『환구음초』, 박정양의 『미행일기』 등이 있고 유길준의 『서유견문』과 윤치호의 『(국역) 영문일기』는 대한제국에서 밖으로 나간 사람들의 경험과 지식을 알 수 있는 자료라 할 수 있다. 권두연이 허재영의 지적을 인용한 것[55]처럼 유길준의 『서유견문』은 서양 예법에 대한 다양한 정보가 기록되어 있지만 예를 실천하는 것보다는 서양인의 삶의 방식을 소개하는 것에 방점을 두었기 때문에 교제를 위한 예법서와 차이가 있다.

보빙사와 수신사의 경험으로 우리와 서양의 예법이 다르다는 자각이 일어났고, 자연스럽게 서양 예법을 알아야 한다는 생각과 가르쳐야 한다는 데까지 이르렀다. 서양의 예법과 우리의 예법이 다른 데서 벌어진 여러 가지 외교적 해프닝으로 "이 같은 몇몇 해외 경험의 사례에서 볼 수 있듯 서양과 예법이 다르다는 자각이 대두되었고 이는 서

55　권두연, 앞의 글(2020), 80.

양 예법에 대한 필요성으로 자연스럽게 연결된다. 그러니까 서양과 예법이 다른 데서 빚어진 갖가지 외교적 사건뿐 아니라 교제에 대한 인식과 태도에 본격적으로 변화가 드러나기 시작한 것이다. 이와 함께 "외국과 통샹ᄒ 후에는 교제를 친밀이 ᄒ여야 유죠하"[56]다는 『독립신문』의 기사처럼 대한제국 내부에서도 통상조약 이후 교제의 필요성을 역설하는 목소리가 등장하기 시작했다. 대한제국은 서양 제국과 외교 관계를 맺고 낯선 의례를 경험하면서 서양 예법에 대한 소개와 교육이 필요하다고 직시하고 새로운 교제의 필요를 느껴 국가 공식 교과서의 형태로 출판한다.

2) 새로운 서양 예법서: 『교제신례』(1905)[57]

『교제신례』의 저자는 유동작(柳東作)이다. 유동작은 1878년생으로 대한제국에서 법조인으로 활동했다. 그는 1898년 3월 미국에 갔다가 같은 해 11월 다시 일본으로 가 1900년 명치대학 법률과에 입학하여 1901년 관비유학생으로 선발되어 1904년 졸업했다. 졸업 후 귀국하여 1905년 8월 법부 법률기초위원에 임명되었다. 그는 1910년 사망하기까지 법관양성소 교과과 한성재판소 검사 및 판사로 활동했다. 그는 1905년 11월 법부 법률기초위원으로 활동하던 시기에 『교제신

---

56   『독립신문』, 1896.5.21. 사설. "외국과 통샹ᄒ 후에는 교제를 친밀이 ᄒ여야 유죠하니 일이 피차에 잇난거시라 홈을며 죠션 굿흔 나라는 짓졍이 가난ᄒ고 히군은 아죠 업고 륙군은 지금이야 겨오 시쟉 홀터인즉 외국과 교제 홀 째에 위엄을 가지고 놉의게 디졉 밧기는 아직 어려운즉 다만 죠션이 디졉 밧기는 관인과 빅셩들이 힝신을 잘ᄒ고 교제를 친밀이 ᄒ여셔 약ᄒ고 가난ᄒ드리도 겸쟌ᄒ 사롬으로나 보여야 홀터이라."
57   권두연, 앞의 글(2022), 142쪽에 나온 〈표 1〉 표지, 서지, 소장처, 『교제신례』는 국회전자도서관에서 원문보기 서비스를 제공하고 있음.

례』를 저술했고, 저서로는 『물권법』이 있으며 서우학회 회원으로 활동하며 교육에 관련된 글들을 쓰고 종교 활동에 참여한 것으로 알려져 있다.[58] 현재 이 서적의 소장처는 연세대학교 학술문화처도서관, 고려대학교 도서관, 코베이(인터넷), 박병호(개인소장), 국회도서관(서울 본관) 및 국회전자도서관 등이다. 또한 1906년 11월 1일 창간되어 1907년 4월까지 모두 6호가 발행된 『소년한반도』에는 서병길이 저자로 되어 있다. 『교제신례』에 대한 선행 연구로는 김영한의 『교제신례』(2000)[59] 와 권두연의 "근대 초기 서양 예법서의 등장과 『교제신례』(交際新禮, 2020)[60], "교제의 필요성과 서양 예법서의 간행"(2022)[61] 등이 있다.

유동작의 『교제신례』는 근대 초기 출판된 예법서 가운데 하나이다. 『교제신례』의 구성은 표지, 저자의 자서인 「交際新禮序」, 박은식의 서 「交際新禮序」, 목차, 그림, 본문(총 9장), 판권 총 62쪽으로 되어 있다. 본문은 제1장 경례(敬禮, 10조항), 제2장 방문(訪問 附 名啣, 16조항), 제3장 응접(應接, 5조항), 제4장 담화(談話, 23조항), 제5장 소개(紹介, 7조항), 제6장 복장(服裝, 10조항), 제7장 연회(宴會, 47조항), 제8장 여행(旅行, 제11조항), 제9장 끽연(喫煙, 5조항)으로 되어 있다. 『서례수지』는 서양 예법의

---

58   권두연은 유동작에 대해서 자세하게 알 수 있는 자료로 김효전, "근대 한국의 변호사들", 「동아법학」 23(1997), 161~165쪽과 한혜영, "대한제국시기(1897~1910)의 도서출판에 관한 연구: 정치, 외교, 행정도서를 중심으로", 출판학회 제23회 정기학술대회 자료집(2011.10), 35를 제시하고 있다(권두연, 앞의 책, 2020, 89).

59   김영한, "交際新禮", 「향토연구」 24(2000). 김영한의 연구는 『교제신례』를 원문으로 소개하고 있다.

60   권두연, 앞의 글(2020), 71-112. 권두연은 『교제신례』 서지사항과 주요 내용을 『서례수지』와 비교하여 유동작의 『교제신례』의 특징을 자세하게 연구했다.

61   권두연, 앞의 글(2021), 132-160. 권두연의 이 연구는 개화기의 대표적 서양 예법서(서례서)인 『서례수지』·『교제신례』·『서례편고』를 분석하며 서례서의 역할과 기능에 대한 의의와 한계를 다루고 있다.

대상을 서양인인지 불분명하게 '친구'로 서술했으나 『교제신례』에서는 교제의 대상이 서양인임을 "歐米에셔 行ᄒᄂᆞᆫ 握手의 禮ᄂᆞᆫ"과 같이 밝히고 있다. 또한 권두연은 『교제신례』와 『서례수지』 등의 서양 예법서의 차이를 알 수 있는 것이 제8장 여행이라고 본다. 왜냐하면 "제8장은 ① 여행 시 고려하는 행위의 필요성, ② 자리 독점, ③ 기차 안에서의 통풍, ④ 차 안에서 좌석 양보, ⑤ 차나 배에서의 교제, ⑥ 배에서의 식사 예절, ⑦ 갑판 좌석, ⑧ 배 안에서의 부인과 담화, ⑨ 배 안에서 업무 중인 사람과의 담화 삼가, ⑩ 선장의 지시를 따를 것, ⑪ 합승 시 비용 처리"로 되어 있어서 미국과 일본으로 이동한 그의 경험이 고스란히 담겨 있어서 다른 예법서와 차이가 드러나기 때문이다.

유동작은 근대초기 미국과 일본으로 유학했다. 그는 근대전환기 외국인과의 교제에서 요구되는 예식이 어떤 것이 있는지를 자신의 유학 경험을 토대로 저술했다. 『서례수지』가 중국 주재 선교사 프라이어가 저술한 것을 학부에서 중문으로 먼저 간행하고 한글로 번역해 펴낸 것과는 달리 『교제신례』는 유입된 서양의 지식과 문화를 단순히 이식하고 추종하는 상태에 머무르지 않고 수용하고 내재화했다고 할 수 있다.

유동작은 『교제신례』 본문을 시작하면서 "무릇 예(禮)는 교제에서 필수적인 규범이다. 즉 친애와 공경과 겸양의 성심에서 일어나 질서를 바르게 하고 품위를 보존하게 하는 것이다(夫禮者ᄂᆞᆫ 交際上 必須ᄒᆞᆫ 節文이니 親愛와 恭敬ᄒᆞᄂᆞᆫ 誠心으로 發ᄒᆞ야써 秩序를 正히 ᄒᆞ며 品位를 保ᄒᆞᄂᆞᆫ 겨시니라)"[62]라고 정의하고 있다.

---

62 서병길, "교제신례-交際上禮敬: 현재 문명 각국의 통례", 권정원·신재식·신지연·전민경·최진호 역, 『완역 소년한반도』(보고사, 2021), 제1호, 93. 유동작, 『교제신례』, 현공렴(1905), 5.

권두연은 『교제신례』를 '교제'와 '신례'가 합쳐진 말로서, 교제에 필요한 말로, 교제에 필요한 새로운 예법이라는 의미로 해석한다.[63] 달리 말하면 외국과 교류가 활발해지면서 새롭게 외국인과 교제 시 요구되는 예의와 매너, 에티켓이라는 것이다.[64] 이 책의 성격은 박은식이 쓴 「교제신례서」(交際新禮序)에서 잘 드러나고 있다.

아, 오늘 각국의 교제를 춘추시대에 비교하면 어찌 같다 말할 수 있겠는가. 온 하늘 아래 전 지구 위에 증기선과 철도가 베틀처럼 왕래하여 말이 다르고 풍속이 다른 사람들이 모두 형제처럼 교류하니, 예가 여기에서 생겨난다. 예를 행함이 현세에 각국이 통행하는 풍속에서 발생하였으니, 요즘 세상에 살며 요즘 사람과 교제함에 이 예로 말미암지 않으면 사람이 사람들과 나란할 수 없고 나라가 나라들에 나란할 수 없으니, 어찌 소홀히 하여 익히지 않을 수 있겠는가.

무릇 우리 대한은 옛날에 이른바 예의의 나라가 아니던가? 그러나 각국과 교유함이 타인보다 조금 늦어졌다. 그래서 외국인과 교제함에 대해 아직도 사람들이 깨닫지 못하고 있다. 그 문명과 야만의 관계됨이 실로 적지 않다. 내 친구 유동작(柳東作)은 이를 병통으로 여겨 현세 교제의 예를 취합하여 9항목으로 만들어 세상에 간행하였다. 이전에 교제에 대해 익히지 않은 이들 모두 이 책을 펼쳐보면 분명하게 문명의 풍속으로 나아갈 수 있을 것이요, 각국

---

63   권두연, 앞의 글(2020), 75.

64   위의 글.

사람들의 권세와 마음을 얻을 수 있을 것이다. 우리 대한의 인사들에게 다행함이 또 무엇이 이보다 더 크겠는가. 이에 서문을 쓴다.[65]

문호를 개방한 후 외국과의 교역과 인적 교류가 빈번해지면서 외국인과의 제대로 된 '교제'가 국격을 높이는 방식이라고 파악한 상황에서 '교제'를 남녀 사이나 개개인 사이에 일어나는 일상적인 일이라는 의미로 파악하기란 쉽지 않았다. 이런 상황에서 외국인과의 관계나 교류를 외교로 넓게 이해할 수 있겠지만 유동작은 그런 의미보다는 일상적으로 외국인을 만났을 때 보여야 할 매너나 에티켓에 초점을 두고 있다고 보아야 할 것이다.[66] 권두연은 『서례수지』와 『교제신례』를 비교하면서 『교제신례』가 출판된 1905년에는 이미 각 공관의 외교관을 비롯해 선교사, 교사, 상인, 탐험가뿐만 아니라 종군기자, 사진작가, 화가 등 많은 외국인들의 왕래가 이뤄지고 있는 상황에서 '교제'에 있어서 새로운 예절, 다시 말하자면 서로 사귀어 친하게 된 대상에 대한 이전과 다른 새로운 예법이 필요하다는 인식이 부가되었다고 본다.[67] 하지만 그는 유동작이 대한제국의 법조인이었던 점을 감안해 보면 서양 예법서를 저술할 정도의 전문성과 지식은 적어 보여 외국 저서나 자료

---

65 위의 글, 112. "噫, 今日各國之交際, 視春秋之世, 豈可同年而語者哉. 普天之下, 全球之上, 輪舶鐵軌往來如織, 殊音異俗之人, 皆交涉如兄弟, 而禮於是乎生矣. 顧其爲禮緣起於現世各國通行之例俗, 則居今之世, 與今人交者, 不由是也. 人不可以齒於人, 國不可以列於國, 豈可忽而不講乎哉. 夫吾韓非古所稱禮義之邦乎. 然而與各國交涉, 差後於人, 故與外人交際, 尚未能人人曉焉. 其爲文野之關係, 實不淺尠, 吾友柳君東作以是病之, 乃取現世交際之禮, 彙爲九則, 印行于世. 凡}前日之不講於交際者, 皆有以開卷, 瞭然可以進文明之俗, 可以得各國人之權心, 其爲吾韓人士之幸, 又孰大於是哉? 是爲序." (위의 글, 110-111)

66 위의 글, 78.

67 위의 글.

를 참고했을 가능성이 높다고 평가한다.[68]

대한제국기에 발행된 잡지에서 종종 발견되는 현상 가운데 하나는 단행본으로 발간된 것을 동명의 제목으로 연재한 것이다. 『소년한반도』에는 매티 윌콕스 노블이 지은 『아모권면』을 이응종(李膺鐘)의 이름으로 연재한 것이나 유동작의 『서례신례』가 제3호부터는 필자가 서병길(徐丙吉)로 되어 있는 경우가 그러한 것이다.

권두연은 『교제신례』에 대해 "근대 초기 간행된 일련의 서양 예법서 가운데 유일하게 유학 경험이 있는 국내 저자 유동작에 의해 집필된 서적으로 당시 서양 각국과의 교류 과정에서 대두된 새로운 예법의 필요성을 잘 보여주고 있고, '교제'라는 용어가 주로 국가 사이 교류를 가리키는 데서 점차 사람과 사람의 사귐, 특히 외국인과의 사귐으로 옮겨 가는 과정이 잘 드러나 있다"[69]고 평가한다. 이는 서양 지식이 단순히 서양인에 의해 이식되는 과정에서 벗어나 자발적으로 수용하고 내재화하는 과정을 잘 드러낸 경우라 할 수 있다.

4. 서양 예절의 수용과 변용: 이철주 편 『서례편고』(1909)

대한제국기 서양 예절을 소개한 교과서로 1908년 진희성이 역술하고 의진사에서 펴낸 『보통교육 국민의범』이 있다. 이 책은 일본 동

---

68 권두연, 앞의 글(2022), 146.

69 권두연, 앞의 글(2020), 106.

경 사범학교에서 사용하는 『의례교범』(儀禮敎範)을 번역하여, 대한제국 광무 유신(1897~1904)에 따라 각급 학교에서 사용하기 위해 번역한 것이다.[70] 이 책은 동양식, 서양식의 의례를 다루고 있다. 이것은 학생들만 대상으로 하지 않고, 전 세대 사람들에게 해당된다. 1910년 이전 서양 예법서로 출판된 마지막 단행본은 『서례편고』이다.

1) 이철주의 저술활동의 특징

이철주(李喆周)는 『서례편고』의 편집자 혹은 술자(述者)로 알려져 있다. 권두연의 연구("근대 초기 서양 예법서의 등장과 『교제신례(交際新禮)』")에 따르면 이철주는 '지식의 중간 유통자'이다. 왜냐하면 그가 근대 초기 서적의 출판이나 유통에 밀접하게 관련 있었기 때문이다. 다시 말하면 이철주는 이 시기 소화집이나 번역집의 편찬자, 교열자, 의학서의 서문을 쓰는 등 서적 출판[71] 관련 일들을 했으며, 애국·계몽활동의 일환으로 논설을 쓴 개신 유학자이다. 또한 교육자로서 각종 학회 활동과

---

70 김현미, "『보통교육 국민의범』 해제", 안종화·유근·박정동·이원긍·노병선·진희성, 『근대수신교과서』 1, 허재영·박경기·남정희·김수경·김현미 역(소명출판, 2011), 254. 이 책의 성격에 대해 『황성신문』 1908년 8월 30일자부터 9월 17일자까지 실린 광고에는 "문명안 의례를 잘 모르면 비루하고 거칠다는 비난을 면하기 어렵기에, 동·서양에 통용되는 의례를 밝히 분석하고 모아서 수신과(修身科)에 필요한 것을 완전히 하고자 간행하였으니 여러분은 계속 보시고 가르치시어서 문명 궤도와 함께 가실 것을 바랍니다"라는 내용이 있다.

71 1909~1913년까지 그와 관련 있는 단행본의 출판 상황을 살펴보면 다음과 같다. 1. 『서례편고』(西禮便考, 光東書館, 1909): 서양예법서, 편집자, 2. 『실업소설 부란극립전』(實業小說富蘭克林傳, 普及書館, 1911): 서양위인번역소설, 교열자, 3. 『절도백화』(絶倒百話, 新門館, 1912): 소화집, 편집자, 4. 『가정일용보감』(家庭日用寶鑑, 匯東書館, 1912): 가정보감류, 저자, 5. 『수진경험신방』(袖珍經驗神方, 匯東書館, 1913/1912 상하, 1913): 의학사, 서문 작성.

교사 일을 병행했다. 점차 그의 글쓰기 활동이 교육과 학문에 대한 내용보다는 소화나 소설, 가정보감류 등 실용적이고 오락적인 성향이 농후해진다.[72] 그는 각종 학회 활동을 할 때는 다른 개신 유학자처럼 사회진화론을 수용하여 그에 따른 교육이 필요하다고 피력하기도 했다. 그는 벤자민 프랭클린의 일대기를 번역한 『실업소설 부란극림전』(實業小說富蘭克林傳)의 교열자, 소화집 『절도백화』의 저자로 추정할 수 있듯이 다양한 저작 활동을 했다.[73]

이철주가 편집하거나 저술한 서적인 『서례편고』, 『절도백화』, 『가정일용보감』의 특징은 기존 지식이나 이야기, 정보를 수집·편집·종합하여 엮거나 묶었다는데서 찾을 수 있다. 하지만 그의 독자층은 어느 정도 한문 독해 혹은 한자 읽기 능력을 갖춘 지식인에 한정되었다.[74] 그의 출판관계 활동은 새로운 지식의 전달이라는 계몽적, 교육적 목적을 띠고 상업성을 고려해야 하는 상황에 발맞추어서 자연스럽게 소화집, 가정류 실용서의 출판으로 전개되었다.[75]

2) 편집된 서양 예법서: 『서례편고』(1909)

이철주의 『서례편고』는 학부 교과서인 프라이어의 『서례수지』(1896·1902)와 유동작의 『교제신례』(1905)에 이어 세 번째로 출판된 서

---

72 권두연, 앞의 글(2021), 116-118. '〈표 1〉이철주의 매체 및 출판 활동'을 보면 그의 저술 활동을 살펴볼 수 있다.

73 위의 글, 113.

74 김준형, "근대 전환기 패설의 존재양상", 「한국문학논총」 41(2005), 304.

75 권두연, 앞의 글(2021), 143.

양 예법서이다. 『서례편고』에 대해 처음 언급한 연구로는 개화기 서적을 연구한 김봉희의 『한국 개화기 서적 문화 연구』(1990)와 권두연의 "근대 초기 지식의 편집과 중간 유통자에 대한 고찰"(2021)과 "교제의 필요성과 서양 예법서의 간행"(2022)이 있다. 김봉희는 『한국 개화기 서적 문화 연구』에서 "『서례편고』(西禮便考)는 순전히 서양에서 행해지는 각종 예절 등을 총 17장에 걸쳐 소개한 것인데, 1896년 학부가 낸 것을 1909년에 다시 발행한 것이다"[76]라고 언급한다. 권두연의 지적처럼 『서례편고』는 『서례수지』를 다시 발행한 것이라는 내용은 수정되어야 한다.[77] 김봉희는 이 책의 성격에 대해서 "단순한 수신서라기보다는 앞서 각종 수신서를 학습한 후 익히는 교양서의 성격을 띠는 경우"[78]라고 보았다. 하지만 하재영이 정리하고 해설한 '근대 수신서'의 양상과 특징을 살펴보면 그렇게 이해하기보다는 서양 예법을 소개하고 배울 수 있는 일종의 교과서와 실용서로 이해할 수 있을 것 같다.[79]

『서례편고』는 1909년 광동서관에서 이철주가 편집한 책이다. 책의 구성을 살펴보면 표지, 목차, 본문, 판권으로 되어 있다. 책 이름 『서례편고』는 '서례'와 '편고'를 합친 말이다. 우선 서례는 서양인과의 교제와 관련되는 서양 예절, 서양 예법, 서양 의례 등의 줄임말이고, '편고(便考)'는 쉽게 볼 수 있도록 풀어 쓴 지침 정도로 이해할 수 있다.[80] '편고'는 조선 시대 서적류의 한 분류로 쓰였는데 『악학편고』(樂學便

---

76 김봉희, 『한국 개화기 서적 문화 연구』(이화여자대학교출판부, 1999), 146.

77 권두연, 앞의 글(2021), 130.

78 김봉희, 앞의 책(1999), 144.

79 허재영, "근대계몽기 교과서 해제", 안종화·유근·박정동·이원긍·노병선·진희성, 『근대 수신교과서』 1, 허재영·박경기·남정희·김수경·김현미 역(소명출판, 2011), 7-25.

80 권두연, 앞의 글(2021), 124.

考), 『사전사례편고』(祀典事例便考), 『문헌편고』(文獻便考) 등으로 사용된 것을 볼 수 있다. 다시 풀어본다면 편고란 마땅히 알아야 내용을 사용하기 편리하게 엮거나 참고할 수 있도록 한 것이다. 이런 이해를 가지고 『서례편고』를 본다면 서양인과 교제하는 데 편리하도록 서양 예법을 편집하여 종합적으로 엮은 것이다.[81]

　　『서례편고』의 본문은 제1장 택교(擇交, 6절 / 『서례수지』·『교제신례』 편집), 제2장 소개(紹介, 10절 / 『서례수지』·『교제신례』 절충 편집), 제3장 천거(薦擧, 4절 / 『서례수지』 '결교'와 동일), 제4장 청빈(請賓, 8절 / 『서례수지』 '연객'과 동일), 제5장 방문(訪問, 21절 / 『서례수지』 '배객', 『교제신례』 '방문'과 동일), 제6장 응접(應接, 3절 / 『교제신례』 '응접'과 동일), 제7장 경례(敬禮, 8절 / 『서례수지』, 『교제신례』 절충 편집), 제8장 위의(威儀, 6절 / 독립된 장으로 구성, 내용은 『서례수지』, 『교제신례』 편집), 제9장 언론(言論, 15절 / 『교제신례』와 유사), 제10장 서신(書信, 4절 / 독립된 장으로 구성, 내용은 『서례수지』 편집), 제11장 음식(飮食, 16절 / 『서례수지』 '연객' 가운데 음식만 따로 구성), 제12장 의복(衣服, 13절 / 『서례수지』 '의식', 『교제신례』 복장 절충, 후반부 『교제신례』와 동일), 제13장 흡연(吸烟, 5절 / 『교제신례』 '끽연'과 동일), 제14장 악사(樂事, 8 / 『교제신례』 일부 편집), 제15장 연향(讌享, 38절 / 『교제신례』 '연회'와 대부분 동일), 제16장 귀천(貴賤, 7절 / 『서례수지』와는 달리 독립된 장으로 구성), 제17장 항례(恒例, 14절 / 『서례수지』 '영사', 『교제신례』 '여행' 절충)으로 되어 있다. 『서례편고』는 '편고'라는 성격에 맞게 『서례수지』와 『교제신례』의 내용과 크게 다르지 않고 모든 정보를 수집, 종합 편집한 책이다.

　　권두연은 편집방향을 ① 장별 목차의 세분화 및 재구성, ② 하위

81　『서례편고』의 자세한 서지사항은 권두연, "근대 초기 지식의 편집과 중간 유통자에 대한 고찰", '3. 『서례편고』의 체재와 구성'(124-127)을 참고하라.

01. 개화기 서양예절서 연구　39

항목별 내용의 세분화 및 재구성, ③ 서술 방식의 간략화[82]라고 정리한다. 다시 정리해 보자면 이철주는 이전의 서양 예법서를 수용하면서도 자신만의 편집방식을 적용하여 가령 개신 유학자이자 교육자이기에 제8장 위의(威儀)와 제16장 귀천(貴賤)을 독립된 장으로 구성하면서 자신이 수집할 수 있는 서양 예법서의 정보를 절충·보완·종합한다. 이는 근대전환기 서양사상이나 문화의 이식, 수용과 내재화를 넘어서 변용, 확산의 모습을 보여주는 사례라 할 수 있다. 권두연은 이철주의 『서례편고』의 특성을 '위의'와 '귀천'으로 대표되는 예법의 태도와 정신이야말로 서양 예법서의 간행을 통해 이철주가 강조하고자 한 가치에서 찾고 싶다[83]고 말하며 "요컨대 이철주의 편집 방식은 앞선 두 서적의 체재와 내용을 절충, 종합하면서도 교육자이자 개신 유학자로서 본인이 중요하다고 생각한 덕목이나 태도를 서양 예법에 관한 지식의 가공을 통해 제시한 것으로 이해"[84]하고 있다.

『서례편고』이후 더 이상 서양의 예법만을 다루는 단행본이 영향을 주지 못하는 이유는 무엇일까? 권두연은 대한제국 시기 다른 교과서의 운명과 마찬가지로 그 유효성이 차단되거나 협소해졌고, 통감부를 거쳐 일제강점기에 들어서면서 세계 각국과 교류를 이어가지 못하고 서양인과의 교제보다 일본의 식민지 현실 속에서 중요시되는 가치들이 변화한 것과 무관하지 않다고 본다.[85] 이 연구에서 1908년에 출간된 『보통교육 국민의범』과의 대조를 통해 서례서의 정형을 연구하

---

82   위의 글, 138.

83   위의 글, 140.

84   위의 글, 141.

85   위의 글, 144.

지 못했다는 아쉬움이 남는다.

5. 나오는 말

　서양의 종교 기독교와 학문을 통칭하는 '서학'은 18세기를 거치면서 한반도에 정착한 개념이지만, '서양 예절·예법'을 칭하는 '서례'는 개화기·근대전환기에 일시적으로 사용되었지만 끝내 정착하지 못한 용어가 되었다. 그 이유는 무엇일까? '서학'이라는 용어도 서양의 근대학문을 담아내지 못해 개화기에 이르러서는 '양학'에게 자리를 물려주었듯이 '서례'라는 용어도 그렇다고 할 수 있을 것 같다. 개화기, 대한제국, 통감부, 일제강점기를 거치면서 우리 사회는 전반서화의 과정 속으로 들어갔고 광복 후 이념갈등과 전쟁, 산업화 시기를 거치면서 서양 언어로 표현하는 것이 익숙해져 국제 매너, 글로벌 에티켓 등의 용어로 대체되었다.

　영국인 성공회 선교사 프라이어가 중국에서 활동하면서 미션스쿨의 교재로 기획한 서양예절서인 『서례수지』를 학부에서 들여와 내용을 그대로 1896년 출판하고, 1902년 한글로 번역하여 『셔학슈지』로 펴내고, 미국과 일본으로 유학다녀 온 유동작이 1905년 저술한 『교제신례』를 출간하고, 지식의 편집과 중간 유통자의 역할을 한 이철주가 편집한 『서례편고』의 흔적을 살펴보았다.

　이를 통해 근대전환기 외국인과의 교류 흔적과 새로운 예의범절에 대한 갈증을 잘 드러냈고, 서양 예법서 소개와 교육에 대한 사회적 요청에서 전통의 문화와 서양의 문화의 접점의 모습의 양상인 수용과 변용의 단면을 발견할 수 있었다. 이것은 한 사회의 변화를 궁변통구(窮變通久)로 설명할 수 있음을 보여준다. 이것은 외래 사상의 유입에 따른 생활의 변화가 갈등과 충돌의 모습을 띠지 않고 수용과 변용의 모습으로 '메타모포시스'로 추적할 수 있는 근거가 되어 근대, 혹은 근대 이후의 우리 사회문화의 변화를 보다 잘 설명할 수 있는 개념이 될 수 있을 것이다.

일제강점기 서양 선교사들과 기독교인들이 다루고 있는 에티켓 또는 서양 예법에 대한 자료를 수집하고 분석하여 기독교윤리의 실천 연구 영역을 다음 과제로 남겨두고자 한다.

참고문헌

원전

유동작, 『交際新禮』, 박문사, 1905.

이철주 편, 『西禮偏考』, 광동서관, 1909.

이철주 편, 『絶倒百話』, 신문관, 1912.

이화여자대학교 한국문화연구원 해제번역총서, 『근대 수신 교과서』 1~3, 서울: 소명
　　출판, 2011.

한국학문헌연구소 편, 『한국개화기교과서총서』, 서울: 아세아문화사, 1977.

학부편집국 편, 『서례수지』, 1902.

학부편집국 편, 『학부교과서일람』, 1910.

허재영 편, 『(존 프라이어 著) 서례수지』, 서울: 경진출판, 2015.

『독립신문』, 『한성순보』, 『황성신문』, 『대한매일신보』

논문 및 단행본

강미정·김경남, "근대 계몽기 한국에서의 중국 번역 서학서 수용 양상과 의의", 「동악
　　어문학」 71(2017), 253-288.

권두연, "근대 초기 서양 예법서의 등장과 『교제신례(交際新禮)』: 출판과 유통을 중
　　심으로", 「반교어문연구」 55(2020), 71-112.

_____, "근대 초기 지식의 편집과 중간 유통자에 대한 고찰: 이철주(李喆周)의 『서례
　　편고(西禮便考)』를 중심으로", 「반교어문연구」 57(2021), 109-148.

_____, "교제의 필요성과 서양 예법서의 간행", 「반교어문연구」 61(2022), 134-
　　160.

권정원·신재식·신지연·전민경·최진호 역, 『완역 소년한반도』, 파주: 보고사, 2021.

김봉희, 『한국 개화기 서적 문화 연구』, 서울: 이화여자대학교출판부, 1999.

김영한, "交際新禮", 「향토연구」 24(2000), 7-10, 89-150.

김준형, "근대 전환기 패설의 존재양상", 「한국문학논총」 41(2005), 289-329.

김현미, "『보통교육 국민의범』해제", 안종화·유근·박정동·이원긍·노병선·진희성, 『근대수신교과서』 1, 허재영·박경기·남정희·김수경·김현미 역, 서울: 소명출판, 2011, 254-258.

남영만, "중국 산학서 「代數術」 券1, 券2에 나타난 算法에 대한 고찰", *East Asian Mathematical Journal*, 28(4)(2012), 475-485.

설충수, "존 프라이어(John)연구: '그는 선교사인가 과학 전파자인가?'", 「한국교회사학회지」 56(2020), 159-193.

손정목, "개항기 한성 외국인거류의 과정과 실태", 「향토서울」 38(1980), 29-82.

숭실대학교 한국기독교박물관 학예과 편, 『한국기독교박물관 소장 과학·기술 자료 해제』, 서울: 숭실대학교한국기독교박물관, 2009.

안종화·유근·박정동·이원긍·노병선·진희성, 『근대수신교과서』 1, 허재영·박경기·남정희·김수경·김현미 역, 서울: 소명출판, 2011.

오순방, "현대중국번역의 초석을 다진 선교사 존 프라이어와 한국기독교박물관 소장(所藏) 존 프라이어의 한적(漢籍)들", 「인문학연구」 30(2000), 251-283.

_____, "科技启蒙到小说启蒙：晚清时期傅兰雅的启蒙活动", 「중국소설논총」 18(2003), 57-75.

_____, "청말의 번역사업과 소설작가 오견인", 「중국어문논역총간」 14(2005), 287-323.

_____, "존 프라이어의 소설현상공모활동과 淸末의 新小說《醒世新編》", 「중국소설논총」 32(2010), 279-315.

_____, "传敎、翻译、啓蒙、小说 - 19世纪中文基督教小说的创作与传播", 「중국어논문역총간」 28(2011), 117-215.

오지석, "오랑캐에게 예절을 배우다", 「기독교사회윤리」 42(10)(2020), 141~144.

_____, "편하설의 『論理略解』연구: 근대전환공간의 최초의 한글 논리학 교과서", 「현대유럽철학연구」 61(2021), 147-178.

윤지양, "淸末 上海에서 출판된 西洋畵法 교재《論畵淺說》과《畵形圖說》연구", 「중국어문논총」 89(2018), 379-408.

이재룡, 『조선 예의 사상에서 법의 통치까지』, 서울: 예문서원, 1995.

임선애, "개화기와 외국인에 관한 담론 연구: 『독립신문』의 논설을 중심으로", 「인문과학연구」 17(2012), 143-167.

장의식, "淸末의 上海格致書院: 시대변화와 그 한계", 「중국사연구」 117(2018),

207-242.

정성미·송일기, "梁啓超의『西學書目標』내용분석",「서지학연구」68(2016), 415-450.

조너선 스펜스,『근대중국의 서양인 고문들』, 김우역 역, 서울: 이산, 2009.

조병한, "근대 중국의 개혁과 서양인: 로버트와 존 프라이어를 중심으로",「한국사 시민강좌」34, 일조각, 2004, 223-235.

조현범,『조선의 선교사, 선교사의 조선』, 서울: 한국교회사연구소, 2015.

허재영, "근대계몽기 교과서 해제", 안종화·유근·박정동·이원긍·노병선·진희성,『근대수신교과서』1, 허재영·박경기·남정희·김수경·김현미 역, 서울: 소명출판, 2011, 7-25.

_____, "화법 교육사의 차원에서 본『西禮須知(서례수지)』연구",「화법연구」29(2015), 211-232.

_____, "근대 중국의 서양서 번역, 보급과 한국 근대 학문에 미친 영향 연구",「한민족어문학」76(2017), 64-104.

_____, "제1장 계몽주의에 대한 사상적 접근 경향", 허재영·김슬옹·윤금선·김혜련·서민정,『한국 근대 계몽운동의 사상적 기반』, 경진, 2019, 9-79.

홍준화, "제5장 개항기 외국 여행가들이 본 조선, 조선인", 국사편찬위원회 편,『이방인이 본 우리』, 서울: 두산동아, 2009, 213-259.

홍현식, "국조오례의",『한국민족문화대백과사전』3, 한국정신문화연구원, 1997.

李爽·吳淳邦, "从"时新小说"征文活动解讀傅兰雅",「중국소설논총」54(2018), 155-169.

기타

국회도서관(서울 본관) 및 https://docviewer.nanet.go.kr/reader/viewer

02

「청년」문헌해제 및
신학적·기독교윤리적 의미[1]

이장형(백석대학교, 교수)

1. 연구의 의미와 목적

본 연구는 1920년에 창간되어 1940년까지 20년 동안 발행된 YMCA의 기관지 「청년」을 문헌해제 하고 신학적·기독교윤리학적 의미를 분석하여 현재적 함의를 제시하려는 데 목적을 둔다. 본 연구자는 「청년」에 관한 연구를 연속적으로 추진하고 있으며, 이 논문은 그 첫 번째 단계로서 "「청년」문헌해제 및 기독교 신학적·윤리학적 의미"라는 제목으로 논의하고자 한다.

한국적 기독교윤리사상의 시발점은 어디에서 읽어낼 수 있는가? 서세동점(西勢東漸)과 일본의 아시아주의 및 대동아(大東亞)주의의 세력이 왕성하던 한국의 근대사회에서 기독교윤리학의 수용 및 이해 양상

---

1   본 장은 『기독교사회윤리』 55집에 수록된 논문을 부분 편집한 글이다.

과 관련하여 한국적인 기독교윤리사상을 추적하는 일은 의미 깊은 과업이 될 수 있다. 1875년 9월 일본 군함 운요호 사건을 겪은 조선은 약 반년 후인 1876년 2월 강화도조약을 통해 흥선대원군의 쇄국정책을 마감하고 개국으로 체제를 전환했으며 미국, 영국, 독일, 프랑스 등과 연이어 수호조약을 체결했다. 바로 이때부터 한국은 오리엔탈리스트(orientalist)와 옥시텐탈리스트(occidentalis)가 혼재된 개화기에 진입했다.

그런데 이 시기는 단순하게 서구문명의 유입뿐 아니라 서구문화와 근대사상이 유입된 시기였다는 점에서 중요한 논점이 도출된다. 특히 주목해야 할 점으로서, 개화와 더불어 한국에 도래한 기독교는 5백 년 이상 견고하게 다져온 조선의 유교와 전통 재래 종교인 불교, 도교, 민간 무속신앙 등이 혼합된 상황을 극복해가며 기독교윤리를 정착시키는 일에 혼신의 노력을 경주했다는 사실이다. 초기 한국 기독교는 세계 기독교 역사 가운데 일어난 종교개혁에 비견할 수 있을 정도로 복음전파와 아울러 생활개혁에 솔선수범했다. 그 대표적인 사례들로서 "금주 금연, 축첩(蓄妾) 금지, 노비 면천, 반상(班常) 신분 혁파, 데릴사위제와 민며느리제 금지, 조혼 및 수양남매 결연 폐지, 투전 및 기방출입 엄금, 마약퇴치, 음담패설의 악덕 제거 등"[2]의 숭고한 노력과 관습 개선은 한국적인 기독교로 체화해가는 과정에서 획득할 수 있었던 값진 결실이었다. 1920년대 이전까지만 해도 한국교회는 사회를 선도하는 선구자적 개척정신을 발휘하여 각계각층으로부터 칭송받았다. 당시의 문호 춘원 이광수는 1917년 7월 「청춘」에 수록한 "耶蘇教의 朝鮮에 준 恩惠"를 통하여 기독교가 한국에 남긴 업적들로서 "한

---

2   안수강, "정경옥(鄭景玉)의 실용주의(實用主義) 신학 분석", 「기독교사회윤리」 43 (2019), 156.

국에 서양의 사정을 알린 점, 사회도덕 갱신, 근대화된 교육 보급, 남존여비 사상 타파, 한글보급 등"[3] 일곱 가지를 정리하기도 했다. 그러나 이광수는 점차 한국교회가 초심을 떠나 구령과 복음사역을 지상명분으로 앞세워 삶의 현장을 외면하는 태도를 질타했다. 그는 기독교가 현세와 내세를 분리함으로써 "양극화 현상, 교회의 계급화, 교회지상주의, 교역자의 무지, 무속신앙 등"[4] 이상 현상을 초래했다고 혹평했다.

기독교가 구심점 역할을 하여 크게 일으킨 3·1운동을 전후하여 교회는 외부에서 진입하는 지적인 분위기의 고양, 반미적(反美的) 정서, 강점기의 경제적 수탈과 시련 등 여러 면에서 심각한 난황에 직면했다. 당시 유물론과 무신론은 문화정치의 틈새를 비집고 침투해 들어와 기독교신앙을 위협했으며 점차 과학만능주의, 성적 방종과 사치, 향락과 윤리적 탈선이 심화되고 있었다.[5] 이러한 시대적 정황에서 1930년을 전후하여 교회의 사회참여를 독려하는 문헌들이 다수 출판되었고 그 대표적인 사례로서 라우센부쉬(Walter Rauschenbusch)의 저서 『야소의 사회훈』(*Social Principles of Jesus*)[6]을 꼽을 수 있다. 윤리적 주제를 담은 다양한 서적의 출간은 교회와 사회를 개혁하기 위한 일종의 문화운동이었

---

3   이광수, "耶蘇敎의 朝鮮에 준 恩惠", 「青春」 9(1917), 13-18.

4   이광수, "今日朝鮮耶蘇敎會의 欠點", 「青春」 11(1917), 76-83. 이광수의 "耶蘇敎의 朝鮮에 준 恩惠"와 "今日朝鮮耶蘇敎會의 欠點"이 1917년 같은 해에 두 달 사이로 발표된 것은 기독교의 전후의 태도가 뚜렷하게 달라졌다는 사실을 확연하게 대조하려는 의도였다. 두 글을 비교해볼 때 이광수는 1917년경부터 변화의 동향을 예의 간파하고 있었다는 사실을 방증한다.

5   이장형·안수강, "『그리스도 모범』에 나타난 기독교 사회윤리: 국가관과 노동관을 중심으로", 「한국기독교신학논총」 96(2015), 94-95.

6   기독교의 사회참여를 촉구했고, 7장에서는 사회봉사에 대해 강조했다. W. Rauschenbusch, *Social Principles of Jesus*, 고영환 역, 『耶蘇의 社會訓』(경성: 조선야소교서회, 1930), 116-137.

다고 평가할 수 있다.

바로 이러한 문제 의식에 입각하여 필자는 '일제강점기 한국 기독교사상과 신학 체계에 있어 기독교윤리학이 어느 시점부터 정교하게 자리매김 되었을까?'라는 질문을 계속적으로 던져본다. 본 연구는 해방 전 YMCA에서 1920년대 문화정치기와 1930년대 전시체제를 거치며 20년 이상 꾸준히 출판하여 보급한 기관지 「청년」을 통해 한국의 서양사상 수용 측면에서 기독교윤리학의 정립과 한국적 토착화 과정에 대해 주목하고자 한다. 연구는 거시적인 틀에서 두 가지의 목적에 의미를 부여할 수 있을 것이다.

첫째, 일제강점기에 발간된 YMCA 기관지 「청년」을 통하여 기독교 신학사상과 직결된 담론들, 특히 윤리적인 시각에서 주목해야 할 논점들을 논증하고자 한다. 현대신학적 관점에서 평가한다면 당시의 신학적·기독교윤리학적 논의들은 논리적 체계성이 부족하고 한국적 신학사상이라기보다는 성경을 강해한 교양서적에 가까우며 더군다나 서양 기독교 소개와 해석에 치우친 문헌으로 비칠 수도 있다. 그러나 이런 일차적인 담론들이 그 이후 토착화된 한국신학과 기독교윤리의 근간으로 뿌리를 내렸다는 점에서 그 논점들을 적확하게 분석하고 함축적인 의미들을 재음미하는 일은 충분한 가치가 있다고 사료된다.

둘째, 한국사회에서의 기독교윤리학 수용사의 점진적 확대와 심화된 윤리 담론을 제공할 수 있다. 그동안 한국 기독교윤리학 역사에 관한 연구가 활발하게 전개되어 온 것은 사실이지만 여전히 양적으로 부족할 뿐 아니라 주제들 역시 한정적이다. 20여 년간 지속적으로 발간한 기독교 저널 분석을 통해 일제강점기의 기독교 공동체들과 기독교를 수용하는 과정, 그리고 그 이해에 관하여 연구한다면 한국의 기독교윤리학 논의를 더욱 확장시킬 수 있는 연구 기반을 조성할 수 있다. 혹이라도 몇 세대 전 일제강점기의 문헌연구라고 해서 결코 무의미하다거나 진부한 주제로 간주해서는 안 된다. 지금까지 연구동향과 현황을 살펴보면 한국 사회에 기독교윤리학이 어떻게 수용되고 영향을 끼쳤는가에 대한 기독교윤리학자들의 연구실적물들은 질적으로나 양적으로 빈약하기 이를 데 없다. 이런 점에서 YMCA 기관지「청년」에 나타난 기독교윤리를 분석하는 작업은 창조적이며 생산적인 담론을 제공할 것을 기대한다.

지금까지「청년」과 관련된 선행연구로는 하희정의 "3 · 1운동 이후 담론공간의 탈정치화와 젠더에 대한 사회적 논의: YMCA · YWCA의「청년」을 중심으로"와 안수강의 "일제강점기 YMCA의 노선과 현재적 함의 고찰: 기관지「靑年」(1921~1940)을 중심으로" 등 두 편 정도를 꼽을 수 있다. 하희정은 정치문제와 성에 관한 논점을 중심으로 "연애 · 결혼 · 성 · 사랑, 여성해방운동, 경제적 독립과 직업교육, 대중교양운동과 가정생활 개선 등"[7]의 제한된 주제만을 고찰했고, 안수강은「청년」창간호에 비중을 두어 "세계화 추구, 청년교육과 인재양성, 청년들의 사회진출, 사회개혁의 사명, 기독교신앙 고취 등"[8]을 살핌으로써 그 맥락에 있어 한계점을 보여준다.

단편적 연구를 넘어서서 본 연구는 20년간 꾸준히 발행된「청년」전체의 내용에 대한 연속적인 검토와 연구를 통해 전 권을 섭렵하여

7　하희정, "3 · 1운동 이후 담론공간의 탈정치화와 젠더에 대한 사회적 논의: YMCA · YWCA의「청년」을 중심으로",「韓國敎會史學會誌」40(2015), 169-213.

8　안수강, "일제강점기 YMCA의 노선과 현재적 함의 고찰: 기관지「靑年」(1921~1940)을 중심으로",「신학과 실천」79(2022), 631-667.

기독교윤리학적인 담론을 포괄성 있게 분석하고자 한다. 이 첫 번째 연구에서는 기독교윤리학의 수용과 이해 양상을 고찰함에 있어「청년」에 수록된 글들을 통해 일제강점기를 체험한 당대 목회자들과 기독교 지도자들의 윤리적 관심의 폭을 살펴볼 것이다. 제1차로부터 제10차에 이르기까지 연속적으로 연구할 내용과 주제 등을 요약하면 〈표 1〉과 같다. 즉 연속적으로「청년」지의 글들을 분석하여 기독교윤리적 담론을 확장해 가고자 한다.

표 1. 주제별 연구내용(1~10차)[9]

회차	연구 내용	관련 학문
1	「청년」 문헌해제 및 기독교신학적 · 윤리학적 의미	총괄검토
2	기독교인들의 사회개혁과 평화주의	사회학
3	기독교인들의 사회정치사상(민족주의, 사회주의 등)	정치학
4	기독교인들의 직업관(노동, 직업, 윤리관)	직업윤리
5	기독교인들의 경제관, 경제윤리 분석	경제학
6	기독교인들의 농촌개발과 환경의식	역사학
7	기독교인들의 인격 양성 및 교육관 분석	도덕학, 교육학
8	기독교인들의 여성, 여성운동 분석	여성운동
9	기독교인들의 결혼관과 가정윤리 분석	가정윤리
10	기독교인들의 사회변혁과 사회운동 분석	사회학

---

9 총 10차에 걸친 연구과정에서「청년」(1920~1940) 전체 문헌을 검토한 후 실제 분석과정을 거쳐 재분류할 수도 있음을 밝혀둔다.

2. 「청년」 문헌해제

1914년 9월부터 조선중앙기독교청년회(현 서울YMCA)는 「중앙청년회보」(中央靑年會報)란 제호의 잡지를 발간했는데 YMCA 회보와 유사한 성격이었다. 그러다 1921년 3월부터 제호를 「청년」(靑年)으로 교체하고 중앙청년회와 조선기독교청년회 연합회(현 대한YMCA연맹)의 연합사업으로 발전되면서 회보의 성격을 넘어서서 월간종합지로 발행되었다. 「청년」은 1940년 12월 일제의 압력으로 폐간될 때까지 20년에 걸쳐 발행되었으며, 기독교 신앙심을 바탕으로 민족계몽운동과 청년운동을 이끄는 핵심적인 사명을 감당했다. 초기에는 브로크만(Fletcher S. Brockman) 선교사가 발행을, 홍병선 목사가 편집을 담당했으며 종로에 소재했던 '조선중앙기독교청년회 청년잡지사(朝鮮中央基督敎靑年會 靑年雜誌社)'에서 출판했다. 곽인섭이 인쇄를 담당했고 종로에 있던 '청년회 공업부인쇄과(靑年會工業部印刷科)'에서 제본했다. 표지에는 세로줄 대형 활자체로 한자 서명이 표기되었으며, 마지막 쪽에 소개한 영문 목차에는 영문 서명 "The Young Man"이 별도로 기록되었다. 제3종 우편물로 분류되어 주문과 배송판매를 시행했고 가격은 할인제도를 적용하여 한 부당 20전, 여섯 부(반년 치)는 1원 10전, 열두 부(1년 치)는 2원으로 책정되었다. 또한 배송방식 외에도 서울과 향촌 각 지역 서점에서 별도로 구입이 가능하다고 소개되어 있다.

이로써 「청년」은 YMCA회원들뿐만 아니라 새로운 사회사상과 기독교사상에 접하고자 하는 젊은이들과 지식층에 폭넓게 보급된 저널로 발전했다.[10] 첫 한국인 장로교 총회장을 역임한 김필수는 창간호 서문을 통해 "시대의 변천에 추이(推移, 변동의 과정)ᄒ야 기독교주의를 민족의 문명 향상적 선도ᄒ기 위홈의 소이(所以, 이유)로다"[11]라고 기술하여 기관지 「청년」이 기독교사상에 기초하여 민족계몽과 문명의 향상을 촉진하기 위한 책무를 감당해야 한다고 원대한 포부를 밝혔다. 「동아일보」 주간 장덕수는 청년층은 이 사회를 위한 이상이자 사명이며 사회의 발전을 주도하는 주체라고 강조했다. 그는 이 저널에 대하여 "잡지의 사명이 위대하며 그 직책이 중대함을 알고"[12]라고 의미를 부여했으며 문명 진화에 공헌하고 청년들의 활동을 이후 세대에 전해주는 문서매체가 될 것으로 기대했다.

「청년」은 일제 식민치하 한국 YMCA가 교육 및 문화운동을 전개하려는 방침으로 마련한 출판사업의 역작으로 사회이념과 소통하고 기독교운동을 정립하기 위한 취지에서 정치, 경제, 사회, 종교 등 광범위하게 다양성을 갖춘 집필진의 글들을 수록했다. 기독교계 중진들뿐만 아니라 정인보, 최남선, 이광수, 윤치영, 변영태, 하경덕, 조만식 같은 저명한 인사들의 글들을 발표함으로써 대중적인 공개논단으로서의 책무를 담당했다. 총독부의 사전 검열 작업으로 인해 상당한 부분이 삭제되거나 아예 몰수당하는 수난을 당하면서도 20년간 지속적으로 출판된 「청년」은 일제하 민족운동의 역사적 자료로서, 청년들의 역사적 각성과 참여를 독려한 중요한 기록물이라고 평가될 수 있을 것이

---

10   "청년지의 성격과 역사적 의의", 「청년」 영인본 서론에서 발췌(영인본 제작 의의에 밝힌 내용).

11   김필수, "首辭", 「청년」 창간호(1921), 1.

12   장덕수, "축 「청년」 창간", 「청년」 창간호(1921), 2.

다. 이 문헌은 한국 기독교 사회운동사에서 기독청년들의 신앙적 발자취를 생생하게 보여주는 사료의 위치를 점하기 때문이다.

무엇보다도 「청년」의 가치가 돋보이는 것은 정치, 경제, 사회, 문화, 사상 등 전반에 걸쳐 다양한 비평적 논문들을 싣고 있다는 점이다. 청년지에 게재된 기독교사상에 관한 논문들의 목차만 일별(一別)하더라도 1960년대 이후 한국의 신학계가 섭렵한 토착화신학, 정치신학, 민중신학에 관한 주제들이 이미 다루어지고 있었음을 파악할 수 있다. 「청년」에 수록된 글들을 분류하면 '청년 주역의 사회개혁운동', '종교사상과 사회운동 & 평화주의 실현', '정치사상(민족주의와 사회주의)', '직업관(노동·직업·윤리관)', '경제관과 경제윤리', '농촌운동과 환경의식', '인격형성과 교육', '여성이해와 여성운동', '결혼 및 가정윤리' 등으로 정리할 수 있으며 이 주제들과 관련된 의미 있고 비중 있는 글들을 발췌하면 〈표 2〉와 같다.

표 2. 주요 주제별 글 제목 및 저자[13]

글의 주제	글의 제목 및 저자
청년 주역의 사회개혁 운동	청년과 사회(이대위), 금일 우리 청년에게 간절히 고하노라(박영효·이상재·김명식·장덕수·김종우), 청년의 수양훈(반도산인), 청년의 의지(이갑성), 청년이여(이상재), 현대 청년의 각오(변영서), 깨어라 청년들(김창제), 난국에 처한 청년(홍병선), 금일 조선 청년의 번민과 그 타개책(주요섭), 청년의 생명(채필근), 현대 조신인과 기독교 및 ㄱ 청년의 지위(안재홍), 기독교 청년운동에 대하여(추범생), 신년을 맞는 청년에게(윤치호·양주삼·여운형), 톨스토이의 사회개조론(한산), 조선의 현상과 각자(覺者)의 사명(이순기)

---

[13] 주요 주제별 글 제목은 본 연구자가 개요를 살펴 정리한 것이며 대표성 있는 글들을 발췌하여 분류한 것임.

글의 주제	글의 제목 및 저자
종교사상과 사회운동 & 평화주의 실현	청년의 종교(유경상), 종교와 사회적 생활의 관계(강매), 사회개조와 기독교 (일(一) 교역자), 사회주의와 기독교사상(이대위), 세계평화와 종교의 직분 (이건춘), 나의 이상하는 바 민족적 교회(이대위), 사회주의자 예수(유경상), 혁명과 종교(신흥우), 민중의 종교(김창제), 종교가도 혁명가가 될 수 있을까? (조병옥), 기독교와 실생활(조만식), 예루살렘대회와 금후 기독교(김활란), 현대 학생이 요구하는 기독교(모윤숙), 현대 조선기독교의 약점 및 고조할 점(기독교계 제씨), 그리스도의 혁명사상(이광수), 아인시타인 박사의 종교관 (전역생), 진화론의 비조 다윈과 종교계의 거두 칼빈(한산), 심의 구원과 육의 구원(홍병선), 중세철학과 기독교(김윤경), 조상숭배는 우상이 아님(강백남), 조선교회의 교역자 문제(일(一) 교역자), 조선문화와 제종교(김필수)
정치사상 (민족주의와 사회주의)	데모크라시의 의의(신흥우), 레닌주의는 합리한가(안국선), 공산주의 사조사 (윤근), 세계평화와 3대 기초문제(더취), 민중운동의 실현(라의수), 최근 세계적 운동인 합작사업의 개관(이대위), 민본주의와 독재주의(신흥우), 사회주의의 의의(김준성)
직업관 (노동·직업· 윤리관)	자유와 책임문제(한치진), 개인주의(홍병선), 현대 사조문제와 우리의 태도 (하경덕), 사상적 회의와 혼돈에서(김영의), 경제상으로 본 반도의 장래 (안국선), 졸업생과 취직문제(홍병선), 노동문제 발달사(윤근)
경제관과 경제윤리	지주와 작인의 관계를 개선할 필요가 있을까(이풍재), 세계산업의 추세 (김응연), 세계각성 중 반도의 노동문제(이대위), 산업신용조합에 대하여 (홍병선), 존 러스킨의 경제사상(강명석), 칼 맑스의 경제사상(강명석), 정말 (덴마크)의 협동조합(신흥우), 세계적 공황과 조선경제(손봉조), 조선 중세 상업가(김원근), 조선 인삼의 원인 연혁(불노생)
농촌운동과 환경의식	조선의 농촌문제(최병현), 민중화할 금일과 농촌 개량문제(이대위), 농촌과 기독교(김창제), 농촌개발에 대한 실제적 요구(신흥우), 농촌문제의 이론과 실제(김성원), 정말(덴마크)의 농업(이기태), 농촌사업의 3대강령(신흥우), 농민수양소에 대하여(홍병선), 농민독본(청완), 농촌청년은 자각하여야겠다 (이훈구), 농촌으로 가자(이기태)
인격형성과 교육	불국(프랑스) 교육제도와 인격양성 문제(이성관·윤치호), 영국교육 제도와 인격양성(윤치호), 조선교육의 현상(신흥우), 현대 구미인의 교육사상 (이대위), 구미교육의 추세(김영의), 일천만원과 민립대학(주간), 교육의 데모크라시 (신재갑), 학교 스트라익에 대하여 그 해결책이 여하?(김창제), 미국 학생생활 (이동제), 조선인 된 오인의 장래(홍병선), 금일 조선이 요구하는 인물(이대위)
여성이해와 여성운동	여자문제의 근본적 해결(강매), 부인운동(최창현), 여자의 역사적 관찰과 그 장래(이덕봉), 여자의 경제적 독립(이대위), 페미니즘(신동기), 여자의 해방과 경제자유(유각경), 부인운동에 대한 사적 고찰(김예례), 우리의 기대하는 신여성 (유각경), 여자교육에 유의하는 한 사람으로서(김활란), 조선여자운동의 금후 (김활란), 조선여자 경제운동의 제일보(황순덕), 조선 여자교육의 효시(김원근)

글의 주제	글의 제목 및 저자
결혼 및 가정윤리	연애는 신성한가(바보), 이혼문제(일(一) 기자), 가정과 연애(신흥우), 나의 고찰한 바 기독교의 혼인관(석천), 연애(허벗 그레이), 연애 결혼과 매작 결혼(김활란), 산아제한과 어머니의 건강(리기태), 남녀교제에 대한 제씨의 고견(홍병선·송진우·김지환·안재홍·신알부터·강매만), 성교육에 대하여(이갑수), 최근 조선의 결혼연령 연구(이순탁)

3. 일제강점기 「청년」 발행의 역사적 의의

일제강점기는 1910년부터 1945년에 이르기까지 35년에 이르는 긴 기간이며 한국이 본격적으로 근대화 과정에 진입한 초기단계에 위치한다. 「청년」은 1919년 일제의 무단정치가 종료되고 문화정치에 돌입하면서 기독청년들이 신앙정체성과 본분을 성찰할 수 있도록 발행한 YMCA의 기관지였다는 점에서 역사적으로 큰 가치가 있다. 특별히 이 저널은 기독교 종합잡지로서 보수와 진보, 좌우의 양 진영을 아우르면서 어느 한편에 치우치지 않는 균형을 견지했을 뿐 아니라 다양한 분야에 종사한 집필진이 참여함으로써 뛰어난 에큐메니즘의 노선을 보여주었다. 특히 발행기간이 20년 이상이라 1920년대의 문화정치와 1930년대의 군국주의 전시체제라는 시대적 변화의 추이도 깊이 있게 관찰할 수 있다.

첫째, 이 저널은 사이토 마코토(齋藤實)가 제3대 총독으로 부임하여 문화정치를 표방하고 한국인들에게 이데올로기로서의 식민정체를 이식하려 했던 시점에서 한국 기독청년들에게 '신앙정체성과 본분'을 고취해주었다는 점에서 역사적 대의를 담고 있다. 한국 기독교는 문화정치라는 명분이 가져다준, 사상적으로 다소 느슨해진 틈을 노려 문서선교에 최선을 다했고 그 일환으로서 서적출판과 보급에 박차를 기했다.[14] 따라서 「청년」은 문화정치의 사상적 틈새를 최대한 역이용함으로써 신앙정체성과 본분을 고취한 신앙적 산물이었다는 점에서 주목할 만한 의미를 담았다.

3·1운동 이후 일제는 무단 경찰제도나 소학교 교사들에게까지 제복을 입히고 칼을 차고 가르치게 하던 무단교육을 폐지하고 한국인들에게도 언론기관을 허용하여 「동아일보」, 「조선일보」, 혹은 각종 잡지류의 발간을 허용하는 등 문화정치라는 명분을 실천했다. 1920년대 들어 창간된 저널들만 해도 「농민생활」, 「등대」, 「반도지광」, 「백합화」, 「사관」, 「사명」, 「선천」, 「성광」, 「성서강대」, 「성서조선」, 「시조」, 「신생명」, 「신가정」, 「영과 진리」, 「우리 가정」 등 다양한 문헌들이 발표되었다.[15] 또한 독본류(讀本類) 중에서는 「수양독본」, 「어린이 독본」, 「농민독본」, 「노동독본」 등 여러 저작들이 출간되었으며 근대지식 체득 차원에서 각종 계몽서들이 발행되었다.[16]

1919년 일제의 문화정치 표방과 더불어 한국 기독교는 문서선교라는 새로운 지평을 맞았으며 특별히 「청년」은 당시 기독교청년운동을 활성화하고 신앙정체성과 본분을 고양하기 위한 취지에서 마련되었다는 점에서 가치를 갖는다. 그러나 주목할 사안으로서, 일제는 표면상으로는 문화정치를 표방하여 한국민에게 자유를 주는 듯했으나

---

14 전택부, 『한국 기독교청년회 운동사』(서울: 홍성사, 2017a), 261.

15 이만열, 『한국기독교문화운동사』(서울: 대한기독교출판사, 1992), 410-423; 김봉희, 『한국 기독교문서 간행사 연구(1882~1945)』(서울: 이화여자대학교출판부, 1987), 15-43; 노고수, 『한국기독교서지연구』(부산: 예술문화사, 1981), 37-154 참고.

16 허재영 외 4인 공저, 『일제강점기 계몽운동의 실제』(서울: 경진, 2019), 62-63.

실제로는 그들의 식민사관을 이념화하기 위한 정책에 불과했다. 한일 합방의 명분을 합리화함으로써 민족문화 말살, 이념적 식민사상 주입, 와타제 쓰네요시(渡瀬常吉)가 주동한 일제 조합교회의 한국신자들 포섭 등 다양한 방식으로 한국인을 황국신민으로 종속시키고자 했으며 한국 기독교인들의 신앙정체성을 위협하고 있었다.[17] 청년층과 관련하여 청년교육은 사회 교화 차원에서 매우 중요한 과업이었지만 일제는 청년층을 사상적으로 회유하기 위해 식민사관에 입각하여 각종 이데올로기를 동원하여 집중적으로 주입했으며 1922년 발행된 강하영의 『이십세기 청년독본』 역시 일제에 순응하는 순종형의 인간관을 형성하는 데 역점을 둔 저서였다.[18]

둘째, 「청년」은 청년회가 점차 전국 각지에 뿌리를 내려 규모가 확장될 무렵 이들을 지도해주어야 할 '신앙적 교육서와 지침서'가 필요할 때 시의 적절하게 출판되었다는 점에서 의미가 있다. YMCA는 1918년 11월 들어 활발하게 사역을 전개했는데 당시 종교 담당 간사이던 김필수를 비롯하여 신흥우, 오화영, 오긍선, 박희도, 정춘수 등이 강사로 나와 신앙에 입각한 민족자주독립과 민주주의 회복을 주창했다.[19] YMCA는 일본에서의 2·8독립선언과 아울러 3·1운동 당시 외국의 동향을 국내에 전하는 핵심적인 전령자로 활동했으며 특히 신흥

---

17 안수강, "일제 문화정치 초엽 김활란의 신앙정체성 분석: 설교문 '두려워ᄒ지 마라'(1921) 와 찬송 가사 '풍랑에서 구원홈'(1921)을 중심으로", 「역사신학논총」 38(2021), 170. 土肥昭夫, 김수진 역, 『일본기독교사』(서울: 기독교문사, 1991), 289-290; 길진경, 『영계 길선주』(서울: 종로서적, 1980), 283 참고.

18 허재영, 『일제강점기 어문정책과 어문생활』(서울: 경진, 2011), 359, 361.

19 구한말 민족 패망기의 독립운동 양상은 해외 망명과 독립군 조직, 자결 혹은 의병조직, 청소년교육과 민중계몽을 통한 독립 모색 등으로 대별되는데 YMCA의 독립운동은 세 번째 유형에 속한다. 전택부, 앞의 책(2017a), 451.

우는 국제여론을 형성한 주역으로 주목받고 있었다. 1923년에는 겨울 농촌 조사를 마친 후 모든 국민의 경제적 향상, 사회적 단결, 정신적 소생 등 3대 강령을 발표하여 농촌사업에 착수했다. 이듬해 1924년에는 한국 YMCA가 일본 YMCA에서 분립하여 한국 단독으로 YMCA 세계연맹에 가맹하는 획기적인 성과가 있었다.[20] 이처럼 YMCA가 점차 발전해가는 역사적 맥락에서 기관지 「청년」은 1920년 창간된 이래 1940년 전시체제에 강제 폐간되기까지 20년간 지속적으로 발행되어 소명의식, 목적의식, 가치관, 진로설정, 신앙과 사회참여의 일체화 등 청년운동의 맥락을 꾸준히 선도하는 가늠자의 역할을 담당했다. 나아가 흩어진 국내외 기독청년들이 일체를 이룰 수 있도록 견실하게 기초를 다졌다는 점에서 시대적 요구에 부응한 필연적인 결정체이기도 했다.

한편 지방조직을 보더라도 1914년 개성에서 '조선기독교청년회연합회'가 조직될 당시 지방청년회로는 유학생 위주의 재일본 한국 YMCA 하나뿐이었지만 3 · 1운동 이후부터는 함흥, 선천, 평양, 대구, 광주, 원산, 전주 등 전국적으로 YMCA가 확산되면서 1925년 말까지 도합 10개 지방 청년회가 조직되는 등 괄목할 만한 진전이 있었다. 각 학교별로도 학생청년회가 설치되면서 1921년 말에는 전국 12개 학교에 조직되었고 1925년에는 18개로 늘었다. 그뿐만 아니라 특기할 만한 사례로서 1906년 재일본 도쿄 YMCA가 창설되었던 것처럼 북경대학에 재학하던 이대위, 문승찬, 로하(路河)중학의 장자일 등이 주동하여 1920년 겨울에 고려청년회를 창설했다. 1924년 연합위원회에서는 고려기독교청년회의 가입을 허락하는 동시에 간사봉급 보조로 연

---

20   전택부, 『한국 에큐메니칼운동사』(서울: 홍성사, 2017), 81-93.

6백 원을 모금한 것으로 보아 상당 기간 존속했던 것으로 보인다.[21]

셋째, 「청년」은 20년에 걸쳐 장기간 발행된 저널로서 해방 전 '청년층의 신앙과 본분을 주도한 사상적 지주'가 되는 문헌이었다는 점에서 주목해야 한다. 당대 기독청년층을 대상으로 보급한 또 다른 저널로는 기독면려회의 기관지 「진생」(眞生)[22]이 있었지만 1925년 9월에 창간된 이래 1930년 12월까지 불과 5년여에 걸쳐 70권 정도만 출판되었고 실질적으로 청년층을 대변하는 최상의 저널은 「청년」이었다 해도 지나친 말은 아니다. 「청년」은 앞서 〈표 2〉에서 소개했듯이 '청년 주역의 사회개혁운동', '종교사상과 사회운동 & 평화주의 실현', '정치사상(민족주의와 사회주의)', '직업관(노동·직업·윤리관)', '경제관과 경제윤리', '농촌운동과 환경의식', '인격형성과 교육', '여성이해와 여성운동', '결혼 및 가정윤리' 등 여러 영역에서 청년층의 시야를 열어주는 교육서이자 지침서를 겸한 저널로서 해방 전 기독청년들을 선도하는 중추적인 기능을 발휘했다.

최재목은 "일제강점기 한국철학의 재발견: 대중매체와 사적 글쓰기를 중심으로"에서 잡지, 대중 매체를 통한 사상 연구의 중요성을 이렇게 언급하고 있다. "일제강점기라는 시대적 상황 속에서 자신의 철학사상을 공적 글쓰기 형태로 드러내기에는 여러 가지 제약이 있었을 것이다. 그러므로 일제강점기 한국철학사상의 정체성과 주체성을 확인하고 재정립하기 위해서는 오히려 연구대상에서 간과되거나 배제

---

21 전택부, 앞의 책(2017a), 264-277.

22 「진생」 창간호에는 기독면려회를 설립한 목적, 사회 전반에 침투하는 영적인 의무, 미래를 향한 비전 제시 등을 담았다. 안수강, "1920년대 중후반 '기독면려회'의 노선과 현재적 함의 고찰: 기관지 「眞生」(1925~1930)을 중심으로", 「신학과 실천」 74(2021), 930.

되기 쉬운 당시 발행된 신문·잡지 등의 대중매체나 사적 글쓰기 자료들을 조사·수집·정리하는 작업이 더욱더 필요한 것이다."[23] 「청년」은 조선기독교청년연맹의 기관지이자 신앙잡지의 성격을 갖는데, 20년 이상 지속적으로 발행된 사상 잡지로서 의미를 갖는다. 필자가 살펴본 바로는, 현재 국립중앙도서관의 잡지 디지털화 자료에도 극히 일부분만 체계성 없이 소장되어 있는 형편이다. 이는 매우 안타까운 일이며, 그동안 이 잡지가 공개적으로 소개된 적이 거의 없었기 때문에 학술적 연구 작업 또한 부진할 수밖에 없었다.

4. 「청년」 발행의 신학적·기독교윤리적 의미

지난 역사들의 흔적을 추적하는 일에 어떤 신학적·윤리적 의미를 부여할 수 있을까? 한국 기독교의 역사적 문헌들을 살피다 보면 오늘날의 기독교 공동체와 기독교인들이 성경과 교리라는 텍스트에 이론적으로만 함몰되어 우리나라와 공동체가 당면한 실천적 문제들에 답변을 내놓지 못하는 무기력한 모습은 아닌지 돌아보게 된다. 즉 현실의 행태를 고민하며 역사적 문헌 속에서 윤리적 책임을 성찰할 수 있게 된다. 이런 면에서 일제강점기에 출판된 잡지인 「청년」은 당시 한국 기독교윤리학의 사상적 지평을 추적하는 계기를 제공하는 것이다. 즉 일제강점기를 거치는 동안 교회와 기독교 공동체에서 가장 중요

---

23 최재목, "일제강점기 한국철학의 재발견: 대중매체와 사적 글쓰기를 중심으로,"(한국연구재단 2006-324-A00009 특화주제연구 연구과제 보고서) 참고.

하게 여겼던 윤리의식은 무엇이었을까라는 질문에 대답을 얻게 된다. 「청년」지의 다양한 저자들은 현대 기독교윤리학적 관점에서 보면 응당 최선의 과제로 접근할 수 있는 선과 악의 문제, 행위와 행위자의 문제에 앞서서 기독교인의 내면을 성찰하여 유일신 사상을 어떻게 수호할 것이며 신앙 정절을 견지할 수 있을지 질문했다.

3·1운동 이후 일제 문화정치의 이완된 틈을 활용하여 다양한 문헌들이 출판되었는데, 이는 현대적 관점에서 보면 기독교 문화운동이라고 할 수 있다. 특히 기독교에서 다양한 문서선교 활동에 박차를 기하는 전환기를 맞았지만 문헌 출판이 그렇게 순탄했던 것만은 아니었다. 가령, 문화정치가 수행된 지 3년 후인 1922년 20인 한국인 교역자들만으로 발행된 첫 설교집 『종교계제명사강연집』(宗敎界諸名士講演集)에는 설교문을 작성한 과정에서 단문이나 장문에 해당되는 분량이 종종 "⋯⋯⋯⋯⋯⋯⋯" 모양으로 삭제된 흔적들이 나타난다. 이는 총독부가 출판을 앞둔 강연집을 검열하는 과정에서 식민사관을 잣대로 삼아 삭제한 뼈저린 흔적들이다.[24] 일제는 문화정치를 표방하여 일정 부분 자유를 주는 듯했지만 식민사관에 위배된다고 판단되는 경우 가차 없이 수정, 삭제, 혹은 몰수 조치를 취했다.

3·1운동 당시 언론 통제정책에 의하면 문화정치를 시행한 사이토 마코토 총독은 언론 및 민간신문 창간과 관련하여 경찰병력의 증원, 임시정부 해체 및 해외조선인의 행동 통제, 관리들이 조선어를 배워 소통할 것, 총독부의 시정방침을 홍보하고 강화할 것, 대민정보 수

---

[24] 한석원 편, 『종교계제명사강연집』(경성: 활문사서점, 1922), 41, 53, 64, 93, 96, 99, 121, 169, 168, 183, 185, 129, 222, 230, 236. 한경국, "한국 최초의 절기 설교집 종교계 저명사 강연집에 대한 연구", 「신학과 실천」 61(2018), 150 참고.

집과 지침하달 등을 지시했다. 당시 일제의 언론 통제는 관동대지진과 조선의 언론 통제, 경성방송국 설립과 언론 통제, 선전영화 및 미디어를 통한 언론 통제 등에서 두드러진다.[25] 1920년 4월에는 총독부 관방실에 활동사진반을 설치하여 한국인이 일본에 친숙한 감정을 갖도록 유도하고 소위 사회 교화, 농산어촌의 진흥운동과 위생사상 보급 등에 활용했으며 1931년 만주사변이 발발했을 때는 시국 인식을 위한 홍보활동에 주력했다. 이처럼 선전영화제작과 상영활동은 그 실적이 점점 늘어 영화 횟수만 해도 1920년에는 49회였으나 1937년에는 무려 392회에 달했다.[26]

1930년대 들어서는 군국주의 체제가 강화되면서 1936년 미나미 지로(南次郎) 총독이 부임한 후 황국신민화와 내선일체의 모토를 강화했다. 이러한 취지에서 총독부 좌담회를 개최하여 신문, 잡지 기사 중 본국인과 조선인의 호칭을 폐할 것, 출신지는 부(府)·현(縣)·도(道)·정(町) 등 일본식으로 표기할 것 등을 지시했으며 총독부에서는 별도로 창씨개명을 하달했다.[27]

1942년 2차 세계대전 중에 취임한 고이소 구니아키(小磯國昭) 총독은 조선 민중에 대한 전력(戰力) 증강책과 언론통제에 관한 정책을 한층 강화하여 총독부출판통제협의회를 설치했으며 전시하에서의 출판물 통제기구로서 신문잡지용지협의회(1939), 신문잡지용지통제위원회(1940), 일본출판회(1942) 등이 속속 설치되었다. 출판물 승인 선결방침으로는 저자와 편자의 인물경력, 조선의 특수사항에 의해 보는 적부

25 이연, 『일제강점기 조선언론 통제사』(서울: 박영사, 2013), 275-365.
26 위의 책, 354-358.
27 위의 책, 438, 433.

[適否, 국체본의·민족의식·황민(皇民) 자질 등], 출판기업 전반에 의해 보는 요부(要否), 동종 기간(旣刊) 출판물의 유무 등을 엄격하게 심의하도록 규정했다.[28] 한편 총무국장의 승인 하에 신문, 잡지, 단행본 등을 출판하지 않을 경우 용지 배급을 제재하여 사실상 서적출판을 금지시켰으며 차츰 한국어 신문들이 모두 사라지고 1942년도에는 「조광」, 「춘추」, 「대동아」, 「신시대」, 「야담」 등 단지 몇 종만의 저널들만 남아 있었다.[29] YMCA 기관지 「청년」은 1940년에 폐간 조치되었다.

미나미 지로 총독이 부임한 1930년대 중반 내선일체와 황국신민화가 강화되기 시작한 무렵부터 YMCA는 점차 존립마저 위태로운 위기상황에 직면했다. 그 징후는 1935년 8월 27일에 회합을 가진 YMCA의 마지막 하령회(夏令會)에서 나타났다. 이 마지막 하령회에서는 표어 '자라자'에 대한 회장 윤치호의 개회연설에 이어 기도회, 성경연구, 강연, 원탁회의, 좌담회, 역사 강의 등이 있었다. 종래의 하령회 규모로 개최할 수 없어 수양회(修養會)로 명칭을 바꾸었는데 이는 당시 시국이 얼마나 긴장 상태였으며 YMCA를 운영하기에 힘든 여건이었는지를 보여주는 전형적인 일례라 할 수 있다.[30] 1936년부터는 윤근이 간사로 부임하면서 사업운영에 있어서도 체육활동 위주로 전개할 수밖에 없었고,[31] 1937년에는 마침내 사회 농촌운동을 지도하던 YMCA 농촌부가 활동 중단을 선언했으며, 이듬해 1938년 9월에는 일제 정책

---

28 위의 책, 483-486.

29 위의 책, 490-491.

30 전택부, 앞의 책(2017a), 447-448.

31 위의 책, 449.

의 일환으로 YMCA가 해체되고 말았다.[32] 그러나 YMCA가 해체된 이후에도 1940년 12월까지 2년 이상 「청년」이 발행되었다는 것은 이 기관지가 그만큼 생명력 있는 저널로 큰 영향을 미쳤고 오랜 기간 확고하게 자리매김했다는 근거가 된다.

기독교윤리는 언제나 다양한 차원에서 효과적인 공적 담론을 형성하며, 기독교적 세계관과 가치관을 확장해가는 방법을 사용할 수 있어야 한다. 일제강점기란 특수한 상황 속에 처해 있던 한국 기독교 공동체는 유입 단계에 있던 기독교 사상과 문화를 담은 다양한 담론을 게재한 저널을 연속해서 발행함으로써 기독교적 가치관과 세계관을 사회로 확장시키는, 일종의 문화 선교를 추구했다고 볼 수 있다.

고려할 것은 당시의 출판 활동은 영상 미디어가 주류를 이루는 현대사회에서는 상상할 수 없을 정도의 영향력을 갖고 있었다는 사실이다. 이런 면에서 이 글은 역사 속에서 지금까지 널리 알려지지 않은 기독교윤리 관련 문헌을 탐구하는 방법을 채택한 것이다. 특히 YMCA 기관지인 「청년」은 개인이나 소수가 아닌 기독교계의 다양한 인사들이 글을 담은 공동의 논의라는 특성이 있다. 현재적 시점에서 보면 기본적인 교리 요약이나 성경 구절을 반복하는 단편적인 글들로 보이는 것도 많이 실려 있지만, 개인윤리 영역과 사회윤리 영역을 아우르는 심도 있는 글들도 많이 게재되어 있다. 무엇보다 일제강점기라는 특수한 상황에서 매우 광범위한 주제를 다룬 글들이 양적으로 천 편을 훌쩍 넘길 정도로 산재해 있다는 데 의미를 찾을 수 있다. 특히 일제강점기는 한국 역사 속에서 근대화의 과정인 동시에 기독교와 교회가 위협

---

32 민경배, 『한국기독교회사』(서울: 연세대학교출판부, 2000), 503.

받고 침체되어 있던 상황이었는데, 그럼에도 불구하고 개인윤리나 사회윤리 어느 한쪽에 치우치지 않고 통합적으로 사회와 교회를 조망하여 당 시대의 현실적 과제에 대한 해결책을 제시하는 뛰어난 식견들을 드러내고 있다.

청년지의 탐색과 연구는 한국 역사 속에서 기독교 고문헌을 어떻게 접근하고 해석해야 하는지 또 하나의 방법론을 제공하는 기회가 된다고 볼 수도 있다. 좀 더 구체적으로 일제강점기에 발행된 기독교 윤리 관련 문헌인 『신자생활의 첩경』, 『그리스도모범』 등 다양한 기독교 초기 문헌을 연구한 성과물도 한국교회 초기 주요 사상가들의 기독교 윤리 수용과 이해를 고찰한 연구에 속한다. 일제강점기에 간행된 『그리스도모범』(1929)은 기독교 전래 초기의 교리서에 비해 매우 체계성을 띠었고 생활의 지침을 구체적으로 제시했다.[33] 이 연구에서는 예수 그리스도의 삶과 가르침을 통해 가정, 교회, 국가 등 자신의 영역을 넘어서서 사회공동체의 일원으로서 실천해야 할 기독교인들의 윤리를 전개한 점을 보여주고 있다.

이제 일제강점기 문헌인 「청년」을 분석한다면 거시적인 틀에서 한국적 신학과 기독교윤리의 소재가 무엇이었는지 통시적 지평에서 추이를 살펴볼 수 있는 의미 있는 작업이 되는 것이다. 필자는 이 논문을 비롯해서 「청년」 창간호부터 마지막 호까지 발간된 글들을 분석하여, 기독청년회의 창설 이념과 노선을 고찰하는 데 그치지 않고, 게재된 글들의 분석을 통해 오늘날 기독인들에게 주는 기독교윤리적 함의를 제시하고자 한다. 예를 들어 「청년」 창간호는 당대가 급변하는 시

---

33   이장형 · 안수강, 앞의 글(2015. 4), 93-126.

대이자 사회가 부패했다는 점, 이러한 시대를 선도함으로써 기독교정신을 구현해야 한다는 점, 그 중추적인 책임과 의무가 기독청년들에게 부여되었다는 점을 강조하고 있다.[34] 이런 강조점들은 발간호에 따라 다양한 필자들의 내용과 주장을 담게 된다.

5. 나오는 말

오늘날 한국 사회에서 기독교와 신앙은 영향력과 파급효과가 지대하다는 점에서 매우 중요한 위치를 점하고 있다. 그러나 인문학적 영향력 면에서는 긍정적인 영향력을 발휘하지 못하는 실정이다. 신학 특유의 방법론을 경시해서는 안 되지만 사회와 소통할 수 없는 신학적 논의는 학문으로서 자리매김을 하기까지 이에 상응하는 한계점을 노출할 수밖에 없다. 이런 면에서 '청년'이라는 연속 간행물에 대한 연구는 일제강점기의 사회상을 새롭게 조명하여 성찰할 수 있는 기회를 제공하며, 특히 고전 잡지 전문가뿐 아니라 학생, 학자, 목회자, 일반 시민 등을 향해 기독교 전통의 사상적·실천적 윤리 관점과 담론들을 구체화하여 제시하는 계기가 될 것이다. 결국, 이러한 고전적인 문헌 연구 작업은 일제강점기라는 특수 상황 속에서 한국교회가 품은 신학적 성찰과 기독교윤리적 담론을 통해, 지금 우리의 상황 속에서의 새로운 윤리적 논의를 확산시키는 계기를 제공할 수 있을 것이다.

34　이장형, "〈계자씨〉(1933~1934)를 통해 본 일제강점기 기독교윤리 담론", 「기독교사회윤리」 40(2018), 179-210.

사회 제 분야에서 그렇듯이 우리 사회는 윤리관에 있어서도 세대 간, 계층 간, 활동 분야와 종사하는 직업 등에서 상당한 갈등의 양상을 보이고 있다. 일제강점기를 보는 시각도 혼란스러울 정도로 다양한 상황이다. 이를 극복해야 하는 과제가 기독교 공동체 앞에 놓여 있다. 상당 기간 지속된 공동의 담론을 담고 있는 잡지를 통한 새로운 평가와 해석은 윤리학적 논의를 통합하고, 새로운 윤리 의식을 발견하게 하며, 사회적 갈등 극복에도 기여할 수 있을 것이다.

참고문헌

길진경, 『영계 길선주』, 서울: 종로서적, 1980.

김봉희, 『한국 기독교문서 간행사 연구(1882~1945)』, 서울: 이화여자대학교출판부, 1987.

김필수, "首辭", 「청년」 창간호(1921), 1.

노고수, 『한국기독교서지연구』, 부산: 예술문화사, 1981.

민경배, 『한국기독교회사』, 서울: 연세대학교출판부, 2000.

안수강, "일제 문화정치 초엽 김활란의 신앙정체성 분석: 설교문 '두려워ᄒ지 마라'(1921)와 찬송 가사 '풍랑에셔 구원홈'(1921)을 중심으로", 「역사신학논총」 38(2021), 166-206.

_____, "일제강점기 YMCA의 노선과 현재적 함의 고찰: 기관지 「靑年」(1921~1940)을 중심으로", 「신학과 실천」 79(2022), 631-667.

_____, "정경옥(鄭景玉)의 실용주의(實用主義) 신학 분석", 「기독교사회윤리」 43(2019), 153-187.

_____, "1920년대 중후반 '기독면려회'의 노선과 현재적 함의 고찰: 기관지 「眞生」(1925~1930)을 중심으로", 「신학과 실천」 74(2021), 923-950.

이광수, "今日朝鮮耶蘇敎會의 欠點", 「靑春」 11(1917), 76-83.

_____, "耶蘇敎의 朝鮮에 준 恩惠", 「靑春」 9(1917), 13-18.

이만열, 『한국기독교문화운동사』, 서울: 대한기독교출판사, 1992.

이 연, 『일제강점기 조선언론 통제사』, 서울: 박영사, 2013.

이장형, "〈게자씨〉(1933~1934)를 통해 본 일제강점기 기독교윤리 담론", 「기독교사회윤리」 40(2018), 179-210.

이장형·안수강, "『그리스도 모범』에 나타난 기독교 사회윤리", 「한국기독교신학논총」 96(2015), 93-126.

장덕수, "축 「청년」 창간", 「청년」 창간호(1921), 2.

전택부, 『한국 기독교청년회 운동사』, 서울: 홍성사, 2017a.

_____, 『한국 에큐메니칼운동사』, 서울: 홍성사, 2017b.

최재목, "일제강점기 한국철학의 재발견: 대중매체와 사적 글쓰기를 중심으로", 한국
    연구재단 2006-324-A00009 특화주제연구 연구과제 보고서.

하희정, "3·1운동 이후 담론공간의 탈정치화와 젠더에 대한 사회적 논의: YMCA·
    YWCA의 「청년」을 중심으로", 「韓國教會史學會誌」 40(2015), 169-213.

한경국, "한국 최초의 절기 설교집 종교계 저명사 강연집에 대한 연구", 「신학과 실
    천」 61(2018), 147-174.

한석원 편, 『종교계제명사강연집』, 경성: 활문사서점, 1922.

허재영, 『일제강점기 어문정책과 어문생활』, 서울: 경진, 2011.

허재영 외 4인 공저, 『일제강점기 계몽운동의 실제』, 서울: 경진, 2019.

土肥昭夫, 『일본기독교사』, 김수진 역, 서울: 기독교문사, 1991.

Rauschenbusch, W., *Social Principles of Jesus*, 고영환 역, 『耶蘇의 社會訓』, 경성: 조선
    야소교서회, 1930.

03

아우구스티누스와
'사회적 사랑(amor socialis)'의 사회적 영성[12]
- 제자윤리의 관점에서 -

문시영(남서울대학교, 교수)

1. 들어가는 말

아우구스티누스는 기독교를 '무세계성(worldlessness)'에 빠지도록 부추긴 장본인일까? 아우구스티누스가 『신국론』(*De civitate Dei*)을 통하여 세상을 '천막살이'로 격하시켜, 공적 책임 등 '세계사랑(amor mundi)'에 무관심하게 만들었다는 아렌트(Hannah Arendt)의 비판[3]은 기독교

---

1 본 장은 『기독교사회윤리』 55집에 수록된 논문을 부분 편집한 글이다.

2 '사회적 영성'이라는 표현은 다음 글들에서 인용했다. Jesuit Centre for Faith and Justice eds, *Windows on Social Spirituality* (Dublin: Ireland, 2003); 김진호 외, 『사회적 영성』(서울: 현암사, 2014); 송창현, "사회적 영성으로의 초대", 「가톨릭평론」1(2016), 215-222: 박명림, "사회적 영성, 내면윤리의 사회적 구상", 「복음과 상황」 2017.1.262017.1.26일자. *이 글에서는 공감, 환대, 책임, 소통을 '사회적 영성'으로 규정하고 '시민사회의 제자윤리'로 읽어내고자 한다. 영성이라는 표현을 사용한다고 해서, 영성에 관한 논의를 풀어내는 것은 아니다. '잘됨에 집착하는 신앙'을 '잘되는 영성'으로, '사회적 실천에 관심하는 신앙'을 '사회적 영성'으로 상정하고 한국 기독교의 윤리적 성숙을 모색하려는 취지이다.

3 이와 관련하여 선행연구들과 여러 논의들을 참고할 수 있지만, 아렌트 자신의 관점을 담고

에 자성을 위한 문제의식을 던져준다. 하지만, 아우구스티누스를 무세계성을 조장한 인물로 몰아세우는 것에 동의할 수 없는 요소들이 더 많다. 세상에 집착하는 '쿠피디타스(cupiditas) - 사사로운 사랑(amor privatus)'의 극복을 역설하고 '카리타스(caritas) - 사회적 사랑(amor socialis)'의 실천을 강조했기 때문이다.

아이러니한 것은 한국 기독교에 아렌트가 아우구스티누스 탓이라고 했던 '천막살이'가 아닌 '강남 스타일 교회'⁴를 꿈꾸며 '한강-뷰 고급 아파트'에 살고자 하는 '잘되는 영성'에 휘둘리는 현상이 나타나고 있다는 점이다. '지상의 도성(civitas terrena)'에 대한 집착을 경계하고 사회적 사랑을 강조한 아우구스티누스를 바르게 인식하지 못할 뿐 아니라, 그가 요청한 제자 됨의 윤리를 따르지 않고 있는 셈이다. 그렇게나 제자훈련이 넘쳐나면서도 말이다. 사실, 한국 기독교가 시민사회로부터 공적 책임과 소통, 공감과 환대의 '사회적 영성(social spirituality)'을 결여했다고 지탄을 받는 이면에는 사회적 영성에 대한 무관심이 깔려 있다. 이것은 "압축적 교회 성장 과정에서 번영신학과 잘되는 영성이 한국 기독교의 신앙의 '사사화(privatization)'를 초래했고 공적 책임을 비롯한 소통, 공감, 그리고 환대의 실천을 위한 사회적 영성을 외면하고 있다"는 진단과도 일맥상통한다.⁵

이러한 문제의식에서, 『신국론』을 중심으로 아우구스티누스의 사

있는 다음 책을 참고하도록 추천하고 싶다. Hannah Arendt, edited by Joanna Vecchiarelli Scott, Judith Chelius Stark, *Love and Saint Augustine*, 서유경 역, 『사랑 개념과 성 아우구스티누스』(서울: 필로소픽, 2022).

4 이 표현은 다음 책에서 인용했다. 권수경, 『번영복음의 속임수』(서울: SFC, 2019), 402.

5 문시영, "잘되는 영성에서 사회적 영성으로: 공공신학적 조망", 「선교와 신학」 57(2022), 37-66.

회적 영성을 읽어내고자 한다. 특히, '쿠피디타스'와 '카리타스'의 사회적 지평이라고 할 수 있는 '사사로운 사랑'과 '사회적 사랑'에 주목할 필요가 있다. 잘되는 영성에 휩쓸려 신앙의 사사화를 초래하여 사회적 영성에 무관심하게 된 현실을 자성하고 그 해법을 모색하려는 취지이다. 하지만, 사회적 영성에 관한 논변에 '단순 가담'하려는 것은 아니다. 적극적으로, '제자도에 근거한 사회적 영성(social spirituality based on discipleship)'을 모색하고자 한다. 아우구스티누스가 사회적 영성에 관심했다는 사실을 확인할 뿐만 아니라, 사회적 영성이 '하나님의 도성(civitas Dei)'을 향하여 순례의 길을 가는 '제자 됨(being disciple)'의 윤리에 근거한다는 사실을 입증하려는 취지이다.

2. 아우구스티누스와 제자도에 근거한 사회적 영성

1) '제자도'로 읽어야 할 아우구스티누스의 사회적 영성

『신국론』은 최초의 역사철학으로 간주되는 것은 물론이고 현대 정치학의 모티브를 담은 원천으로 간주되어 다양한 선행연구를 낳고 있다. 한국의 연구자들을 중심으로, 기간을 2000년대 이후로만 한정하더라도 선행연구는 상당하다. 키케로(Marcus Tullius Cicero)를 참고하면서 아우구스티누스가 하나님의 정의를 죄인을 의롭게 만드는 하나님의 의라고 해석한 것은 흥미로운 부분이다.[6] 사회정의에 관한 니버 (Reinhold Niebuhr)의 관점을 따라 아우구스티누스를 연구한 경우도 있다.[7] 『신국론』에서 의도한 것은 국가의 제거가 아닌 기독교신앙 위에서 재건하려는 것이었다는 주장 또한 관심을 끈다.[8] 아우구스티누스의 관심은 현실정치와 불행을 극복하려는 것이라기보다 불행을 통해 하나님의 도성에 대한 믿음을 강화하는 것이라는 해석도 있다.[9] 또한, 『신국론』 해석을 통해 하나님 사랑과 이웃 사랑이 갈등 관계가 아닌 서로를 필요로 하는 관계임을 주장한 것도 의미가 있어 보인다.[10]

무엇보다도, 아우구스티누스의 '사회적 사랑'에 관심한 연구는 이 글의 주된 논제와 밀접하게 연관된다. 사회적 영성과 관련 지을 단초라 할 수 있기 때문이다.[11] 다만, 공적 책임과 소통, 공감과 환대에 관한 현대적 대화로 확장되지 못했다는 점은 아쉬운 부분이다. 예를 들어,

---

6 김진혁, "은혜와 정의: 득의론 관점에서 본 아우구스티누스의 정치신학", 「조직신학논총」 56(2019), 53-99.

7 김영진, "아우구스티누스의 정의와 그 현대적 함의 연구: 기독교적 관점에서", 「기독교철학」 30(2020), 37-61.

8 남성현, "아우구스티누스의 『신국론』에 나타난 세속국가 허물기와 국가치료의 비전", 「세계역사와 문화연구」 47(2018), 1-38.

9 양명수, "아우구스티누스가 본 정치의 의미와 한계: 『신국론』 19권을 중심으로", 「한국기독교신학논총」 62(2009), 133-157.

10 우병훈, "아우구스티누스의 『신국론』에 나타난 사랑의 갈등", 「한국개혁신학」 70(2021), 168-217.

11 이와 관련하여, 성염의 글들이 중요하다. 학술저널 문헌들을 찾기 어려워 검색을 통해 참고했다. "하느님 나라의 초석: 사회적 사랑: 아우구스티누스의 『신국론』의 기조 사상으로서", https://home.catholic.or.kr/pdsm/bbs_view.asp?num=4067 (2023.1.28. 접속); "두 개의 사랑 두 개의 정치: 아우구스티누스의 「신국론」에서 펼쳐진 역사의 새로운 지평", http://donbosco.pe.kr/xe1/?document_srl=587016&mid=augustinus (2023.1.28. 접속), "열린 연단, 성염 서강대 명예교수의 「아우구스티누스 〈고백록〉 〈신국론〉」", https://unipress.co.kr/news/articleView.html?idxno=2480 (2023.1.18. 접속)

"지상의 도성에서의 삶 자체가 '낯선 이(stranger)'의 행로이기에 서로 환대하며 살아야 한다"[12]는 아우구스티누스의 교훈은 환대의 현대적 재론과 연관 지을 가능성을 보여준다. 그리고 『신국론』이 로마사회를 향하여 변증을 시도한 것이라는 점에서 공적 소통에 대한 논의도 가능해 보인다. 적극적으로, 아우구스티누스가 신앙의 공공성을 위한 공적 책임과 소통, 그리고 타자윤리를 위한 공감과 환대의 사회적 영성에 관심했다는 사실을 확인할 수 있는 단초들이라 하겠다. 이러한 사회적 사랑의 사회적 영성을 적극적으로 확인할 수 있다면, 아렌트가 아우구스티누스를 무세계성을 부추긴 장본인으로 몰아세운 것에 대한 의미 있는 반론이 가능할 것으로 기대된다.

한 가지, 짚어야 할 것이 있다. 아우구스티누스의 사회적 사랑에 나타난 사회적 영성은 제자도 내지는 제자 됨의 윤리를 통해 접근할 때 적극적 해석이 가능하다는 점이다. 사실, 『신국론』에 사회적이고 정치적인 관심이 녹아 있는 것은 분명하다. 그러나 아우구스티누스의 관심을 현실정치에 훈수 두기 혹은 정치학의 기독교적 담론이라고 단정 지어서는 안 된다. 『신국론』을 아우구스티누스의 정치이론이라고 말하는 것은 후대의 평가 중 하나이다.[13] 후대의 평가보다 중요한 것은 아우구스티누스 자신의 맥락이다. 아우구스티누스가 주교로 봉직했던 370~430년 어간에 아우구스티누스와 동료 주교들은 지식인, 입법가, 홍보대사, 판사 등의 직능을 수행하기도 했으나,[14] 본질적으로는 설

---

12 Amy G. Oden, (ed.), *And you welcomed me* (Nashville, TN: Abingdon Press, 2001), 45.

13 Alan Ryan, *On Augustine: The Two Cities* (New York, NY: Liveright Publishing, 2016), 61.

14 Kevin Uhalde, *Expectations of Justice in the Age of Augustine* (Philadelphia, PA: University of Pennsylvania Press, 2007), 3.

교자였고 목회자였다. 아우구스티누스를 전문적인 정치이론가로 혹은 『신국론』을 사회 및 정치이론서로 대하면 안 되는 이유이다. 오히려, 신학자이자 설교자이며 목회자로서의 아우구스티누스의 맥락에 유의 해야 한다. 복음에 충실한 제자 됨을 설교하며 목회하는 것이야말로 아우구스티누스의 본래적 맥락이며 근간이다.

이러한 뜻에서, 『신국론』은 정치이론서라기보다 하나님을 믿는 자들과 그렇지 않은 자들 사이의 삶의 차이에 관한 책이다.[15] 윌리엄스 (Rowan Williams)는 『신국론』이 "공적인 것과 사적인 것, 교회와 세상 사이의 대립이 아닌 정치적 미덕과 정치적 악덕 사이의 대립이 초점"이라고 말한다.[16] 또한 홀링워스(Miles Hollingworth)는 아우구스티누스가 "제자로서 어떻게 살아가야 할 것인가를 제시했으며 새로운 시민권의 문제 즉 어떤 사랑의 존재인가 하는 것이 그 핵심"[17]이라고 말한다. 그리고 밀뱅크(John Milbank)에 따르면, 『신국론』에서 보여준 통찰 즉 폭력의 도성과는 연관되지 않는 '다른 도성(altera civitas)'에 주목해야 한다.[18] 교회는 그리스도의 이야기를 다시 이야기(re-narrating)해야 하고 세속 이성이 지어낸 거짓 이야기를 극복(out-narrating)해야 한다는 주장이다.[19]

---

15 John Rist, "On the nature and worth of Christian philosophy: evidence from the City of God," in James Wetzel, (ed.), *Augustine's City of God: A Critical Guide* (Cambridge, UK: Cambridge University Press, 2012), 214.

16 Rowan Williams, *On Augustine*, 김지호 역, 『다시 읽는 아우구스티누스』(고양: 도서출판 100, 2021), 207-246.

17 Miles Hollingworth, *The Pilgrim City: St. Augustine of Hippo and his Innovation in Political Thought* (New York, NY: T&T Clark, 2010), 182: 190.

18 John Milbank, *Theology and Social Theory*, 서종원·임형권 역, 『신학과 사회이론』(서울: 새물결플러스, 2019), 732-733.

19 임형권, "유목 공동체로서의 교회: 존 밀뱅크의 아우구스티누스적 교회론", 「한국기독교신학논총」 100(2016), 41-64.

특히, 하우어워스(Stanley Hauerwas)의 『신국론』 읽기는 의의가 크다. 하우어워스에 따르면, 『신국론』에 몇 가지 강조점이 있다. "① 그리스도인은 덕의 사람이 되어야 한다. ② 덕의 근간은 카리타스(caritas)이어야 한다. ③ 사랑해야 할 대상은 하나님이시다. ④ 사랑의 질서가 필요하며 사회의 질서도 여기에서 연유한다. 그리고 ⑤ 하나님의 백성으로서의 교회는 권력에 종속되어서는 안 된다. ⑥ 결함과 실수에도 불구하고 교회만이 진정한 공동체이다."[20] ①, ②, ③, ④는 『신국론』에 나타난 덕으로서의 카리타스에 관심하게 한다. ⑤와 ⑥은 지상의 도성에서 하나님의 도성을 향한 순례의 길을 가는 동안, 교회가 카리타스의 덕을 함양하는 공동체이어야 함을 말해준다.

하우어워스의 해석이 지닌 장점은 그리스도인의 덕으로서의 카리타스를 제자 됨의 관점에서 재조명할 단초를 준다는 점이다. 하우어워스에 따르면, "하나님의 도성에 속한 자들이 지상의 도성을 지내는 동안 어떻게 살아야 하는가의 문제 즉 제자도를 펼쳐낸 두 도성에 대한 이해 방식은 기독교윤리의 핵심 이슈이다."[21] 참고로, 『신국론』에서 그리스도인은 하나님의 도성을 향한 순례자이어야 함은 분명하지만, 그것이 곧 무세계성을 뜻하는 것은 아니다. 오히려, 아우구스티누스는 순례자이자 제자이기를 권한다. '순례길에 오른 제자'로서,[22] 하나님의 도성을 향하여 지상의 도성을 살아가는 동안 '제자로서 순례해야 한다'.

---

[20] Stanley Hauerwas and Samuel Wells (ed.), *The Blackwell Companion to Christian Ethics* (Malden, MA: Blackwell Publishing Ltd., 2006), 44.

[21] Stanley Hauerwas, "How Christian Ethics Came to Be," in John Berkman and Michael Cartwright (eds.), *The Hauerwas Reader* (Durham, NC: Duke University Press, 2001), 39.

[22] Michael Marshall, *Flame in the Mind*, 정다운 역, 『순례를 떠나다』(서울: 비아, 2018), 173, 191, 232.

이 부분에서, 하우어워스가 '예수 내러티브(Jesus narrative)'에 따라 그리스도인다운 성품의 함양을 추구하는 것이 제자 됨의 핵심이라고 강조한 것이 중요하다. 제자 됨은 교회가 관심해야 할 최우선의 과제이며 교회는 그리스도인다운 성품을 함양하는 공동체가 되어야 한다고 주장한다. 제자 됨이 '교회 됨(being church)'으로 이어지는 셈이다.[23] 물론, 아우구스티누스의 '정당전쟁론'을 비판하기는 했지만,[24] 하우어워스가 아우구스티누스에 주목하는 데는 이유가 있다. 'After Christendom?'에서, 하우어워스는 아우구스티누스를 콘스탄틴적 기독교를 대표하는 인물로 간주하는 경향과 달리, 아우구스티누스야말로 콘스탄틴적 교회관에 대항했다고 해석한다.[25] 이것은 기독교가 로마의 공인을 받게 된 정황을 반영한 것으로서,[26] 잘되는 영성에 대한 아우구스티누스의 우려를 볼 수 있다.

교회 안에도 위증자, 사기꾼, 악행을 일삼는 자, 점집을 찾는 자, 간음하는 자, 술고래, 고리대금업자, 노예상인, 그리고 이루 헤아릴 수 없는 무리가 너무 많다. 이들은 그리스도의 교훈에 거스르

---

23 하우어워스의 기독교 덕윤리에 관해서는 다음 책을 참고하라. 문시영, 『교회됨의 윤리: 하우어워스의 교회윤리 연구』(성남: 북코리아, 2013).

24 이 부분은 다음 글을 참고하라. Stanley Hauerwas, "Should War Be Eliminated? A Thouhgt Experiment," in John Berkman and Michael Cartwright (eds.), *The Hauerwas Reader* (Durham, NC: Duke University Press, 2001), 392-425.

25 Stanley Hauerwas, *After Christendom?* (Nashville, TN: Abingdon Press, 1991), 40.

26 콘스탄틴적 정황을 비롯하여 아우구스티누스의 시대상에 대한 이해를 위해 다음 책을 참고하라. Peter Brown, *Augustine of Hippo*, 정기문 역, 『아우구스티누스』(서울: 새물결플러스, 2012).

고 하나님의 말씀을 대적하는 자들이다.[27] (…) 온갖 민족들이 교회를 채웠고, 깨끗하든 깨끗하지 못하든 사람들이 교회의 단일한 조직 속에 들어와 있다. 확실한 종말이 올 때까지는 섞여 있을 것이다.[28]

이것은 아우구스티누스가 '콘스탄틴 결탁(Constantinian accommodation)'의 시대에 대한 문제의식을 가지고 있었다는 사실에서 설득력을 얻는다.[29] 콘스탄티누스와 데오도시우스가 국가와 교회의 형식상 일치로서의 '기독교제국(Christendom)'을 추구한 것에는 기독교를 로마와 결탁시켜 정체성을 상실시킬 우려를 동반한다. 하우어워스가 "기독교윤리는 신실한 제자가 되는 법을 배우는 것이어야 한다"[30]고 말하는 이유이다. 아우구스티누스를 '그리스도인다운 성품 형성(Christian formation)'을 독려한 인물로 해석하는 이유기도 하다.[31] 이것은 순교시대 이후에 스며든 잘되는 영성에 대한 경계로서, 제자로서의 삶을 상실하는 위험이 초래되었다는 문제의식을 반영한다.[32] 그것은 "이방의 거류민으로 살 것인가 말 것인가의 문제가 아니라 어떻게 살 것인가의 문제이다. 바꾸어 말하면, 그리스도인이 공동의 삶에 참여할 것인가 말 것인가의

---

27 *In Epistolam Ioannis ad Parthos Tractatus*, III. 9.

28 *De civitate Dei*, XV. 27.5.

29 사전적 의미로는 '동화'이지만, 문제성을 부각시킨다는 뜻에서 '결탁'이라고 옮겨보았다.

30 Stanley Hauerwas, *The Peaceable Kingdom: A Primer in Christian Ethics*, 홍종락 역, 『평화의 나라』(서울: 비아토르, 2021), 92.

31 Jonathan D. Ryan, *Love does not seek its own: Augustine, Economic Division, and the Foramtion of a Common Life* (New York, NY: T&T Clark, 2021), 4.

32 Vigen Guroian, *Ethics after Christendom* (Eugene, OR: Wipf and Stock Publishers, 1994), 1.

문제가 아니라 어떻게 참여할 것인가의 문제이다."[33] 이렇게 보면, 아우구스티누스의 사회적 영성은 제자 됨의 윤리로 읽을 때 비로소 그 적극적 의의를 확인할 수 있겠다.

2) 아우구스티누스의 사회적 영성: 카리타스-사회적 사랑

(1) '쿠피디타스 - 사사로운 사랑'에서 '카리타스 - 사회적 사랑'으로

제자 됨의 윤리에서 아우구스티누스가 제시한 핵심은 카리타스이다. 하나님의 도성에 속한 자들이 지상의 도성을 지내는 동안 제자 됨을 실천하며 살아야 한다는 점에서, 그 핵심에 카리타스가 있다. 카리타스는 쿠피디타스와 결탁된 잘되는 영성의 유혹을 이겨내고 제자 됨을 구현하기 위한 윤리라고 할 수 있다. 아우구스티누스에 따르면, 인간은 시간의 영역에 있는 것들은 사용(uti)하고 영원하신 하나님을 향유(frui)하는 사랑의 질서를 따라야 한다. 하지만 인간은 교만과 탐욕으로 그 질서를 왜곡하여 쿠피디타스로 전락한 상태를 극복하고 '사랑의 질서(ordo amoris)'에 따른 카리타스로 나아가야 한다.[34]

이 부분에서, 참고할 것이 있다. 아우구스티누스의 윤리에는 '개인적 측면(individual aspect)', '제도적 측면(institutional aspect)', 그리고 '사회적 측면(social aspect)'이 공존한다.[35] 응용하여 읽으면, 이렇게 된다. '그리

---

33 James K. A. Smith, *Awaiting the King*, 박세혁 역, 『왕을 기다리며: 하나님 나라 공공신학의 재형성』(서울: IVP, 2019), 20: 111.

34 이에 관해서는 다음 책을 참고하라. 문시영, 『안으로 들어가라: 아우구스티누스의 내적 성찰과 사회윤리』(성남: 북코리아, 2020).

35 Mary T. Clark, "Spirituality," in Allan Fitzgerald (ed.), *Augustine through the ages: an*

스도인'으로서 내적 성찰을 통해 제자 됨을 추구하되 사사화되지 말아야 한다. '교인'으로서 제자공동체를 지향하되 번영의 복음과 잘되는 영성에 휘둘려서는 안 된다. 그리고 '시민'으로서, 사회적 영성으로 나아가야 한다.[36] 이와 관련하여, 제자 됨을 위한 논의에 제자직과 시민직 모두를 추구해야 한다는 주장도 참고할 필요도 있다.[37]

이러한 뜻에서, 카리타스와 쿠피다타스는 사회적 지평으로 확장된다. 아우구스티누스에 따르면, "두 사랑이 두 도성을 이루었다. 하나님을 멸시하면서까지 자신을 사랑하는 그 사랑이 지상의 도성을 만들었고, 자신을 멸시하면서까지 하나님을 사랑하는 그 사랑이 하늘의 도성을 만들었다."[38] 지상의 도성이 로마와, 하나님의 도성이 교회와 동일시되는 것은 아니다. 『신국론』은 "두 종류의 삶을 말해주는 내적 역사(inner history)"이다.[39] 이 점에서, 카리타스는 예수 그리스도의 제자로 살아가려는 제자 됨의 원동력이다. 나아가, 카리타스와 쿠피디타스는 그 사회적 지평에서 두 종류의 사랑으로 각각 연결된다.

사랑에는 두 가지가 있다. (…) 하나는 사회적 사랑(amor socialis)이요 다른 하나는 사사로운 사랑(amor privatus)이다. 하나는 높은 도성에 속한 탓에 공동선을 생각하고, 다른 하나는 오만하여 공

---

encyclopedia (Grand Rapids, MI: William B Eerdmans Pub., 1999), 813-815.

36 이에 관해서는 다음 글을 참고하라. 문시영, "아우구스티누스와 영성: 탐욕이 미덕인 시대에 다시 읽기", 「신학과 교회」 25(2021), 87-114.

37 John A. Colman, "두 가지 교육: 제자직과 시민직", Mary J. Boys (ed.), *Citizenship and Discipleship*, 김도일 역, 『제자직과 시민직을 위한 교육』(서울: 한국장로교출판사), 69.

38 *De civitate Dei.*, XIV. 2.28.

39 선한용, "어거스틴의 『신국론』에 나타난 두 도성에 대한 문제 연구", 「신학과 세계」 12 (1986), 169-186.

동선까지도 자기 것으로 만들어 버린다. (…) 이것이 두 도성을 구별하게 한다. 하나는 정의로운 이들의 도성이고 다른 하나는 사악한 자들의 도성이다. (…) 하나님의 섭리로 두 도성이 인류 안에 마련되었다. (…) 두 도성은 세상 속에 섞여 있어 역사 속에서 계속될 것이지만, 마지막 심판이 그것을 가를 것이다.[40]

말하자면, '카리타스 – 하나님의 도성 – 사회적 사랑'이 '쿠피디타스 – 지상의 도성 – 사사로운 사랑'에 대립하는 구도이다. 사회적 사랑은 카리타스를 사회적 지평에서 구체화한 것이며 사사로운 사랑은 쿠피디타스의 사회적 측면이다. 사사로운 사랑은 정치가의 개인이익에 집착하며 사회의 분열과 갈등을 낳는다. 사사로운 사랑과 달리, 사회적 사랑은 공동선(共同善)을 추구하며 화해와 정의를 도모하는 사랑으로서,[41] 하나님을 향유하며 하나님 안에서 서로를 향유하는 질서 있고 평화로운 사회를 꿈꾸게 한다.[42]

이것은 카리타스에 대한 바른 인식이야말로 아우구스티누스의 사회적 영성의 근간임을 보여준다. 하나님의 도성을 향하여 순례하는 제자로서, 잘되는 영성으로 유혹하는 쿠피디타스를 극복하는 단계로 나아가야 한다. 동시에, 쿠피디타스에 물든 잘되는 영성에 집착하는 사

---

40 *De Genesi ad Litteram*, XI, 15.20.

41 사회적 사랑에 관하여, 성염의 설명을 참고하라. "아우구스티누스는 '인간은 사사로운 사랑(amor privatus)으로 멸망하고 사회적 사랑(amor socialis)으로 구원받는다'고 정립했는데, 베네딕토 16세는 이 '사회적 사랑'이란 다름 아닌 '정치(政治)'라고 규정했다고 설명했다." 성염, "21세기는 평신도 시대, 어떤 복음화가 필요할까", 「신학전망」 발간 50주년기념 학술발표회 기사. 『가톨릭프레스』 2018.11.18일자. *http://www.catholicpress.kr/news/view.php?idx=5440 (2023.1.28. 접속)

42 *De civitate Dei.*, XIX. 13.1.

사로운 사랑을 극복해야 한다. 신앙을 사사화시키지 않고 교회 공동체에서, 그리고 로마의 시민사회에서 사회적 사랑을 실천하는 사회적 영성에 적극적이어야 한다.

아우구스티누스의 사회적 영성을 읽어내기 위하여 참고해야 할 사항이 있다. 영성 개념에 관한 찬반 논변으로 흘러가면 안 된다는 점, 그리고 사회적 영성에 다양한 창(windows)이 열려 있다는 점이다.[43] 이것은 사회적 영성이 실천적 지평에서 다루어져야 하며 그 어젠다를 특정한 주제에 제한할 필요가 없다는 뜻이다. 이 글에서는 아우구스티누스의 경우처럼 박해 없는 시대에 기독교가 잘되는 영성에 휘둘렸던 현상을 극복할 실천적 대안으로 사회적 영성을 다룬다.[44] 그리고 카리타스 - 사회적 사랑의 맥락에 공적 책임과 소통, 공감과 환대를 대입하고자 한다. 네 가지에 한정하여 사회적 영성을 말하려는 것이 아니라, 제자됨의 관점에서 함양해야 할 덕목들의 대표적인 사례로 읽어내려는 시도이다.[45]

요점은 이렇다. 아우구스티누스가 보기에, 그리스도인은 하나님의 도성을 향하여 순례하는 제자가 되어야 하며 교회는 하나님의 도성을 향하여 순례하는 제자들의 공동체로서, 교회를 통하여 카리타스의

43　이 표현은 다음 책의 제목을 응용했다. Jesuit Centre for Faith and Justice (eds.), *Windows on Social Spirituality* (Dublin: Ireland, 2003).

44　사회적 영성과 관련하여 시대별로 다양한 어젠다가 제시되어 왔다. 책임, 평화, 분배정의와 공정의 문제, 그리고 안전사회를 위한 관심 및 기후위기의 문제 등 여러 어젠다가 병존하고 있다. 또한 이러한 어젠다를 다루기 위해 책임윤리, 평화윤리, 경제윤리, 생명의료윤리, 환경윤리 등 다양한 학문적 시도가 있었다. 이 글에서는 공적 책임과 소통, 공감과 환대에 초점을 맞추고자 한다.

45　공적 책임과 소통, 공감과 환대를 덕목들로 다루는 관점에 대해서는 다음 글을 참고하라. 문시영, "덕 윤리로 읽는 사회적 영성과 성품화를 위한 과제", 「신학과 사회」 36(2022), 209-239.

덕을 함양하고 훈련해야 한다. 그 핵심에 잘되는 영성의 극복과 사회적 영성의 구현이 자리한다. 그리스도인은 제자 됨을 통하여, 그리고 교회는 교회 됨을 통하여 쿠피디타스에 물든 잘되는 영성에 휘둘리는 '쿠피디타스 - 사사로운 사랑'을 극복하고 '카리타스 - 사회적 사랑'을 따라 사회적 영성을 구현할 책무를 지닌다.

(2) 카리타스 - 사회적 사랑: 책임, 소통, 공감, 환대의 사회적 영성

① '공적 책임'으로서의 사회적 사랑

아우구스티누스는 공적 책임에 적극적이다. 공공신학(public theology)에서 경계하는 사사화(私事化, privatization)의 극복과 긴밀하게 연관된다. 아렌트가 아우구스티누스를 기독교의 공적 영역에 대한 거부를 이끈 장본인으로 지목하면서 공적 참여를 '사적인' 사랑의 윤리로 대체했다고 비판한 것은 아우구스티누스를 잘못 해석한 결과이다.[46] 카리타스는 사사로운 사랑을 극복하는 사회적 사랑으로서, 공동선에 대한 사랑이기 때문이다.[47] 카리타스는 공적 속성을 지니고 있으며 하나님 사랑과 이웃 사랑을 통하여 문화·사회적 맥락에서 사회참여적 영성을 구현하도록 이끌어간다.[48]

실제로, 아우구스티누스에게서 교회는 사회에 대항하여 자기방어에 급급한 공동체가 아니라 제국을 주도할 역사적 사명을 가지고 있었

---

46 Rowan Williams, 『다시 읽는 아우구스티누스』(고양: 도서출판 100, 2021), 238.

47 Agostino Trapè, *Agostino: l'uomo, il pastore, il mistico*, 변종찬 역, 『아우구스티누스: 인간, 목자, 신비가』(의왕: 도서출판 벽난로, 2010), 357.

48 김동영, "어거스틴의 종교적 회심과 영성 이해", 한국기독교영성학회 편, 『하나님을 향한 영혼의 여정』, 261-293.

다.[49] 말하자면, 『신국론』은 공적 관심의 적극적 표현이다. 아우구스티누스는 고전적 국가관을 무시하거나 경시하지 않았으며 변증법적으로 활용한다. 좋은 국가의 비전은 정의와 조화를 구현하는 것이며 이것이 시민들에게 완전한 행복과 완성을 가져다준다는 플라톤의 비전은 지상의 도성에서 구현되는 것이 아니라 하나님의 도성에서라야 가능하다. 고전적 국가관이 전환되어 하나님의 도성에 적용된 셈이다.[50] 키케로의 관점을 응용하여, 아우구스티누스는 선언한다. 지상의 도성에서는 성취될 수 없으며 오직 하늘의 예루살렘에서만 성취될 수 있다.[51] 지상의 도성은 상대적이며 한계를 지닌 도성이다. 이것은 지상의 도성에 대한 혐오가 아니라, 영원한 도성을 기준으로 지상의 도성을 평가하고 바로잡으려는 노력이다.

이처럼, 『신국론』에 나타난 아우구스티누스의 관점은 저세상적인 것이라기보다 오히려 '세상에 대한 관여(engagement)'로서의 공적 삶에 관한 신학(theology of public life)이라고 할 수 있다.[52] 그것은 공적 영역에 대한 중립적 관심이라기보다 기독교신앙의 관점에서 관여함으로써 결과적으로는 공적 영역과 그리스도인의 삶 모두를 증진하려는 접근법이다. 이것은 『신국론』은 구체적인 정책에 관심하기보다 공적 참여를 위한 가이드라인을 제시한 것임을 보여준다.[53]

---

49   Peter Brown, *op. cit. (2012)*, 『아우구스티누스』, 304.

50   Herbert A. Deane, *The Political and Social Ideas of St. Augustine* (Tacoma, WA: Anglico Press, 2013), 11.

51   *De civitate Dei*, II. 21.

52   Charles Mathews, *A Theology of Public Life* (Cambridge, UK: Cambridge University Press, 2007), 1.

53   James Smith, op. cit. (2019), 349-373.

더구나, 아우구스티누스는 시간의 영역에 대한 절대화를 거부하고 영원을 기준으로 상대화시켰다. 『신국론』은 지상의 도성에서는 찾을 수 없는 정의와 평화에 관하여 하나님께서 보여주신 더 나은 길을 말하는 방식을 취한다.[54] 다만, 지상의 도성에서의 평화는 순례길을 가는 동안 평화의 궁극적 성취에 도달하기 전까지 유용하고도 필수적이기까지 한 매개체로 '사용'한다.[55] 특히, 로마가 지배욕(libido dominandi)에 이끌린 공동체인 것을 직시하면서 국가란 무질서로 흐르지 않도록 인간의 욕망들을 다루기 위한 조직체임을 놓치지 않았다.[56] 지상의 도성에 완전한 것은 아니어도 나름의 역할이 있다는 뜻이다.

실제로, 아우구스티누스는 그리스도인들을 위한 체류도시로서의 지상의 도성을 배척하지 않고 그리스도인들이 그 장점들은 향유하고 단점들을 제거하기 위해 노력할 수 있다고 보았다.[57] 폭동에 대한 처결에서의 공적 의견을 제시하는 등 다양한 노력을 기울인 것이 그 사례가 되겠다.[58] 또한 도나투스 이단에 대한 처리를 위해 공권력을 요청한 과정에서 볼 수 있듯이, 지상의 도성에서 국가의 기능은 사악한 자들을 억제하고 처벌하는 것으로 재규정된다. 다만, 그들이 교회로 돌아

54 Matthew Levering, *The Theology of Augustine: An Introductory Guide to His Most Important Works* (Grand Rapids, MI: Baker Academic, 2013), 111.

55 Philip Sheldrake, *The Spiritual City: Theology, Spirituality and the Urban*, 김경은 역, 『도시의 영성』(서울: IVP, 2018), 48.

56 Alan Ryan, op. cit. (2016), 92.

57 Fritz M. Heichelheim, *A Hostory of Roman People*, 김덕수 역, 『하이켈하임 로마사』(서울: 현대지성, 2022), 998.

58 채승희, "5세기초 북아프리카 교회의 대 정치적 성격: 칼라마 시의 폭동에 대한 아우구스티누스의 반응을 중심으로", 「장신논단」 44-4(2012), 139-164.

오기를 기대하는 마음이 우선이었다.[59]

② '소통'으로서의 사회적 사랑

공공성의 또 다른 덕목인 '소통'에 대해서도 아우구스티누스는 적극적이다. 이것은 『신국론』이 변증 혹은 호교적 특성을 지닌다는 사실로부터 입증된다. 아우구스티누스가 '하나님의 나라에 대한 옹호'를 말한 것은 단순히 저술의 목적을 서술한 것이라기보다 사회적 영성의 중요한 흔적이다.[60] 『신국론』 자체가 기독교의 관점을 시민들을 향하여 던져주는 일방적 '홍보'가 아니라, 진리에 기초한 변증이자 로마의 시민사회와의 공적 소통을 시도한 것으로 해석할 수 있겠다.

아우구스티누스는 "비가 안 온다. 이것도 기독교 탓"[61]이라는 로마인들의 억지스러움에 대해서까지 소통한다. 이 부분에서 참고할 것이 있다. 기번(Edward Gibbon)으로 대변되는 로마의 기독교에 대한 부정적 관점에 관해서이다. 기번이 기독교가 병역에 나갈 사람들을 수도원에 들어가게 한 것을 로마 패망 원인의 하나로 지적한 것은 문제가 있다.[62] 로마의 멸망에는 이러한 부수적인 원인들과 함께 부패한 정치문화, 귀족주의적 가치관의 문제들이 작동했기 때문이다.[63] 기번의 편향과 달리, 아우구스티누스는 현실참여를 계명 위반이라고 하지 않았고

---

59   Alan Ryan, *On Augustine: The Two Cities*, 220.

60   *De civitate Dei*, I. pro.

61   Ibid., II. 1.3.

62   정기문, "로마는 어떻게 제국이 되었는가: 로마인들의 인식을 중심으로", 「역사문화연구」 29(2008), 296-324.

63   Fritz M. Heichelheim, op. cit. (2022), 999-1009.

적극적 참여를 권장했다.[64] 예를 들어, '의로운 전쟁론'을 병역을 시민의 의무로 옹호한 것이라고 읽을 여지도 있어 보인다.

이처럼, 아우구스티누스는 시민적 소통에서 진리와 사실에 기초한 설득력이 필요하다는 사실을 놓치지 않았다. 로마가 침탈당할 때 교회에 피신하도록 받아들이고 그들을 보호했던 사례는 중요하다. 생색을 내기 위한 것이 아니라, 적극적 의미에서 변증과 공적 소통의 시도였다. 나아가, 대안으로 카리타스에 관심할 것과 함께 참된 종교(vera religione)를 권한다. 그 외에, 아우구스티누스가 지속적으로 로마의 관료들, 그리고 동료 성직자 등의 요청을 따라 지상의 도성의 문제들에 관하여 서신 교환을 비롯한 여러 방식으로 교류한 것 역시[65] 공적 소통에 관한 중요한 사례이다.

이처럼, 아우구스티누스는 현실로부터의 도피를 말한 것도 아니고 물러남을 권하지도 않았다.[66] 적극적으로, 아우구스티누스의 『신국론』은 "기독교의 두 도성, 두 정의, 두 정치에 관한 근본적인 틀을 제시했다."[67] 아우구스티누스를 따라 현대사회에서 기독교의 공적 책임을 재론하기 위해서는 "전통적인 관점 즉 '교회와 국가'의 관계에서 '교회와 구조적 불의'(church versus structural injustice)의 관점으로 바꾸어 공적 영역을 교회가 관심해야 할 영역으로 삼아 정의와 평화를 위한 사역의

64   Dean Hammer, *Roman Political Thought: From Cicero to Augustine* (Cambridge, UK: Cambridge University Press, 2018), 225.

65   Alan Ryan, op. cit. (2016), 21.

66   Dean Hammer, op. cit. (2018), 430.

67   Ilsup Ahn, *The Church in The Public: A politics of engagement for a cruel and Indifferent age* (Fortress Press: Minneapolis, MN: 2022), 13.

장이 되게 해야 한다.[68] 이러한 뜻에서, 아우구스티누스의 통찰을 따라 공적 책임과 소통에 관심하는 사회적 영성이 오늘의 그리스도인과 교회에 남겨진 과제라고 하겠다.

③ '공감'으로서의 사회적 사랑

사회적 영성의 또 다른 덕목이라 할 수 있는 공감과 환대에 관한 성찰은 『신국론』을 바탕으로 하면서도 아우구스티누스의 『설교집』을 추가로 인용하는 방식을 적용하여 풀어가는 것이 좋겠다. 『신국론』에서 볼 수 있는 현대적 공감과 환대에 대한 원칙적이고도 방향성을 제시하는 언급들을 『설교집』에서 구체화하여 볼 수 있기 때문이다. 사실, 공감과 환대가 현대 인문학이 주목하는 어젠다라는 점에서 아우구스티누스에 대한 현대적 재조명이라고 할 수 있다. 이러한 현대적 재론에 접점이 될 수 있는 아우구스티누스의 문장을 눈여겨볼 필요가 있다.

> 우리가 살아가면서 행하는 모든 선행은 'misericordia'와 연관되어 있음을 기억하십시오.[69] 나그네를 맞이할 때에는 그들의 고통을 아파하십시오.[70] (…) 고난받는 자들을 온유함으로 대하고 그들과 함께하며 약한 자를 품으십시오. 그리고 이렇게 많은 나그네들,

---

68 Ibid., 194. 안일섭의 취지에 동의하면서도 '교회와 국가'의 전통적 구도에서 국가의 한계와 불완전성에 대한 논의 자체를 삭제해서는 안 된다고 생각한다. 하나님의 도성에서라야 완성될 가치들을 말하고 있으며, 진정한 국가와 참된 행복을 하나님의 도성에 적용한 것이기 때문이다.

69 자비, 동정심, 불쌍히 여김 등으로 옮길 수 있으나 이 글에서는 현대적 대화를 위하여 '공감'의 뜻에 대입하고자 한다.

70 이 설교문장은 최원오, 『교부들의 사회교리』(왜관: 분도출판사, 2020), 176에서 재인용했다.

궁핍하고 고통받는 사람들이 밀려들어 올 때는 풍성하게 환대와 선행을 베푸십시오.[71]

이 문장에 공감과 환대에 관한 아우구스티누스의 통찰 전체가 담겨 있다고 단언할 수는 없다. 하지만, 현대적 재조명 내지는 대화를 위한 단초로서는 충분해 보인다. 다만, 현대적 어젠다로서의 '공감(empathy)'에 대한 아우구스티누스의 관심은 응용적 해석이 필요해 보인다. 공감 뉴런의 문제를 비롯한 공감의 현대적 담론과 연관 짓기 위해서이다. 예를 들어, 신약에서 바울이 말하는 공감은 'compassion'에 가까운 것으로서, 예수께서 가르치신 가치"라고 할 수 있다는 점에서,[72] 공감에 대한 현대 인문학의 논의와 공유되는 부분 및 차별성을 지닌 부분이 병행한다.

특징이 있다면, 아우구스티누스의 공감에 대한 논의가 스토아 윤리에 대한 논박과 연관된다는 점이다. 이와 관련하여, 바이어스(Sarah Byers)가 누스바움(Martha Nussbaum)의 공감적 태도(emphatic attitude)를 응용하여 아우구스티누스의 'compassion'에 주목한 것은 흥미롭다.[73] 'compassion'(연민)을 윤리적 감정으로 상정한 것과 관련하여 긍정적 공감이 되기 위한 조건 등에 대한 추가적인 논의가 필요하지만,[74] 공감

---

71 이 설교문장은 Christine D. Pohl, *Making Room: Recovering Hospitality as a Christian Tradition* (Grand Rapids, MI: Wm Eerdmans Publishing, 1999), 171에서 재인용했다.

72 신익상, "공감의 영성: 바울의 영성과 신경윤리와의 만남", 「신학논단」 83(2016), 193-224.

73 Sarah Byers, "The psychology of compassion: Stoicism in City of God 9.5," in James Wetzel (ed.), *Augustine's City of God* (Cambridge, UK: Cambridge University Press, 2012), 130-148.

74 김분선, "연민(compassion)은 윤리적 고려의 대상인가?: 공감, 연민, 과잉 공감의 문제화",

의 문제가 현대 인문학에서만 관심의 대상인 것이 아니라는 점은 분명하다.

공감에 관한 논의에서, 『신국론』 IX권 5장은 중요하다. 아우구스티누스는 'compassion'으로 번역되는 'misericordia'에 대해 고찰하면서, 스토아학파와 차별화를 시도한다. 아우구스티누스는 스토아학파가 'misericordia'를 악덕이라고 말한 것에 문제를 제기한다. 예를 들어, 세네카(Lucius Annaeus Seneca)는 'misericordia'를 거부하고 'clementia'라는 표현을 쓰면서 '관용'의 덕을 제시했지만, 아우구스티누스는 'misericordia'를 '공감'의 뜻으로 읽는다. 비참(miseria)과 마음(cordia)의 합성어라는 점에 힌트가 있다. 아우구스티누스가 보기에, 스토아학파가 'misericordia'를 타인의 아픔에서 느끼는 고통스러움으로 간주하여 영혼의 악덕이라고 몰아세운 것은 문제가 있다. 타인의 아픔이 자신에게 전가되지 못하게 하라는 것과 다름 아니기 때문이다. 오히려, 정서적으로 건강하다면 타인에게서 느끼는 고통까지도 감내할 강인함을 가져야 하며 그 강인함은 타자에 대한 온화함으로 나타나야 한다.[75]

이것은 아우구스티누스가 말하는 공감이 카리타스와 연결되어 있음을 암시한다. 이웃 사랑의 계명이라는 점에서 'compassion'으로서의 공감을 말한 것은 분명하지만, '그리스도 안에서의 공감'(compassion in Christ)의 중요성을 보여준 것으로 읽을 수 있다. 그리스도께는 타인을 고려하는 감정(other-regarding emotions)이 있었으며 그 극치가 타인으로서의 인간 구원의 사건으로 나타난 것이라고 할 수 있기 때문이다.[76] 여

「현대유럽철학연구」 64(2022), 287-318.

75 Sarah Byers, op. cit. (2012), 148.

76 Ibid., 147.

기에서 중요한 부분은 공감에 대한 아우구스티누스의 관심이 스토아 철학의 한계를 넘어선 기독교적 가치를 보여준다는 점이다.[77]

덧붙여서, 아우구스티누스가 『신국론』에서 전쟁의 참혹함을 다루는 부분에 'miserius'를 사용한 것은 중요한 참고사항이다. "다른 이의 비참 앞에서 나만 행복해하고, 괴로워 울부짖는 사람 앞에서 아무렇지 않다면 인간다움을 상실한 것과 다르지 않다."[78] 이것 역시 스토아학파에 대한 논박 중 하나이지만, 'compassion'의 중요성을 상기시켜준다. 인간존엄, 가난한 이들이 권리, 재화의 보편적 목적과 분배정의, 나눔과 환대의 책무, 연대와 공동선, 자비와 자선에 대한 관점을 엿볼 수 있는 부분이다.[79]

아우구스티누스가 보기에, 공동체는 겸손과 용서와 공감(compassion)을 불어넣어 주는 카리타스의 사랑이 있어야 지속될 수 있다. 이러한 뜻에서, 아우구스티누스는 공동체를 유지하게 하는 것은 철학도 정치도 아닌 하나님이라고 강조하고 자신의 로마적 과거(Roman past)와 결별한다.[80] 아우구스티누스가 로마인으로서의 자화상을 넘어 예수 그리스도의 제자가 되어 하나님의 도성을 향한 순례길을 관심한 이유이다. 순례길에 오른 제자로서, 아우구스티누스는 욕망의 변혁을 추구하는

---

77 아우구스티누스와 스토아학파의 관계를 변증법적인 것으로 다루는 경우도 있다. 코크란 (Elizabeth A. Cochran)은 프로테스탄트 덕윤리가 아리스토텔레스와 토마스 아퀴나스보다는 스토아학파를 연원으로 삼아야 한다고 주장한다. 그 과정에서, 아우구스티누스가 스토아학파를 일방적으로 거부한 것은 아니며 다양한 교류와 응용을 시도했다는 점에 주목한다. Elizabeth A. Cochran, *Protestant Virtue and Stoic Ethics* (New York, NY: T&T Clark, 2018), 1-46.

78 *De civitate Dei*, XIX. 7.

79 최원호, 『교부들의 사회교리』, 17.

80 Dean Hammer, op. cit. (2018), 386.

단계로 나아간다. 제국의 번영을 위한다는 명분으로 지배욕에 사로잡힌 쿠피디타스를 극복해야 하며, 지배욕을 대신하여 공감을 실천하는 사회적 사랑을 구현해야 한다는 뜻이다.

④ '환대'로서의 사회적 사랑

환대(hospitalitas, hospitium)에 관해서는 아우구스티누스의 우정(amicitia) 개념과 연관 지을 여지를 지닌다. 우정에 관하여 아우구스티누스는 키케로의 관점을 수용하면서도 기독교적 특성을 우정 개념으로 제시한다. 우정을 덕이라고 보았던 키케로와 달리, 아우구스티누스는 우정을 초자연적 지평에서 이해하여 우정은 그 자체로 목적이라기보다 카리타스 안에서 인식되어야 한다고 보았다. 특히 카리타스의 계명이라고 할 수 있는 하나님 사랑과 이웃 사랑의 맥락에서 우정을 말해야 한다고 보았다.[81] 유사한 맥락에서, 아우구스티누스의 우정 개념을 응용하여 교회가 영적 우정에 바탕한 환대의 공동체가 되어야 한다고 말하는 경우도 참고할 수 있다.[82]

이렇게 우정에 대한 관심을 응용하여 환대의 문제를 풀어내는 것도 하나의 방법일 수 있지만, 오히려 아우구스티누스가 말하는 환대의 실천은 '나그네를 환대하는 나그네'라는 복음적 실천에 집약적으로 담겨 있다. 『신국론』은 하나님의 도성을 향하여 순례하는 제자들은 그들 스스로가 나그네라는 사실을 기억하도록 요청한다. 이 부분에서, 아우구스티누스는 환대를 주께서 주신 계명으로 여겨 제자도에 포함시켰

---

[81] 변종찬, "아우구스티누스의 우정 개념", 「가톨릭 신학과 사상」 60(2007), 206-235.
[82] 김경은, "영적 우정: 우정과 환대가 조화로운 공동체를 지향하며", 「신학과 실천」 73(2021), 233-254.

으며 그것을 실천했는가 여부가 심판의 기준이 될 것이라는 준엄한 선언으로 받아들인다.

아우구스티누스는 복음서들을 인용하면서 "내가 주릴 때에 너희가 먹을 것을 주었고 목마를 때에 마시게 하였고 나그네 되었을 때에 영접하였고 헐벗었을 때에 옷을 입혔고 병들었을 때에 돌보았고 옥에 갇혔을 때에 와준" 모든 것이 "지극히 작은 자 하나에게 한 것이 곧 내게 한 것"이라고 말한다. 반대의 경우, 즉 "지극히 작은 자 하나에게 하지 아니한 것이 곧 내게 하지 아니한 것"이라는 사실 또한 경고한다.[83] 이것은 환대가 도덕적 가이드라인을 넘어서 심판의 준엄한 기준임을 말해준다.

아우구스티누스에 따르면, "인간이 하는 일은 어린아이에게 물 한 잔 주는 것에 지나지 않지만, 주께서 이것을 제자의 이름으로 행하라고 하셨다는 점이 중요하다."[84] 이것은 "타자를 하나님께서 보내신 선물 같은 존재로 환대하라는 관점(the gift of the other)과 연관된다. 그리스도는 드러나지 않는 주인(hidden host)이자 집 없는 손님(homeless guest)"이기 때문이다.[85]

이 부분에서, 환대를 '받아들이기'(making room)로 읽으면서 기독교 정체성의 핵심이라고 말하는 폴(Christine D. Pohl)의 관점을 참고하면 아우구스티누스를 더욱 풍성하게 읽을 수 있을 듯싶다.[86] 폴은 환대

---

83 *De civitate Dei*, XX. 5.5.

84 John F. Harvey, *Moral theology of the confessions of Saint Augustine*, 문시영 역, 『고백록, 윤리를 말하다』(성남: 북코리아, 2011), 89.

85 Andrew Shepherd, *The Gift of The Other: Levinas, Derrida, and a Theology of Hospitality* (Cambridge, UK: James Clarke & Co., 2014), 146-149.

86 Christine D. Pohl, op. cit. (1999), Preface, x.

의 역사를 다루는 과정에서 아우구스티누스의 환대에 대한 관심을 놓치지 않는다. 그리고 환대에 관한 논의에서 인문학자들이 주목을 받고 있지만, 기독교적으로 타당한 것일지 검토할 필요가 있다고 제안한다. 레비나스(Emmanuel Levinas)와 데리다(Jacques Derrida)의 그것을 차용하거나 기준으로 삼는 것도 의미가 있으나, 제자도에 근거한 환대에 주목할 필요를 말해주는 듯싶다. 인문학자들의 문제제기를 통해 기독교의 자성을 위한 계기로 삼자는 취지로 읽을 수 있기 때문이다. 또한, 러셀(Letty M. Russell)은 교회의 본질이 '환대'라고 말한 것도 참고할 필요가 있다.[87] 환대의 공동체이어야 한다는 요청이다. 러셀이 공정한 환대(Just Hospitality)라는 표현을 사용하는 이유는 환대의 근거가 하나님의 환영(God's Welcome)에 있음을 말하려는 취지일 듯싶다.

이와 관련하여, 놓치지 말아야 할 것은 아우구스티누스가 말하는 환대가 제자도에 근거한다는 사실이다. 예를 들어, 아우구스티누스는 세족식을 은혜의 성례전적 표지로 인식하고 서로를 용서하는 행위가 마치 발을 씻기는 것처럼 서로를 환대하는 행위가 된다고 생각했다.[88] 제자도에 기초하여 "세상을 향하여 펼쳐야 할 복음적 환대(gospel hospitality)"를 말해준 것으로 읽을 수 있겠다.[89]

이러한 특징은 아우구스티누스가 설교문헌에서 그리스도인들에게 "환대적(hospitable)이어야 하며 낯선 자들을 기꺼이 받아들일 수 있

---

87 Letty M. Russell, *Just Hospitality: God's Welcome in a World of Difference*, J Shannon Clarkson and Kate M. Ott (eds.) (Louisville, KN: Westminster John Knox Press, 2009), 19.

88 아우구스티누스의 이 문장은 Amy G. Oden (ed.), op. cit. (2001), 165에서 재인용했다.

89 Amy G. Oden, *God's Welcome: Hospitality for a Gospel-hungry World* (Cleveland, OH: The pilgrim Press, 2008), 7.

도록 준비하라"고 권한 부분에서도 확인된다.[90] 여기에는 히포의 정황
도 반영된다. 북아프리카를 피난처로 삼은 난민들이 넘쳐나고 있었고
많은 여행객이 오가는 항구도시 히포의 교구관사에서 실천한 환대는
중요한 의미를 지닌다. 이집트 사막의 수도원과 달리 고립된 금욕 공
동체가 아니라 독서와 연구, 학식 있는 토론과 대화가 이어지는 곳으
로서, 방문자들을 기꺼이 환대하는 공동체였다. 아우구스티누스는 방
문자들을 만나 대화했고 펠라기우스(Pelagius)도 방문자에 포함되어 있
었다.[91]

이러한 뜻에서, 아우구스티누스에게서 환대는 카리타스의 다른
이름이다. '자기의 유익을 구하지 않는 사랑(고전 13:5)'이며, 자아에 대
한 사랑에서 타자를 향한 사랑(neighbourly love)으로의 전환으로서, 타자
(the other)에 대한 심층적인 위탁이다.[92] 혹은 사적인 자기이익의 추구로
부터 하나님과 이웃에 대한 사랑으로의 전환이다.[93] 환대는 복음의 주
제일 뿐만 아니라, 그리스도를 따르는 제자도에 속한다는 인식이[94] 아
우구스티누스에게서 확인되는 셈이다. 아우구스티누스의 표현대로 하
자면, 환대의 사회적 영성이 기초하는 근거는 '카리타스 - 사회적 사
랑'의 제자 됨이다.

---

90   아우구스티누스의 이 문장은 Jonathan D. Ryan, op. cit. (2001), 142에서 재인용했다.

91   Peter Brown, op. cit. (2012), 284.

92   Katie Barclay, *Caritas: Neighbourly Love & the Early Modern Self* (Oxford: Oxford University Press, 2021), 172.

93   Jonathan D. Ryan, op. cit. (2021), 227.

94   Caleb Camp, *The Hospitality of God: Discovering and Living Kingdom Hospitality* (Bloomington, IN: Westbow Press, 2017), 8.

3) 의의와 과제: 제자도에 근거한 사회적 영성의 모색

이제까지의 논의를 통해 확인한 것은 아렌트의 비판과 달리 아우구스티누스가 무세계성을 부추긴 인물이 아니라 '사회적 사랑'을 통하여 카리타스의 사회적 지평에 관심해야 함을 일깨워 주었다는 사실이다. 사회적 영성에 관심한 것뿐만 아니라, 기독교적 정체성을 가진 사회적 영성을 말했다는 점 또한 중요하다. 아우구스티누스에게서 사회적 영성이란 제자 됨을 위한 필수요소로서, 제자도에 근거한 사회적 영성을 모색한 것이라고 할 수 있다.

그럼에도 불구하고, 아우구스티누스에게 한계가 전혀 없는 것은 아니다. 아우구스티누스 당시에도 그랬고, 또한 지금도 여전히 카리타스를 추구하며 하나님의 도성을 향하여 나아가야 할 그리스도인들이 사회적 사랑에 무관심하면서도 잘되는 영성에 집착하는 현실을 극복할 방법론 내지는 콘텐츠를 구체적으로 적시하지 못했다는 점은 아우구스티누스의 논의가 지닌 한계이자 아쉬움이다.

이러한 요소들을 고려하면서, '제자훈련'에 적극적인 한국 기독교가 관심할 과제가 있다. 한국 기독교의 제자훈련에 사회적 영성을 향한 관심이 반영되고 구체화될 필요가 있다는 뜻이다. 강남 스타일의 교회와 레지던스의 삶을 추구하는 잘되는 영성에 집착하여 사회적 영성에 무관심하다는 우려가 커지고 있음을 가볍게 여겨서는 안 된다. 역설적으로, 이것은 공적 책임과 소통, 그리고 공감과 환대의 사회적 영성에 관심할 필요를 확인해 준다. 말하자면, 아우구스티누스의 창의적 계승이라는 의미에서, 한국 기독교는 사회적 사랑에 기초한 사회적 영성을 복원해야 한다.

아우구스티누스의 『신국론』을 제자도의 지평에서 읽어내려는 데에는 공공성과 타자성에 적극 관심해야 한다는 의도가 담겨 있다. 특히, 잘되는 영성에 집착함으로써 사회적 영성에 소홀했던 한국 기독교로 하여금 제자 됨의 의의와 가치를 재발견하게 함으로써 윤리적 성숙을 추구하려는 취지이기 때문이다. 사회적 영성은 제자 됨의 윤리가 놓치지 말아야 할 과제로 인식되어야 하며, 제자도를 내적 성찰과 성숙에 제한시켜서는 안 된다.

나아가, 사회적 영성을 제자 됨의 관점에서 모색한다는 것 자체로 중요하다. 예를 들어, 공감과 환대는 레비나스와 데리다 등의 현대 인문학자들에게 추동되어 기독교의 관점을 고찰하게 된 측면이 없지 않으나, 본질적으로는 제자도라는 기독교적 정체성을 지닌 논의로 확장되어야 한다. 환대 일반(hospitality in general)에 대한 관심으로부터 제자도에 근거한 복음적 환대(gospel hospitality)를 향하여 나아가야 하는 이유이다.[95] 공적 책임과 소통, 그리고 공감의 문제에서도 마찬가지이다. 사회적 영성이 제자 됨의 과제라는 인식을 가져야 함은 물론이고, 기독교 고유의 자원을 사회적 영성으로 펼쳐내는 단계로 나아가야 한다.

---

95   Amy G. Oden, op. cit. (2008), 7.

3. 나오는 말

아렌트의 문제제기를 단초로 삼아 아우구스티누스의 『신국론』에 관심한 이 글의 기본적인 질문은 이것이다. 공적 책임과 소통, 그리고 공감과 환대의 결여를 지탄받는 정황에서, 한국 기독교는 어떤 방향성을 가져야 하는가? 아렌트의 비판은 잘되는 영성에 휘둘리는 한국 기독교로 하여금 사회적 영성을 향하여 나아가도록 이끌어주는 중요한 계기일 수 있다. 다만, 아렌트가 공적 세계에 대한 책임 등에 대한 관심을 아우구스티누스에게서 찾지 못한 것은 오해 내지는 간과의 결과였다.

이 글을 통해 확인한 것은 아우구스티누스의 『신국론』에 사회적 영성이 담겨 있으며 그 바탕에 제자 됨의 윤리가 있다는 사실이다. 아우구스티누스가 제시한 카리타스 제자도는 사사로운 사랑을 넘어서 사회적 사랑을 지향한다. 그리고 사회적 영성은 제자 됨의 윤리에서 요청되는 필수과제로서, 현대적 의미의 공공성과 타자성의 구현을 요청한다. 공공성으로서의 카리타스는 공적 책임과 소통의 실천으로, 타자성으로서의 카리타스는 공감과 환대의 실천으로 확장되어야 한다. 이것이 아우구스티누스가 말하는 사회적 사랑의 현대적 의의라고 할 수 있다.

이러한 논의를 바탕으로, 한국 기독교는 제자도에 근거한 사회적 영성을 모색해야 할 과제를 지니고 있다. 사회적 영성이 기독교에 낯선 그 무엇이 아닌 본질적 과제라는 사실 또한 잊지 말아야 한다. 제자도, 제자윤리, 그리고 제자훈련에 대한 적극적 관심은 한국 기독교의 중요한 자산일 수 있다. 이러한 관심들을 내적 성숙에 한정할 것이 아니라, 공공성과 타자성으로 확장하고 펼쳐냄으로써 시민사회의 제자윤리를 지향해야 한다.

참고문헌

라틴 원문은 아우구스티누스 아카이브에서 참고했다.

http://www.augustinus.it/latino/disciplina_cristiana/index.htm 2022.7.28. 접속.

Confessiones, 번역본: 선한용, 『고백록』, 서울: 대한기독교서회, 2019 참고.

De civitate Dei. 번역본: 성염 역주, 『신국론』, 왜관: 분도출판사, 2004 참고.

De Genesi ad Litteram. 해당 문장의 번역은 박승찬, 『아우구스티누스에게 삶의 길을 묻다』, 서울: 가톨릭출판사, 2017 참고.

In Epistolam Ioannis ad Parthos Tractatus. 번역본: 최익철 역, 『요한서간 강해』, 왜관: 분도출판사, 2011 참고.

김경은, "영적 우정: 우정과 환대가 조화로운 공동체를 지향하며", 「신학과 실천」 73(2021), 233-254.

김분선, "연민(compassion)은 윤리적 고려의 대상인가?: 공감, 연민, 과잉 공감의 문제화", 「현대유럽철학연구」 64(2022), 287-318.

김진혁, "은혜와 정의: 득의론 관점에서 본 아우구스티누스의 정치신학", 「조직신학논총」 56(2019), 53-99.

김진호 외, 『사회적 영성』, 서울: 현암사, 2014.

남성현, "아우구스티누스의 『신국론』에 나타난 세속국가 허물기와 국가치료의 비전", 「세계역사와 문화연구」 47(2018), 1-38.

문시영, "아우구스티누스와 영성: 탐욕이 미덕인 시대에 다시 읽기", 「신학과 교회」 25(2021), 87-114.

_____, "잘되는 영성에서 사회적 영성으로: 공공신학적 조망", 「선교와 신학」 57(2022), 37-66.

변종찬, "아우구스티누스의 우정 개념", 「가톨릭 신학과 사상」 60(2007), 206-235.

선한용, "어거스틴의 『신국론』에 나타난 두 도성에 대한 문제 연구", 「신학과 세계」 12(1986), 169-186.

송창현, "사회적 영성으로의 초대", 「가톨릭평론」 1(2016), 215-222.

양명수, "아우구스티누스가 본 정치의 의미와 한계: 『신국론』 19권을 중심으로", 「한국기독교신학논총」 62(2009), 133-157.

우병훈, "아우구스티누스의 『신국론』에 나타난 사랑의 갈등", 「한국개혁신학」 70(2021), 168-217.

정기문, "로마는 어떻게 제국이 되었는가: 로마인들의 인식을 중심으로", 「역사문화연구」 29(2008), 296-324.

채승희, "5세기초 북아프리카 교회의 대 정치적 성격: 칼라마 시의 폭동에 대한 아우구스티누스의 반응을 중심으로", 「장신논단」 44-4(2012), 139-164.

Ahn, Ilsup, *The Church in The Public: A politics of engagement for a cruel and Indifferent age*, Fortress Press: Minneapolis, MN: 2022.

Arendt, Hannah, *Love and Saint Augustine*, Joanna Vecchiarelli Scott, Judith Chelius Stark. (ed.), 서유경 역, 『사랑 개념과 성 아우구스티누스』, 서울: 필로소픽, 2022.

Barclay, Katie, *Caritas: Neighbourly Love & the Early Modern Self*, Oxford University Press, 2021.

Brown, Peter, *Augustine of Hippo*, 정기문 역, 『아우구스티누스』, 서울: 새물결플러스, 2012.

Camp, Caleb, *The Hospitality of God: Discovering and Living Kingdom Hospitality*, Bloomington, IN: Westbow Press, 2017.

Cochran, Elizabeth A., *Protestant Virtue and Stoic Ethics*, New York, NY: T&T Clark, 2018.

Deane, Herbert A., *The Political and Social Ideas of St. Augustine*, Tacoma. WA: Anglico Press, 2013.

Fitzgerald, Allan. (ed.), *Augustine through the ages: an encyclopedia*, Grand Rapids, MI: William B Eerdmans Pub., 1999.

Hammer, Dean, *Roman Political Thought: From Cicero to Augustine*, Cambridge, UK: Cambridge University Press, 2018.

Hauerwas, Stanley, *After Christendom?*, Nashville, TN: Abingdon Press, 1991.

_____, *The Peaceable Kingdom: A Primer in Christian Ethics*, 홍종락 역, 『평화의 나라』, 서울: 비아토르, 2021.

Heichelheim, Fritz M., *A Hostory of Roman People*, 김덕수 역, 『하이켈하임 로마사』,

서울: 현대지성, 2022.

Hollingworth, Miles, *The Pilgrim City: St. Augustine of Hippo and his Innovation in Political Thought*, New York, NY: T&T Clark, 2010.

Jesuit Centre for Faith and Justice (eds.), *Windows on Social Spirituality*, Dublin: Ireland, 2003.

Levering, Matthew, *The Theology of Augustine: An Introductory Guide to His Most Important Works*, Grand Rapids, MI: Baker Academic, 2013.

Marshall, Michael, *Flame in the Mind*, 정다운 역, 『순례를 떠나다』, 서울: 비아, 2018.

Mathews, Charles, *Theology of Public Life*, Cambridge, UK: Cambridge University Press, 2007.

Oden, Amy G. (ed.), *And you welcomed me*, Nashville, TN: Abingdon Press, 2001.

_____, *God's Welcome: Hospitality for a Gospel-hungry World*, Cleveland, OH: The Pilgrim Press, 2008.

Pohl, Christine D., *Making Room: Recovering Hospitality as a Christian Tradition*, Grand Rapids, MI: Wm Eerdmans Publishing, 1999.

Russell, Letty M., *Just Hospitality: God's Welcome in a World of Difference*, Clarkson, J. Shannon and Ott, Kate M.(eds.), Louisville, KN: Westminster John Knox Press, 2009.

Ryan, Alan, *On Augustine: The Two Cities*, New York, NY: Liveright Publishing, 2016.

Ryan, Jonathan D., *Love does not seek its own: Augustine, Economic Division, and the Foramtion of a Common Life*, New York, NY: T&T Clark, 2021.

Shepherd, Andrew, *The Gift of The Other: Levinas, Derrida, and a Theology of Hospitality*, Cambridge, UK: James Clarke & Co., 2014.

Smith, James K. A., *Awaiting the King*, 박세혁 역, 『왕을 기다리며: 하나님 나라 공공신학의 재형성』, 서울: IVP, 2019.

Stackhouse, Max. L., *Public Theology and Political Economics.* Lanham, MD: University Press of America, 1991.

Trapè, Agostino, *Agostino: l'uomo, il pastore, il mistico*, 변종찬 역, 『아우구스티누스: 인간, 목자, 신비가』, 의왕: 도서출판 벽난로, 2010.

Uhalde, Kevin, *Expectations of Justice in the Age of Augustine*, Philadelphia, PA: University of Pennsylvania Press, 2007.

Wetzel, James (ed.), *Augustine's City of God: A Critical Guide*, Cambridge. UK: Cambridge University Press, 2012.

Williams, Rowan, *On Augustine*, 김지호 역, 『다시 읽는 아우구스티누스』, 고양: 도서 출판 100, 2021.

04

미카엘 벨커의 창조윤리[1]

홍순원(협성대학교, 교수)

1. 들어가는 말

　　지구온난화와 환경오염을 통한 전 지구적 위기는 인간의 의식과 사회구조의 근원적인 전환을 요구하고 있으며, 교회의 생태적 감수성을 깨우고 있다. 사회구조는 환경위기를 통하여 친환경적으로 개편되고 있다. 정치 분야에서는 탄소배출권 협상이 진행되고 있고, 경제 분야에서는 ESG(환경, 사회, 지배구조) 경영이 의무화되고 있다. 이러한 시대적 변화에 대응하여 교회 안에서도 개인적 영성으로부터 사회적·생태학적 영성을 향한 의식전환이 요구되고 있다.

　　미카엘 벨커는 이러한 시대적 상황에 직면하여 교회의 사회적 책임과 함께 생태학적 책임을 강조한다. 그는 다양한 학제 간 연구를 통

1　본 장은 『기독교사회윤리』 55집에 수록된 논문을 부분 편집한 글이다.

해 창조신학을 재구성하고 통합함으로써 하나님과 인간과 세상의 관계를 이해하는 새로운 시각을 열어주고 있다. 그에 따르면 계몽주의부터 20세기까지를 지배해온 인간중심주의는 생태학적 위기가 단지 인간의 문화적 영역만이 아니라 지구 전체와 인간존재의 파멸을 초래하게 되는 현실에 직면하여 내부로부터 붕괴되었다.[2]

벨커는 자신의 창조이해를 통하여 인간중심주의적 세계관에서 생명 중심주의적 세계관으로 의식전환을 추구한다. 그는 위르겐 몰트만의 생태학적 창조론을 수용하여 자신의 창조신학을 발전시키지만 창조를 삼위일체론적으로 서술한 몰트만과 달리 기독론적 관점에서 접근한다. 벨커는 케노시스 개념을 창조에 적용하여 창조와 구원의 연속성을 강조하면서 구원의 지평을 인간에서 창조질서 전체로 확장시킨다. 그 결과 창조는 시간의 시작을 알리는 출발점으로 제한되지 않고 현재에도 지속되는 창조주와 피조물의 관계성으로 규정된다.

본 연구에서는 벨커의 케노시스 창조이론을 통하여 창조와 창조질서의 본질적이며 새로운 생태학적 의미를 도출하고 교회와 신학의 의식전환과 시대적 방향제시를 위한 이론적 기초를 모색한다. 연구의 내용에 있어서는, 벨커가 '케노시스' 개념을 계약신학의 빛에서 해석하며 자신의 창조이해를 전개시켜 나가는 과정을 분석하고, 창조의 지속적·현재적 의미가 어떻게 사랑의 관계성을 통하여 인간의 창조질서에 대한 청지기적 사명으로 결론지어지는가를 서술한다. 본 연구의 결과는 물질주의적 채움의 원리에 집착하여 생태학적 위기에 직면한 사회현실에 대하여 비움의 원리를 통한 의식 개혁과 사회개혁의 대안적

---

2   Michael Welker, *Schöpfung und Wirklichkeit*, 김재진 역, 『창조와 현실』(서울: 대한기독교서회, 2020), 141.

성찰의 계기가 될 것이다.

2. 창조의 케노시스

벨커에게 있어서 케노시스는 삼위일체와 십자가의 원리일 뿐 아니라 창조 안에 나타나는 비움과 충만의 과정이며 끊임없는 자기화의 과정이다. 그는 하나님의 자기 제한과 우주의 역사를 연결시켜서 창조가 신적 수축 작용일 가능성을 언급한다. 그는 이와 함께 세상을 창조하기 위해서 하나님은 자기 자신으로부터 나가기 전에 세상에 자리를 마련하고 그것을 위한 공간을 양보하기 위해 자기를 자기 자신 속으로 거두어들이는 몰트만의 '침춤' 개념을 인용한다.[3] 하나님은 창조의 현존을 위한 영역을 마련하기 위해 그의 전제를 거두어들인다. 그 결과 창조는 하나님의 자기 비움의 공간 속에서 생성되며, 이러한 비움의 역사는 성육신을 통해서 이어진다. 창조와 창조질서의 보전은 단순히 하나님의 전능한 신적 사역이 아니며, 오히려 하나님은 세계의 창조와 유지에서 자기를 내어주고 자기를 전하며, 그의 사역들 자체 속에서 현존한다.[4]

하나님의 자기 제한은 은혜의 첫 번째 행동이다. 하나님은 자신 밖으로 나가기 위하여 자신 안으로 물러선다. 그것은 창조를 위한 공

3　Ibid., 143.

4　최광선, "생태영성 탐구: 창조세계를 책으로 실행하는 렉시오디비나는 가능한가?", 「신학과 실천」 138(2014), 471.

간을 만들기 위하여 자신의 편재성(omnipresence)을 제한하며, 피조물에게 시간을 주기 위해 자신의 영원성을 제한하는 것이다.[5] 하나님의 선행적 자기 제한은 창조행위에서 시작하여 성육신과 십자가, 그리고 부활에서 나타나는 그리스도의 겸비와 성령의 구속과 새 창조를 위한 임재에 나타나는 자기 제한으로 인도된다. 그것은 하나님의 초월성과 내재성을 동시에 보전한다. 세계는 하나님 안에 있으며 하나님은 성령을 통하여 세계 안에 임재한다. 창조는 창조 이전 삼위일체의 내적 관계 속에서 일어난 사건, 즉 성부로부터 성자가 태어나심이다. 창조의 케노시스에 근거해서 하나님이 세상을 위해 자기를 제한하신 창조, 계약, 성육신 등의 모든 자기 겸비의 사건이 역사 속에서 일어나게 된다. 창조활동은 자율적 피조물이 존재하도록 하나님이 자신의 무한한 신적 자유를 스스로 제한하셨던 사건이며, 성자가 성육신하고 십자가에서 죽음을 겪으심으로 그 절정에 이르게 된다. 인간 역사와 신적 역사 사이에 놓여 있던 구분과 경계는 그리스도의 순종으로 극복되었고, 시간의 흐름 속에서 사라져 없어질 운명을 지녔던 인류에게 하나님의 영원에 참여할 수 있는 사다리가 역사 속에서 내려졌다.[6]

창조란 하나님의 자기 비움 행위이며, 이것은 하나님이 자기를 비우면서까지 세계 창조를 기뻐하신 사랑의 존재였음을 말한다. 하나님은 세계를 창조하시기 위해 자신의 속성인 전능, 전지, 편재 등을 일부 희생시켜가면서까지 피조물을 위한 공간을 만들고, 그럼으로써 그 피조물들이 자유의지를 갖고 신의 계속적 창조에 동역자로 참여할 수 있

---

5   신옥수, 『몰트만 신학 새롭게 읽기』(서울: 새물결플러스, 2015), 137.

6   Ansgar Kreutzer, *Kenopraxis: Eine handlungstheoretische Erschliessung der Kenosis- Christologie* (Freiburg: Herder Verlag, 2011), 22.

도록 배려하신다. 벨커는 신학 영역을 넘어서 철학자, 과학자들과의 대화를 통하여 세상과 사회와 자연현상 안에 내재된 사랑에 기초한 이타적 비움 행위의 흔적들을 추적했으며, 이런 관찰과 통찰을 통해서 비움이 결국은 창조세계 전반에 프로그램화된 원리라고 결론을 도출한다.[7]

벨커는 창조의 사랑 안에 담긴 비움의 속성을 통하여 인간의 관계를 형성하고 유지하는 실천적 비움의 길을 제시한다. 하나님을 사랑한다는 것은 하나님의 뜻을 따라 세계, 동료 인간, 그리고 심지어 동료 피조물과 맺는 관계, 즉 하나님의 법을 준수하고 서로 사랑하는 관계성을 형성한다는 의미를 포함할 뿐 아니라 그런 관계성을 개척하기까지 한다. 따라서 소위 '사랑에 관한 이중 계명'은 서로 다른 두 기본 관계의 결합이 아니라, 확고하게 연결된 하나의 계명으로 간주되어야 한다. 이 계명은 성서가 전반적으로 사랑을 이해하는 방식에 관해 중요한 무언가를 알려준다. 이런 의미에서 벨커는 창조의 케노시스를 사랑의 능력이 결정적으로 계시된 사건으로 해석하며, 개인 및 가족관계의 상황에서 경험되고 실천될 수 있다는 사실을 강조한다.[8] 케노시스 안에 계시된 사랑은 추상적 개념이 아니라 나와 너라는 관계성의 한계 안에서 사회적·문화적, 그리고 더 나아가서 우주적 사랑의 실천원리이다.

비움의 윤리는 불가피하게 역설의 윤리이다. 왜냐하면 비움의 신학은 하나님의 자기희생과 자기 포기라는 의미를 함축하기 때문이다.

---

7   Michael Welker, op. cit. (2020), 167.

8   Ibid., 205.

하나님 편에서는 단지 성육신뿐 아니라 의식과 이성을 가진 존재를 창조했다는 사실 자체가 비움의 행동이라고 말할 수 있을 것이다. 왜냐하면 그것은 신으로서 마땅히 소유할 순전한 정체성을 포기하는 것이며, 고통과 고난을 많이 경험하겠다고 받아들이는 행동을 포함하기 때문이다. 그것은 완전한 통제를 포기하며, 아무리 잘못된 방향으로 갈지라도 피조물이 스스로 결정할 자유를 용인하는 행동을 의미한다. 또한 그것은 완전한 지식을 포기하며, 미래에 관한 많은 지식이 피조물의 행동에 따라 결정되기 전까지는 알 수 없음을 받아들이는 것을 의미한다.[9]

3. 관계적 사랑과 비움의 사랑

비움의 사랑 안에서 하나님은 피조물의 개별성과 깊이를 위한 공간을 마련한다. 비움의 사랑 안에 나타나는 하나님의 섭리는 하나님에게서 가장 멀리 떨어져 있으며, 관계를 거부하는 피조물과 만나려는 것이다. 벨커에게 있어서, 타자의 타자성에 대한 관심, 타자 스스로 자유롭게 자신을 드러내게 하려는 관심, 타자의 삶을 펼치도록 인도하려는 열정, 이 모두가 비움의 사랑이 가진 특징이다.[10] 하나님의 자기 비

---

9 Ibid., 211.

10 Michael Welker, *"romantic love, covenantal love, kenotic love"* (낭만적 사랑, 언약적 사랑, 비움의 사랑), John Polkinghorne (ed.), *Work of love: Creation as kenosis*, 박동식 역, 『케노시스 창조이론』(서울: 새물결플러스, 2015), 231.

움 안에서 창조의 근거가 사랑이라는 사실이 확증된다. 비우는 사랑은 계약사상에 나타나는 관계성을 추구하며 사랑의 교제를 나누는 공동체를 완성한다. 벨커는 로마서 8장 19절 이하에 나타나는 바울신학을 통하여 이러한 공동체성이 하나님과 인간, 인간과 인간 사이의 관계뿐 아니라 창조질서 전체로 확장되고 있음을 강조한다. 피조물이 하나님의 아들들의 출현을 고대하는 것은 창조의 케노시스가 인간과 피조물의 연대성을 이루는 근원이기 때문이다.

창조주는 사랑의 관계를 통하여 그리스도에게 신적 능력을 부여하며, 그 관계 안에서 인간은 하나님과 친밀하게 되고 사랑을 통해 하나님의 능력에 참여하게 된다. 창조에 계시되는 비움의 사랑은 그리스도의 사랑 안에서 그 능력을 드러냈고, 성령의 사역을 통해 피조물에게 주어졌으며, 인간을 그 사랑 안으로 이끌어 하나님의 현존을 경험하게 하고 새로운 피조물로서 성육신을 경험하게 한다.[11] 하나님이 사랑으로부터 창조한다면 창조질서 안에서 그의 임재 방식도 사랑이다. 창조는 하나님의 사랑으로부터 이루어지는 창조이고 사랑 안으로 이루어지는 창조이다. 그 사랑은 고난에도 불구하고 실현되는 것이 아니라 고난을 통하여 목적을 성취한다.

에로스는 자기 확인이며 자기실현을 위한 사랑으로서, 사랑의 대상이 자신에게 만족을 가져다준다. 반면에 아가페는 전적으로 자기를 소모하는 사랑으로 규정된다.[12] 이러한 사랑 안에서 사람은 자신에게 아무런 이익도 없지만 다른 사람을 위해 자신을 희생한다. 에로스는

---

11   Ibid., 233.

12   Ibid., 235.

채우는 사랑이며 아가페는 내어주는 사랑이다. 하지만 둘 사이의 차이는 고난의 차원에서 하나가 된다. 사랑은 사랑받는 대상과 함께 고난받는 행동을 포함한다. 사랑을 통해 상처와 고통이 전달되며 타자를 통해 변화되는 경험이 일어난다.[13]

창조질서의 보전을 위한 창조주의 사역은 이웃 사랑뿐 아니라 이방인, 원수 사랑을 통하여 궁극적으로 완전하게 수행된다. 하나님을 향한 사랑은 단순히 수직적 상호관계를 넘어 창조질서의 충만한 관계를 통하여 성취된다. 따라서 소위 사랑에 관한 이중 계명은 서로 다른 두 기본 관계의 결합이 아니라, 확고하게 연결된 하나의 계명으로 해석되어야 한다. 하나님의 비움의 사랑은 창조 세계에 하나님의 비움의 사랑 자체와 새 생명의 능력을 조건 없이 공유하도록 내어주시며, 자주 우리를 하나님과 풍성한 계시로 인도한다. 하나님의 비움의 사랑은 그리스도의 사랑 안에서 그 능력을 드러냈고, 성령의 사역으로 피조물에 주어졌으며, 인간을 창조적 사랑으로 이끌어 그들을 하나님의 현존을 담지한 자들이 되게 하고, 새 창조물로서 성육신을 담지하게 한다.[14]

비움의 사랑은 단순히 호기심이 아니라 타자를 향하는 사랑이다. 그 사랑은, 계약신학적 기초를 가지며, 사랑받는 자의 깊이와 신비와 자유를 존중한다. 그것은 더 나아가서 이 깊이와 신비와 자유가 살아있게 하고 그 상태로 유지시킨다. 비움의 사랑은 새 창조에서 새로운 삶을 위한 타자와의 관계성을 가능케 하며, 새로운 계약적 관계성을 추구한다. 아울러 스스로 하나님으로부터 분리되어 창조의 생명력을

---

13   Ibid., 290.
14   Ibid., 238.

하나님에게 대항하는 것에 사용했던 세상을 조건 없이, 끊임없이 하나님과 교제를 나누는 공동체 안으로 인도한다. 그 공동체 안에서 우리는 하나님의 형상으로 회복되며 새로운 창조질서의 구성원으로 회복된다.

4. 창조의 현재적 의미

벨커의 창조 이해는 시공간 개념에 제한된 전통적인 창조론을 비판하면서 전개된다. 그는 먼저 창조 안에 계신 하나님의 활동을 창작 내지는 원인제공으로 간주하는 견해를 비판한다. 피조세계는 창조주의 본질로부터 흘러나오는 유출의 결과가 아니라 그의 의지와 결단에 기초한다.[15] 창조는 시간과 공간을 넘어 어떤 것과도 비교될 수 없기에 아날로기아나 표상으로도 표현될 수 없다. '무로부터의 창조'(creato ex nihilo)에서 무(nihil)는 상대적 존재를 부정하는 개념이 아니라 절대적 존재의 반대개념인 혼돈을 의미하며, '무로부터'라는 서술은 '하나님으로부터'라는 내용을 강조하는 것이다. 창조주 하나님의 활동은 과거의 시간 속에 함몰된 지나간 사건이 아니라 현재와 미래에도 지속되는 영원한 하나님의 현존이다. 벨커는 창조주 하나님의 활동이 창조질서 안에 제한되지 않기 때문에 창조를 단순히 자연과 동일시하는 입장에도 반박한다. 그에 따르면 창세기 1, 2장에 나타나는 창조 본문은 추상

---

15 Jürgen Moltmann, *Gott in der Schöpfung: Ökologische Schöpfungslehre* (Gütersloh: Gütersloher Verlagshaus, 1987), 94.

화된 내용들인데 그것들을 그대로 현실에 적용한 결과 왜곡된 창조이해가 형성된 것이다. 그는 이러한 왜곡을 수정하기 위해 창조의 영역을 과거로부터 현재로 확장시킨다.[16]

창조기사의 기록 목적과 내용은 피조물의 생성과정을 기술하고 그것에 대한 역사적 사실을 보고하려는 것이 아니라 창조주의 현존과 활동을 설명하려는 것이다. 창세기의 관심은 피조물의 형성과정이나 세상의 시작과 기원보다 창조주의 능력과 창조방식에 더 큰 관심을 가진다. 창조주는 현실을 해석하기 위한 도구가 아니라, 정반대로 현실이 창조주로부터만 해석된다. 창조기사의 기록자는 독자에게 세상과 인간의 형성과정에 대한 과학적 정보를 제공하기 위해서가 아니라 자신이 경험한 창조주 하나님을 설명하면서 독자들을 그 경험 안으로 초대하기 위하여 본문을 기록한 것이다. 물론 형식적인 내용이 창조의 과정을 세밀하게 묘사하고 있지만, 그것은 창조 순간의 목격담이라기보다는 창조주 하나님에 대한 경험을 신학적으로 서술한 것이다.[17] 창조의 전개과정이 명백하게 진화론적인 발생순서를 따르고 있다는 것은 창조기사가 과학적 사고를 배제한 신화적 기술이 아님을 증거한다. 만일 우리가 창조의 과정이 아니라 창조주의 창조사역에 관심을 가진다면 창조 이해는 전혀 다른 차원으로 고양된다. 창조의 주인공이 피조물이 아니라 창조주 하나님이라면 창조의 영역은 시간과 공간, 곧 자연세계와 창조질서를 넘어 무한히 확장될 수 있다.[18]

---

16   Michael Welker, op. cit. (2020), 23.

17   Simon Browne, *The Close of the Defense of the Religion of Nature and the Christian Revelation* (London: General Books 2010), 49.

18   Michael Welker, *Zum Bild Gottes: Eine Anthropologie des Geiste*s (Leipzig: Evangelische Verlagsanstalt, 2021), 43.

창조주는 과거의 창조사건에 머물러 그 이후 지금까지 안식하고 있는 존재가 아니라 지금도 창조질서를 주관하고 있기에, 창조는 지금도 일어나고 있는 현재적인 사건(creatio continua)으로 확장된다. 창조기사의 핵심은 피조물의 생성과정이라기보다는 창조주의 창조방식에 집중되어 있다. 고대 근동의 다른 창조설화들과 구별되어 창세기의 창조기사는 이미 존재하는 물질을 통한 창조가 아닌 '무로부터의 창조', '말씀으로부터의 창조'를 강조하고 있다. 무로부터의 창조는 주어진 물질과 재료에 제한되지 않는 창조주 하나님의 절대적인 자유를 나타내고 있으며, '말씀으로의 창조'는 공간에 제한된 행위를 넘어서는 말씀의 영원한 인격성을 드러낸다.[19] 하나님의 존재와 행위와 말씀은 하나이다. 괴테가 파우스트에서 요한복음 1장 1절을 주석하면서 "태초에 말씀이 있었다"는 본문을 "행위가 있었다"고 해석한 것도 그러한 의미를 함축한다.[20]

창조에 관한 전통적 교리는 모든 존재가 영원하며 초월적인 실체에 종속되어 있음을 드러낸다. 여기서 창조는 시작이며 원인제공으로 이해될 수 있다. 그 결과 인간과 세상의 과거, 현재, 그리고 미래는 절대적으로 하나님에게 종속되어 있다는 내용이 전승되었다. 벨커는 창조의 본질적 의미가 기원이나 발생이라기보다는 피조물의 현존에 대하여 섭리하는 하나님의 활동에 대한 증언이라고 주장한다. 창세기 2장의 창조기사는 창조사건의 목적을 인간과 비의 공동 활동에 집중

---

19 Stephan Sigg, *Gottes Schöpfung in unserer Hand: Materialien zu Schöpfungslehre und -verantwortung für den Religionsunterricht* (Berlin: Auer Verlag, 2021), 67.

20 Thorleif Boman, *Hebräische Denken im Vergleich mit dem griechischen*, 허혁 역, 『히브리적 사유와 그리스적 사유의 비교』(왜관: 분도출판사, 2013), 23.

시키고 있으며, 창조주와 인간의 역할이 함께 연결되도록 창조가 진행되는 것으로 묘사한다.[21]

창조는 하나님과 세계의 대칭적 위치를 전제하는 대립관계에 기초하지 않는다. 하나님은 세상을 창조하면서 그 안으로 들어간다. 하나님은 세상을 존재하게 함을 통하여 자신을 계시한다. 창조주는 창조를 통하여 자신 안에 있으며, 자신 밖에 있다.[22] 따라서 창조주의 사역은 피조물의 생성에만 제한되는 것이 아니라 피조물관의 관계를 유지하고 보존하고 섭리하는 것을 포괄한다. 다양하게 창조된 영역들은 일차적으로 인간과 식물과의 관계, 그리고 인간과 동물과의 관계를 의미한다. 유대교 전승 속에서 창조는 다양하게 창조된 영역들의 상호 의존관계로 나타난다. 창세기의 두 창조기사는 서로 다른 관점에서 창조질서가 상호의존 관계로 형성되어 있음을 상세하게 서술한다. 하나님이 세상을 땅과 하늘로 창조했다는 진술은 인간존재가 감지하고 다스릴 수 있는 단일한 지상영역을 넘어서 관계성이 확장됨을 시사한다. 다시 말해서, 하늘과 땅의 창조는 인간의 영향이 미치는 영역과 그렇지 않은 영역 사이의 상호의존성을 드러낸다. 창조가 안식일에 집중되어 있는 것은 자연과 문화가 상호의존적으로 관계성을 지니고 있음을 구체적으로 보여준다.[23]

창조란 처음부터 하늘과 땅의 영역의 상호 의존관계이다. 하늘의 영역은 자연현상이 일어나는 공간이라기보다는 문화를 형성하고 규정하는 영역이다. 창세기 1장 14절의 내용처럼 빛들은 징표로서 축제의

---

21 Micheal Welker, op. cit. (2020), 239.

22 Jürgen Moltmann, op. cit. (1987), 27.

23 Michael Welker, op. cit. (2020), 38.

시간과 날짜와 연수를 규정하는 것이다.[24] 이러한 의미에서 창조전승의 여러 본문들 속에는 하늘에서 시작되는 문화적 표상들이 광범위하게 기술되어 있다. 창조는 인간에 의해서 영향을 받을 수 있는 영역과 영향받지 않는 영역들 사이에 있는 상호 의존관계가 형성되는 과정이다.[25] 인간에 의하여 직접적으로 영향을 받지 않는 영역들은 하늘이라는 표현 안에 종합된다. 한편 인간에 의해서 영향을 받을 수 있는 영역은 땅으로 표현되며, 자연적·문화적 상호의존성을 나타낸다. 인간이 땅을 경작하는 것과 창조가 안식일에 집중되는 것, 그리고 인간이 만물의 이름을 짓도록 위임받은 것은 자연과 문화의 상호의존성을 암시하고 있다.

창조는 단순히 자연, 역사와 동일시할 수 없다. 왜냐하면 창조는 자연이나 역사, 인간의 인식으로부터 파악되지 않기 때문이다. 창조와 자연현상으로서의 현실은 연결되면서도 구별된다. 그것은 인간의 신 인식이 하나님과 분리되어 있으면서 접촉점을 형성하는 것과 마찬가지이다. 신앙은 하나님의 존재를 시인하기 전에 하나님에 대한 경험과 지식은 결코 자명하지 않으며, 누구에게나 자유롭게 얻어질 수 있는 것도 아니라는 사실을 시인하는 것이다. 소위 자연신학에서 인간의 정신은 타고난 선천적 능력을 통하여 신성을 감지할 수 있다고 주장하는 것은 계시를 배제하는 것이 아니라 오히려 그것을 수용할 수있는 가능성을 설명하려는 것이다.[26]

하늘을 창조하신 하나님은 '하늘에 계신 하나님'에 제한될 수 없

---

24   Ibid., 41.

25   Ibid., 42.

26   Ibid., 65.

다. 하늘에 계시다는 표현은 추상적 피안성이라기보다는 일상적인 인식 가능성을 넘어 있음을 강조하는 것이다. 성서의 전승들은 하나님과 하늘의 융합보다는 하늘을 신격화하려는 시도에 반대한다. 하늘은 하나님의 피조물이며 창조주로서 하나님은 피조질서 안에서 활동한다. 성서에서 하늘은 단순히 지구의 한 부분을 차지하는 창공을 의미하지 않는다. 우리가 감지하는 하늘은 자연적 영역이든지, 문화적 영역이거나 시간과 공간에 제한되어 있지만 창조기사의 하늘은 그러한 감각적 영역을 초월한다. 하지만 하늘은 땅과 분리된 독자적인 영역이 아니다. 창조기사의 형식적 내용은 하늘이 감각세계인 땅과 연관되어, 땅 위의 질서를 세우고 인간의 감각능력을 전제하여 창조된 것으로 서술한다.[27]

5. 창조의 관계적 의미

벨커는 창조를 시간과 공간의 기원으로서의 아니라 창조질서와의 관계 속에서 자신을 나타내는 창조주의 지속적인 활동으로 이해한다. 창조기사에 나타나는 하나님의 창조행위는 만물의 존재 원인을 제공하거나 생산방식을 설명하지 않는다. 그것은 피조물의 현존에 대한 창조주의 반응과 행동에 집중하고 있다. 창세기 1장에는 피조물의 이름을 붙이는 내용과 피조물에 대해 "보시기에 좋았다"고 표현하는 내용

---

27   Ibid., 47.

들이 여러 번 나타나며, 창세기 2장 5절 이하에는 초목의 성장을 위해서 비를 내리시는 하나님과 경작하는 인간의 공동작용이 강조되고 있다. 창조주 하나님은 인간에게 만물의 이름을 짓게 하고, 홀로 있는 아담의 상황에 반응하여 하와를 창조한다. 피조물과 관계를 맺고, 응답하는 창조주의 행동들은 하늘과 땅을 창조하는 과정을 끝내기 위해서 필수적인 것이다.[28] 창조주는 관찰하며, 이름 붙이고, 인간의 상황과 태도에 따라서 다른 방법으로 반응한다. 창조하는 하나님은 창조사역을 넘어 반응하는 하나님이며, 피조물에 관여하는 하나님이며, 창조는 이러한 모든 활동을 포괄한다.

창조하는 하나님은 단지 일하는 존재만이 아니라 반응하는 창조자이며 피조물에 관여하는 하나님이다. 창조하는 하나님은 피조물의 독립성, 변화, 그리고 개선과 결핍에도 관여한다. 하나님의 활동성과 그의 명령은 무시간성이 아니라 바로 지금, 여기서 성취되는 현재성을 의미한다.[29] 벨커는 창조를 시간의 시점이 아니라 창조주와 피조물의 관계의 시작으로 이해한다. 말씀으로 창조질서를 완성한 하나님은 창조주로서 인간에게 말씀한다. 창조의 말씀은 피조물의 존재뿐 아니라 창조주와 피조물의 관계를 생성하고 유지한다. 하나님은 창조주로서 인간에게 말씀하시고 인간이 그것을 듣고 응답함을 통해 창조주와 피조물의 관계가 성립된다. 창조주와 피조물의 관계가 현재에도 지속됨으로써 창조의 현재성이 성취된다. 창조질서는 태초의 순결한 상태에서 분리된 자연질서의 전개과정이 아니라 창조주의 활동성 안에서 일

---

28   Ibid., 42.

29   Myron Adams, *The Continuous Creation; An Application of the Evolutionary Philosophy to the Christian Religion* (London: General Books, 2010), 31.

어나는 현재적 사건이 된다. 이런 의미에서 타락한 세상 안에서 창조는 창조질서를 회복하는 창조주의 활동으로 연결된다.

하나님의 창조활동은 생산하고 재생산하는 피조물들의 고유한 활동과 결합되어 있다. 창조질서는 존재의 사다리처럼 창조주에게 종속되어 있는 것이 아니라 관계와 공동활동으로 유지된다. 하나님은 다양한 피조 영역들을 생산적인 상호의존의 연관관계 안으로 창조한다. 창세기에 나타나는 두 창조기사들은 서로 다른 관점에서 창조질서가 상호의존 관계의 공동체임을 상세하게 서술한다. 창조영역은 사람과 식물의 관계, 그리고 사람과 동물의 관계를 의미한다. 하나님이 땅과 하늘을 창조했다는 진술은 그가 인간과 직접적으로 관계를 나타내고, 인간이 그것을 감지할 수 있는 실체인 땅만을 창조하지 않았다는 사실을 드러낸다.[30]

창조질서로서 하늘은 땅과의 상호 의존관계 속에서 빛, 열, 물, 바람과 같은 자연의 힘들을 분출시켜서 땅의 생명에 영향을 주는 물리적 공간만을 의미하지 않는다. 오히려 하늘은 문화를 형성하고, 문화를 규정하는 능력이 표출되는 곳이다.[31] 창조질서 안에서 하늘은 보이지 않는 영역, 땅은 보이는 영역을 대표하며 창조질서를 보전하는 책임을 맡은 인간에게 생육하고 번성하는 공간을 제공한다. 하늘과 땅, 빛과 어둠의 상호작용은 인간의 삶과 역사를 규정하며 창조질서의 유지와 보존을 위한 기초를 형성한다. 이와 함께 창세기의 다른 본문들 안에는 하늘로부터 유래하는 자연적이며 문화적인 표상들이 다양하게

---

30 Michael Welker, op. cit. (2020), 43.

31 Ibid., 41.

기술되고 있다.

창조는 인간에 의해서 영향을 받을 수 있는 영역과 영향을 받지 않는 영역들 사이의 상호 의존관계를 구축하는 활동이다. 여기서 인간에 의해서 직접적으로 영향을 받지 않는 자연적 영역들은 하늘이라는 표현으로 종합된다. 한편 인간에 의해서 영향을 받을 수 있는 영역인 땅은 자연적인 상호 의존관계뿐 아니라 문화적 상호 의존관계로 파악된다. 땅을 경작하는 것은 인간의 경제활동과 도구를 통한 문화적 진화를 의미하며, 창조의 완성으로 안식은 인간의 문화적 삶에 있어서 노동과 휴식의 상호작용을 암시한다. 피조물을 명명하는 주권 위임 안에는 자연질서를 이해하고 지배할 수 있는 인간의 문화적 책임이 전제되어 있다.[32]

6. 창조와 자연계시

벨커는 창조에 대한 자연신학적 접근을 비판한다. 자연신학은 인간에게 선천적으로 신성을 감지할 수 있는 요소가 주어져 있다고 보는 관점에 기초해 있는데, 그것은 계시의 필요성에 배치되는 것이다.[33] 만일 현실 자체가 창조라면 현실로부터 창조와 신 인식이 가능할 수 있으며, 자연신학은 타당성을 지니게 된다. 신성에 대한 인식은 자연세

32　김회권, "기독교 교육의 긴급한 의제로서의 창조질서의 보전", 「신학과 실천」 63(2019), 554.

33　Michael Welker, op. cit. (2020), 69.

계에 대한 감각적 인식과 동일할 수 없다. 신성에 대한 인간의 감수성은 전승된 경건성과 신학의 형식으로 주어질 수 없다. 오히려 신성을 자연적 감각으로 인지하는 것이 경건과 신학을 파괴한다.[34] 하나님은 유령과 같은 존재가 아니며, 누구나 자신의 상상이나 환상으로 형상화할 수 있는 존재도 아니다.

벨커는 시편 19편 2절과 열왕기상 8장 27절의 내용을 자연신학의 기초 본문으로 이해한다. "하늘이 하나님의 영광을 찬양하고 창공이 하나님의 솜씨를 선포하고", "하늘 자체와 하늘의 하늘이라도 하나님을 품을 수 없기 때문에 하나님은 자연을 초월할 뿐 아니라, 자연 안에 스스로를 계시한다. 비록 우주 속에는 빛나는 별들이 있지만 그 별들은 인간을 확실한 신 인식으로 안내할 수 없다.[35] 비록 인간이 종교적 감정과 자연을 통한 신성에 대한 감수성을 지니고 있지만, 자연을 통하여 순수하고 명확한 신 인식 능력을 얻을 수 없다. 중요한 것은 자연계시가 아니라 계시를 통하여 자연적 신 인식을 넘어서 무엇이 우리에게 일어나고 있는가이다. 하나님의 계시는 인격적 만남을 통하여, 도전과 소명, 그리고 사로잡힘을 통하여 경험되는 것이다.[36]

벨커에 따르면 신앙은 계시와 관련되기 때문에 그것의 대전제는 하나님에 관한 경험과 지식은 결코 자명한 것이 아니며, 자유롭게 얻어지는 것도 아니라는 사실을 시인하는 것이다.[37] 계시는 숨겨진 것의 나타남, 알려지지 않은 것의 선포이다. 그 안에는 만남과 대면의 순간,

---

34   Ibid., 73.

35   Ibid., 80.

36   Ibid., 81.

37   Ibid., 65.

놀라움과 예측할 수 없는 순간이 포함되어 있다. 하지만 이러한 순간은 숨겨진 것의 드러남이나 알려지지 않은 것의 선포를 필연적으로 전제하지 않는다. 계시신학자들조차도 하나님의 타자성만을 강조하지 않는다. 오히려 계시는 구체적인 지식과 정보를 포함하며, 계시를 받아들이는 인간을 경험의 세계 안으로 인도한다. 그 경험 영역은 계시 없이는 존재할 수 없는, 인간이 현실적으로 인식하고 통찰할 수 없는 곳이다. 계시는 인간을 자연신학의 현실과는 전혀 다른 새로운 인격적 경험영역으로 이끌어간다.[38] 창조이해는 인간 안에 내재하는 자연신학적 모호성을 붕괴시킨다.

'하늘에 계신 하나님'이란 표현은 자연 속에서 발견되는 존재를 의미하는 것이 아니라 오히려 인식 가능한 땅의 세계를 초월함을 나타낸다.[39] 그것은 세상과 하나님의 차이뿐 아니라 세상 안에서 하나님의 활동을 강조한다. 하늘은 하나님의 피조물이며 성서의 전승들은 하늘을 신격화하는 해석을 배제한다. 성서에서 하늘은 지구의 반쪽을 가리키는 창공이 아니다. 창조기사에 따르면 하늘은 땅에 상응하는 영역이며, 땅 위의 피조물과 인간의 감각능력을 향하여 창조되었다. 태초에 빛과 어둠의 분리는 감지할 수 있는 영역과 그렇지 않은 영역의 구분을 의미한다.[40]

---

38 Ibid., 83.

39 John Shebbeare, *The Revelation of God in Nature* (Montana: Kessinger Publishing, 2010), 91.

40 Michael Welker, op. cit. (2020), 99.

7. 창조주의 주권위임과 인간의 청지기적 사명

벨커는 창세기에 나타나는 인간중심주의를 철저히 배격한다. 하나님의 형상으로 창조된 인간은 창조공동체를 돌보고 보호하여 공생의 질서를 유지해야 한다. 창세기 1장 28절의 '지배하라'는 창조명령 속에는 억압의 의미가 배제되고, '동물들의 먹거리를 위해서 염려하고, 삶의 공간을 보장해 주라는 고대 근동의 어법이 담겨 있다.[41] 29절 이하에서 나타나는 채식 규정은 다른 생명을 헤쳐서 먹거리로 삼지 말라는 살육 금지의 의미가 담겨 있다. 인간과 동물은 하나의 공통된 삶의 영역과 음식의 영역을 가지고 있다. 이러한 창조질서에서 인간에 대한 창조주의 주권위임은 지배권이 아니라 이러한 공생의 질서 안에서 권리충돌을 방지하기 위한 청지기적 사명이다. 주권위임은 한편에서는 인간이 동물과의 연대공동체 안에 속해 있으며, 다른 한편에서는 하나님의 형상을 지닌 존재로서 동물과 대립해 있다는 사실을 전제한다.[42] 그 안에는 고대 근동의 왕권사상이 내포되어 있으며 동물들에 대한 인간의 책임인식이 연결되어 있다. 인간은 만물의 영장으로서 자연을 지배하도록 부름 받은 것이 아니라 창조주의 창조질서 보존의 권위를 위임받은 것이다.

벨커는 창조기사가 전달하려는 궁극적 목적은 창조주의 사랑과 은혜의 결과로서 창조질서에 대해 인간은 공생의 질서를 유지하는 책임을 위임받았다는 것에 있다고 강조한다. 창세기에 나오는 '지배하고

---

41   Ibid., 164.

42   Ibid., 162.

다스리라'는 창조의 명령은 피조질서에 대한 인간의 주권이 아니라 그 질서를 책임 있게 보전하라는 청지기적 사명이다.[43] 그 안에는 두 가지 관점에서 인간과 피조물과의 관계성이 나타난다. 하나는 인간이 다른 피조물들과 연대적인 공동체 안에 존재한다는 것이며, 다른 하나는 인간이 하나님의 형상을 지닌 존재로서 피조물들과 구별된다는 것이다. 따라서 다스리는 권한은 고대 근동의 왕권 개념에서도 나타나는 것처럼 피조물들에 대한 책임을 인지하는 것을 전제로 한다. 그 책임은 피조물과의 관계를 넘어서 창조주와의 관계를 향해 있다. 하나님의 형상으로 창조된 인간은 창조공동체를 돌보고 보호해야 한다.[44] 땅 위에서 인류가 번성하는 것은 동물과의 연대성을 보전하는 것에서 분리될 수 없다.

하나님의 형상은 인간의 우월성보다는 창조주의 주권위임과 창조질서에 대한 인간의 책임을 나타낸다. 벨커는 그 근거로서 창세기 1장 26절에 나타나는 하나님의 형상으로 창조되는 과정과 28절에 나타나는 땅을 지배하라는 창조명령 사이의 긴밀한 연관성을 제시한다.[45] 하나님의 형상은 개체적인 특성이 아니라 관계성을 드러내는 형상이다. 26절에 나타나는 것처럼 '우리의 형상을 따라', '우리의 모양대로'의 복수적 의미는 하나님의 내재적 관계성을 의미한다. 하나님은 인간을 홀로 있는 존재가 아니라 관계 안에 있는 존재로 창조했다. "우리가(복수) 사람을 우리의 형상(단수)대로 만들자"라는 표현은 27절에 있는 "하나님께서(단수) 사람을 남자와 여자(복수)로 만드셨다"는 내용과 연관된

43 차명호, "창조에 대한 예배신학적 고찰과 적용", 「신학과 실천」 18(2009), 78.
44 김은수, "하나님의 형상과 사회복지", 「신학과 실천」 6(2003), 179.
45 Michael Welker, op. cit. (2020), 142.

다. 하나님의 형상은 하나의 형상(단수)으로서 하나님 안에서의 관계성 (복수)을 나타내는 것처럼, 하나님의 형상(단수)으로서 남자와 여자(복수) 의 차별은 사라진다.[46] 인간들의 다양한 형태의 관계성은 하나님 안에 서의 삼위일체적 관계성에 상응한다. 이러한 내용을 기초로 해서 벨커 는 창세기 1장의 창조기사가 인간중심주의를 나타낸다는 해석을 반박 하며, 오히려 창조질서에 대한 주권위임으로 해석하고, 창세기 2장의 창조기사를 남성중심주의로 받아들이기보다는 남자와 여자가 하나의 인간을 형성한다는 관계적 동질성으로 이해하고 있다.

창조공동체는 안식공동체이다. 창조주의 안식으로 창조가 완성되 는 것처럼 안식일, 안식년, 그리고 희년의 준수는 창조질서의 회복을 의미한다. 안식일은 단순히 쉼의 날이 아니라 고통과 갈등이 그치고 화해와 평화가 실현되는 날이다. 그날은 노동에 지친 인간을 회복시키 는 날이며, 안식년 규정에 나타나는 것처럼 농경지를 휴식시킴을 통하 여 인간에게 혹사당한 자연이 치유되고 회복되며 인간과 자연이 화해 하는 생태학적 의미를 담고 있다. 창조기사의 안식 개념은 창조의 완 성을 넘어서 창조질서의 회복과 보전을 위한 핵심계명으로서 이스라 엘의 삶과 역사를 이끌어 왔다. 안식년 규정에 나타나는 농경지의 휴 식은 인간과 자연의 관계회복이며, 부채 탕감과 노예해방은 인간과 인 간의 관계 회복을 요구한다. 모든 계명의 근원으로서 안식규정은 인간 중심주의에서 생명중심주의로의 전환을 지향하는 환경윤리를 위한 기 독교적 실천원리이다.

창세기 9장의 노아 이야기는 인간이 창조주와의 관계를 손상시키

---

46   Ibid., 153.

고 주권위임을 상실하면서 인간과 인간의 관계뿐 아니라 인간과 자연의 관계가 깨져서 인간과 동물들이 반목하는 관계로 왜곡되어 가는 과정을 설명한다. 그 결과 인간과 그의 세상은 선과 악이 공존하고, 악이 악으로만 제어되는 타락과 심판 사이의 과도기적 보존질서로 전환되었다. 벨커는 인간이 하나님과의 관계를 회복하고 주권위임과 청지기적 사명을 감당해야 타락한 세상을 보존하시는 창조주의 활동에 부합하는 길이라고 강조한다.

8. 나오는 말

벨커의 케노시스 창조론은 인간중심적인 기계론적 세계관에서 생명중심적인 생태학적 창조신학으로의 전환을 지향한다. 그는 하나님의 형상 개념을 인간 안에 주어진 존재론적 본질이 아니라 하나님과 인간의 인격적 관계이며 인간과 창조질서의 연대성으로 규정한다. 하나님의 형상으로서 인간은 창조주의 주권을 위임받아 창조질서를 보전하는 청지기적 사명을 감당해야 한다. 그는 창조기사에 나타나는 전통적이며 추상적인 개념들을 현재화시켜서 인간의 윤리적 결단과 행동의 단초로 삼았다.

케노시스로서 창조는 피조물과의 관계 속에서 자신을 대상화시키는 창조주의 자유이며 또한 자기 제한이다. 벨커는 계약신학과 구속신학에 나타나는 하나님과 인간의 연대성을 창조의 케노시스에서 발견한다. 창조의 사랑은 비움의 사랑이며 계약적 사랑과 구속적 사랑의 근원이다. 그 사랑은 하나님과 인간, 인간과 인간, 그리고 인간과 피조세계의 관계를 형성하고 유지시키는 근원적 힘이다. 비움의 사랑은 모든 피조물이 창조와 구속, 그리고 새 창조 안에 나타나는 하나님의 사랑에 응답하고, 참여하게 한다.

비움은 자기정화 작용이 아니라 타자를 채우는 헌신의 과정이다. 하나님이 자신을 비워 피조세계를 위한 공간을 창조한 것처럼 아담의 갈빗대를 비워 하와를 창조하는 과정은 하나님의 형상을 가진 인간에게 피조세계를 향한 비움의 사명을 위임하는 것이다. 벨커가 하나님의 형상을 인간이 가진 신적 권위가 아니라 피조물과의 공생의 질서를 유지하기 위한 주권위임으로 해석한 것은 생태학적 위기에 직면한 교회 현실을 향한 중요한 윤리적 방향제시라고 볼 수 있다.

사랑만이 자신을 비워 타자를 채운다. 비우는 사랑은 대상이 가진 조건에 좌우되지 않고 오히려 대상 자체를 향하며, 대상을 사랑받을 존재로 만든다. 그것은 자기를 비우고 변화시켜서 타자를 채우고 변화시키는 창조의 원리이다. 이러한 비움과 채움의 상호작용은 개인적 영성에 갇혀 있는 교회와 그리스도인에게 관계적·공동체적 영성으로 회복하게 하며, 물질주의가 지배하는 교회와 사회현실 속에서 기독교의 정체성 회복을 위한 실천적 영성의 길을 제시한다.

벨커의 창조신학과 창조윤리가 기독교 신학에 제시하는 중요성은 창조를 단지 시간적 개념으로 추상화하려는 시도를 비판하고 창조주의 현존 안에서 해석한다는 것이다. 창조주는 자연과 역사의 기원으로서 과거에 갇혀 있는 존재가 아니라 지금도 창조질서 안에서 피조물과 관계를 맺고 활동하며 창조사역을 수행하는 존재이다. 이러한 창조이해를 통하여 창조의 영역은 과거, 현재, 그리고 미래를 포괄하는 현실적 사건으로 무한하게 확장된다. 벨커가 지향하는 창조의 현재적 의미는 창조질서로서의 현실과 창조주의 지속적인 창조사역을 위한 지평을 확대했다는 점에서 기독교 창조론을 위한 중요한 방향제시가 될 수 있다. 창조질서에 대한 인간의 책임은 미래 세대에 대한 사명일 뿐 아니라 동시대적 과제이다. 창조의 현재적 의미와 창조주의 주권위임은 기후변화와 환경위기에 직면한 현실에 대응하는 교회와 신학을 위한 실천적 대안이다.

참고문헌

김균진, 『창조안에 계신 하나님』, 서울: 한국신학연구소, 2002.

김은수, "하나님의 형상과 사회복지", 「신학과 실천」 6(2003), 171-191.

김회권, "기독교 교육의 긴급한 의제로서의 창조질서의 보전", 「신학과 실천」 63 (2019), 541-575.

신옥수, 『몰트만 신학 새롭게 읽기』, 서울: 새물결플러스, 2015.

차명호, "창조에 대한 예배신학적 고찰과 적용", 「신학과 실천」 18(2009), 67-101.

최광선, "생태영성 탐구–창조세계를 책으로 실행하는 렉시오디비나는 가능한가?", 「신학과 실천」 138(2014), 463-487.

Adams, Myron, *The Continuous Creation; An Application of the Evolutionary Philosophy to the Christian Religion*, London: General Books, 2010.

Boman, Thorleif, *Hebräische Denken im Vergleich mit dem griechischen*, 허혁 역, 『히브리적 사유와 그리스적 사유의 비교』, 왜관: 분도출판사, 2013.

Bonhoeffer, Dietrich, *Schöpfung und Fall*, 김순현 역, 『창조와 타락: 창세기 1-3장의 신학적 주석』, 서울: 대한기독교서회, 2010.

Brown, David, *Divine Humanity: Kenosis and the Construction of a Christian Theology*, Texas: Baylor University Press, 2011.

Browne, Simon, *The Close of the Defense of the Religion of Nature and the Christian Revelation,* London: General Books 2010.

Dubilet, Alex, *The Self-Emptying Subject: Kenosis and Immanence*, New York: Fordham University Press, 2018.

Goldsworthy, Graeme, *The son of God and the new creation*, 강대훈 역, 『하나님의 아들과 새 창조』, 서울: 부흥과 개혁사, 2016.

Keuss, Jeffrey, *Freedom of the Self: Kenosis, Cultural Identity, and Mission at the Crossroads,* Oregon: Pickwick Publication, 2010.

Kort, Michael, *Die Kunst der Beschedenheit,* 이승은 역, 『비움』, 서울: 21세기북스, 2007.

Kreutzer, Ansgar, *Kenopraxis: Eine handlungstheoretische Erschliessung der Kenosis-Christologie,* Freiburg: Herder Verlag, 2011.

Lagger, Christian, *Dienst: Kenosis in Schöpfung und Kreuz bei Erich Przywara*, München, Tyrolia Verlagsanstalt, 2007.

Langdell, Tim, *Kenosis: Christian Self-Emptying Meditation,* London: Oxbridge Publishing, 2020.

Lefsrud, Sigurd, *Kenosis in Theosis:* An Exploration of Balthasar's Theology of Deification, Oregon: Pickwick Publications, 2019.

Lounibos, John, *Self-Emptying of Christ and the Christian*, Oregon: Wipf & Stock Publishers, 2011.

Moltmann, Jürgen, *Gott in der Schöpfung: Ökologische Schöpfungslehre*, Gütersloh: Gütersloher Verlagshaus, 1987.

Shebbeare, John, *The Revelation of God in Nature,* Montana: Kessinger Publishing, 2010.

Sigg, Stephan, *Gottes Schöpfung in unserer Hand: Materialien zu Schöpfungslehre und -verantwortung für den Religionsunterricht,* Berlin: Auer Verlag, 2021.

Walker, William, *The Incarnation and Kenosis,* New York: Createspace Independent Publishing Platform, 2015.

Welker, Michael, *(The) end of the world and the ends of God: science and theology on eschatology,* 신준호 역, 『종말론에 관한 과학과 신학의 대화』, 서울: 대한기독교 서회, 2002.

_____, *The Spirit in Creation and New Creation: Science and Theology in Western and Orthodox Realms,* Michigan: Eerdmans Publishing Co, 2012.

_____, *The Theology and Science Dialogue: What Can Theology Contribute,* Tübingen: Vandenhoeck & Ruprecht, 2012.

_____, *"romantic love, covenantal love, kenotic love"* (낭만적 사랑, 언약적 사랑, 비움의 사랑), 박동식 역, John Polkinghorne (ed.), *Work of love: Creation as kenosis,*『케노시스 창조이론』, 서울: 새물결플러스, 2015.

_____, *In God's Image,* 김회권 역, 『하나님의 형상으로 창조된 인간: 영 인간학』, 서울: 라이프북, 2019.

_____, *Schöpfung und Wirklichkeit,* 김재진 역, 『창조와 현실』, 서울: 대한기독교서회, 2020.

_____, *Zum Bild Gottes: Eine Anthropologie des Geistes,* Leipzig: Evangelische Verlagsanstalt, 2021.

Wells, Adam, *The Manifest and the Revealed: A Phenomenology of Kenosis,* New York: State University of New York Press, 2019.

Williams, David, *Kenosis of God: The Self-Limitation of God - Father, Son, and Holy Spirit,* Indiana: iUniverse, 2009.

05

기독교 윤리적 관점에서 본
마을공동체 운동[1]

이종원(계명대학교, 교목실장)

1. 들어가는 말

우리 사회의 산업화와 도시화가 진행되는 과정에서 공동체성은 약해지게 되었다. 전통사회에서는 마을이 공동체를 든든하게 세우는 울타리와 삶의 버팀목으로 기능했지만 경제성장과 물질적 풍요를 향한 질주 과정에서 전통적인 마을은 사라지고 개인의 삶은 파편화되었다. 아이들이 마음껏 뛰놀던 주택가의 골목은 도로와 주차장으로 변해 버렸고, 구성원들이 공유하며 소통할 수 있는 공간 또한 찾아보기가 쉽지 않게 되었다.

지방의 소도시나 농어촌 지역은 저출산, 노령화가 심해지고 젊은 이들이 대거 도시로 이동하면서 인구가 급격히 감소하면서 소멸하고

---

[1] 본 장은 『기독교사회윤리』 55집에 수록된 논문을 부분 편집한 글이다.

있다. 이러한 위기 상황을 극복하려는 방안으로 지역공동체를 중심으로 한 마을 만들기 운동이 전개되고 있다. '마을'이 살지 않으면 교회 또한 생존할 수 없다는 인식하에 교회가 마을과 함께 협력하며 성장을 모색하는 새로운 목회 방안이 전개되고 있다. 마을공동체에 관한 관심은 교회가 사회적 신뢰를 잃으면서 고립되고 무기력해진 상황에서 벗어나 대사회적 신뢰와 영향력을 회복하기 위한 것이기도 하다.[2]

마을공동체와 마을 목회와 관련한 연구 활동은 대한예수교장로회 통합교단을 중심으로 총회한국교회연구원(소장 노영상)의 활동이 괄목할 만한 성과를 내고 있다. 마을 목회의 위기를 해결함과 동시에 혁신적인 지역 선교에 활기를 불어넣고자 마을공동체와 마을 목회에 대한 신학 이론과 모범 사례를 지속해서 소개하고 있다.[3]

---

2 마을공동체 운동은 농어촌교회의 범주를 넘어서 다음 세대와 직결되는 문제이기도 하다. 마을이 살아야 교회도 살고, 교회에 아이들이 있어야 교회도 유지될 수 있기 때문이다.

3 통합교단은 제102회기(2017, 2018년) 총회 주제를 '거룩한 교회, 다시 세상 속으로'라고 정하고, 실천전략과 대안으로 '마을 목회'를 제시했다. 지금까지 발간한 도서로는 1. 총회한국교회연구원,『마을 목회 매뉴얼』(2017), 2. 조용훈,『마을공동체와 교회공동체』(2017), 3. 김도일,『더불어 행복한 가정 교회 마을 교육공동체』(2018), 4. 성석환,『지역공동체와 함께 하는 교회의 새로운 도전들』(2018), 5. 노영상 편,『마을교회와 마을 목회(이론편)』(2018), 6. 노영상 편,『마을교회와 마을 목회(실천편)』(2018), 7. 김도일 편,『성경공부 제1권: 하나님 나라를 구현하는 마을 목회』(2018), 8. 한국일 편,『성경공부 제2권: 마을과 함께하는 교회』(2018), 9. 신정 편,『성경공부 제3권: 주민과 더불어 마을 목회 실천하기』(2018), 10. 노영상 편,『성경공부 제4권: 세상을 살리는 마을 목회』(2018), 11. 한경호 편,『협동조합운동과 마을 목회』(2018), 12. 한국기독교사회복지실천학회 편,『마을 목회와 지역사회복지』(2019), 13. 한경호 편,『마을을 일구는 농촌교회들』(2019), 14. 노영상 외,『마을 목회개론』(2020), 15. 오상철,『사회적 봉사와 섬김을 중심으로 한 한국교회 통계조사』(2020), 16. 송민호,『나는 선교적 교회를 믿는다』(2020), 17. 노영상 편,『온누리교회의 더 멋진 세상 만들기 선교』(2020), 18. 유미호,『생명살림 마을교회』(2020), 19. 총회한국교회연구원 편,『마을 목회의 프런티어 교회들』(2020), 20. 노영상·김도일 편,『마을을 품고 세상을 살리는 프런티어 목회』(2021), 21. 노영상 편,『코로나19 팬데믹 시대의 마을 목회와 교회건물의 공공성』(2021), 22. 가정교회마을연구소 편,『전 세대와 소통하는 선교적 교회 교육』(2022) 등이 있으며, 앞으로 마을 목회와 공동체주의, 협치, 마을학교, 주민자치, 사회적 경제, 나눔의 경제, 공유주택, 샬롬도시운동 등 다양한 주제로 발간 준비 중이다.

성석환은 공공신학의 측면에서 접근하여 지역공동체 세우기를 통한 선교적 공공성의 실천을 강조했다.[4] 정재영과 조성돈은 실천신학적 관점에서 농촌교회의 지역공동체 운동에 관한 관심과 참여를 강조했다.[5] 조용훈은 마을공동체 운동이 지닌 윤리적 가치를 공동체성과 지역성, 지속가능성으로 강조하면서 마을 만들기 운동의 사례들을 소개했다.[6] 김혜령은 마을 만들기 운동에서 시민사회의 동반자로서 한국교회가 제 역할을 하지 못하고 있는 현실을 비판하면서 마을 만들기 운동의 참여자로서 마을교회의 역할을 고찰했다.[7]

이러한 선행 연구들은 마을 만들기, 마을기업, 마을 목회 등과 같은 주제와 연관해서 지역공동체와 함께하는 교회의 역할이나 선교적 사명을 환기시킨 점에서 의의가 있지만 마을공동체 운동이 농촌운동이나 도시빈민 선교, 민중 교회운동과의 연계선상에 있다는 점을 주목하지 못했으며, 교회가 마을공동체 운동에 참여해야 할 필요성, 그리고 마을공동체 운동이 직면한 현실 문제에 대해서는 깊이 있게 다루지 못했다.

이 글에서는 마을공동체 운동이 농촌운동과 도시빈민 선교의 연장선에 있음을 주목하고, 교회가 마을공동체 운동에 참여해야 할 필요성을 살펴보면서 교회가 참여하는 마을공동체 운동 현황과 의의를 살펴보고자 한다. 그리고 마을공동체 운동이 직면한 현실적인 문제를 살펴보면서 이러한 문제에 대한 대안을 모색하고자 한다.

---

4 성석환, 『지역공동체와 함께 하는 교회의 새로운 도전들』(서울: 나눔사, 2020).

5 정재영·조성돈, 『더불어 사는 지역공동체 세우기』(서울: 예영커뮤니케이션, 2010).

6 조용훈, "지역공동체운동을 통한 농촌교회 활성화 방안–마을기업을 중심으로", 『장신논단』 49/4(2017), 166-189; 조용훈, "사회윤리적 관점에서 본 지역교회의 마을공동체 운동", 『선교와 신학』 44(2018), 43-70.

7 김혜령, "마을공동체 운동과 마을교회", 「기독교사회윤리」 27(2013).

2. 마을공동체 운동과 교회의 참여

1) 마을공동체 운동

마을은 삶을 영위하는 공간이자, 서로 소통하고 지역공동체를 형성하는 모임 살이 공간이다.[8] 마을은 원래 '몰술'로부터 왔다. '몰'은 촌(村)을, '술'은 곡(谷), 즉 흙이라는 의미가 있다. 마을을 뜻하는 '리(里)'도 밭을 뜻하는 전(田)과 흙을 뜻하는 '토(土)'가 합쳐진 것으로 땅의 의미를 담아낸다.[9] 마을의 어원을 살펴볼 때, 마을은 땅과 연결되어 있으며, 우리가 둥지를 틀고 사는 삶의 터전임을 드러낸다.

오늘날 급변하는 시대적 흐름과 환경에 따라 마을은 새롭게 정의될 필요가 있다. 록웰 스미스(Rockwell Smith)에 따르면, 지역사회는 특정 지역에 사는 사람들을 의미하고, 같은 경제적·사회적 서비스에 의존하고 살며, 소속감과 지역사회에 대한 충성심을 가지고 있는 것으로 정의했다. 또한 조지 힐러리(George. A. Hillery)는 지역사회는 일정한 지리적 영역 안에서 공동의 유대를 가지고 사회적 상호작용을 하는 인간집단이라고 했다.[10] 따라서 마을은 단순히 지리·공간적 의미를 넘어 공동체에 대한 소속감과 유대, 생활의 체험과 역사적 기억을 지닌 구성원들이 더불어 살아가며 인간다운 삶을 가능케 하는 총체적 문화공간과 같은 보다 넓은 개념으로 정의될 필요가 있다.

한국의 전통사회는 마을을 중심으로 상호 노동 교환과 공동 참여,

---

8   이재민, 『마을공동체 만들기』(서울: 커뮤니케이션북스, 2019), 1.

9   박종삼 외, 『마을 목회와 지역사회복지』(서울: 동연, 2019), 132 참고.

10   위의 책, 50.

상호부조가 잘 이루어졌던 공동체 중심 사회였다.[11] 하지만 근대화 이후 도시화·산업화를 겪으면서 마을은 삭막한 관계로 변질되면서 공동체 의식이 사라지고 있다. 게오르그 지멜(Georg Simmel)에 따르면, 자본주의가 지배하는 도시의 삶과 화폐가 중심이 되는 문화는 돈에 대한 끊임없는 욕망을 자극하며 물신화시킨다. 화폐경제는 도시인의 삶에 냉소주의와 둔감함을 유발하고, 심리적 거리 두기로 인해 신경질적으로 반응하게 만든다.[12] 콘크리트 건물로 구획된 도시의 삶은 익명성과 냉담함으로 관계를 더욱 단절시키고, 서로 경쟁하는 가운데 이익 중심의 관계로 파편화되면서 끈끈한 인간적인 관계마저 사라지게 만든다.

농촌 사회의 위기는 오래전부터 쌓여 왔던 문제들로 인한 결과이다. 값싸게 들어오는 수입 농산물로 인해 국내에서 생산된 농산물은 생산 원가조차 맞추기가 어렵게 되었고, 유전자조작식품(GMO)과 다국적 식량 회사의 종자독점으로 식량주권을 상실하고 있다. 또한 과다한 화학비료와 무차별적인 제초제 사용으로 인해 땅이 병들고 있다. 승자독식의 경제구조는 농촌 지역까지 잠식하여 농민들의 삶은 더 힘들어지고 있다.

같은 건물이나 지역에 살면서도 상호부조나 연대로 연결되지 않는데, 이는 공동체의 위기임과 동시에 사회적 돌봄의 위기이기도 하

---

11 농촌은 생활 욕구 충족을 위한 생산활동을 주축으로 긴밀한 인간관계가 이루어지는 사회적 상호작용의 터전으로서 두레와 품앗이 같은 생산을 위한 노동의 결합과 교환이 이루어지고, 수리 시설의 공동설비와 관리, 농기계의 공동소유나 작업의 교환, 경제적 상호부조, 상호 저축을 위한 계조직, 관혼상제의 협동, 오락과 문화, 종교 등의 측면에서 긴밀한 관계가 이루어진 삶의 터전이었다. 한국농어촌사회연구소 한국가톨릭농민회, 『지역사회 지배구조와 농민』(서울: 연구사, 1990), 36 참고.

12 Georg Simmel, *Philosophie des Geldes,* 김덕영 역, 『돈의 철학』(서울: 길, 2013), 425, 842 참고.

다. 소외된 개인이나 집단이 늘어날수록 소외된 이들의 상대적 박탈감이 확대되어 삶의 질이 저하될 뿐 아니라 공동체의 지속가능성까지 위협하게 된다. 이대로 방치하면 엄청난 사회적 비용이 발생할 것이다.

이러한 위기를 극복하기 위한 대안 중 하나가 바로 마을공동체 운동이다. 마하트마 간디(Mahatma Gandhi)는 '마을이 세계를 구한다'라고 강조하면서 마을 스와라지(마을자치) 운동을 전개했다.[13] 간디에 따르면, 마을을 회복시키는 것은 사람을 살리고 사회를 살리며 세상을 구원하는 것이기에 마을공동체를 통한 자치운동을 전개했다. 마을공동체 운동은 신뢰와 호혜를 기반으로 서로에 대한 상호 책임과 공감과 소통, 돌봄과 나눔을 통해 윤리적인 가치를 추구하며, 이를 실천할 방안을 협력하며 모색하는 운동이다.

마을공동체 운동은 정부나 지방자치단체가 주도하는 유형과 자발적인 시민단체가 중심이 된 민간주도형, 그리고 정부(지자체)와 민간이 연계한 혼합형으로 나눌 수 있으며, 지역에 따라 도시형과 농촌형으로 구분할 수 있다. 민간주도형은 주체에 따라 시민사회나 마을주민이 주도하는 유형과 교회가 주도하는 유형으로 나눌 수 있다. 국가(정부) 주도형은 새마을운동이나 서울형 마을공동체 운동, 농림부 주도의 전원마을 운동이 대표적이다.

시민단체들이 중심이 된 마을공동체 운동은 1990년대 들어서면서 생활과 밀접한 문제를 해결하기 위한 목적으로 다양한 형태의 자발적인 주민참여가 이루어졌으며, 1999년부터는 마을 만들기 운동으로 발전했다. 이러한 결과 걷고싶은도시만들기시민연대의 통학로 개선

---

13 Gandhi Mahatma, *Village Swaraj*, 김태언 역, 『마을이 세계를 구한다』(서울: 녹색평론사, 2011), 56.

활동, 인사동·북촌·부평 문화의 거리, 대구 YMCA의 삼덕동 골목 가꾸기(담장 허물기, 벽화 조성, 마을 축제, 커뮤니티 비즈니스), 부산 해운대구 반송동의 희망세상(풀뿌리 주민 활동을 통한 마을환경 개선, 복지, 교육, 느티나무도서관) 등의 괄목할 만한 성과가 있었다.[14]

　　마을공동체 운동은 2000년대 중반부터 정부나 지자체의 지원으로 더욱 활성화되었으나 도시개발을 둘러싸고 갈등을 빚으면서 공동체 중심의 도시형 마을 만들기로 대안을 모색했다. 2005년 정부가 마을만들기를 정책의제로 제기하자 마을공동체 운동이 주목받았으며, 2007년부터는 마을만들기 시범사업 등으로 정책이 구체화되었다.[15] 문재인 정부 시절 서울시의 찾동(찾아가는 동주민센터), 서울형 혁신교육지구, 마을공동체 사업이 추진되었으며, 경기도의 따복 공동체(따뜻하고 복된 마을공동체) 등은 주민자치를 실현하려는 시도라고 평가될 수 있다.[16]

　　현재 마을공동체 운동은 자발적인 마을주민이 주축이 되어 정부나 지자체의 지원을 받아 진행하는 혼합형으로 전개되고 있다. 그런데 그동안 진행된 마을 만들기 사업은 많은 문제점이 노출되었다. 지역발전을 목적으로 진행되었지만, 일부 전문가와 공무원의 주도로 합리성과 효율성만을 추구하면서 정작 주체가 되어야 할 마을주민들은 소외되는 부작용을 낳았으며, 건축, 토목, 조경 등 하드웨어 중심의 토건사업이 주를 이루면서 농촌을 관광지화하거나 생태공원화하는 등 물

14　김기호 외, 『우리, 마을 만들기』(고양: 나무도시, 2012), 12.

15　2007년부터 3년간 국토부에서 총괄했던 이 사업은 선정된 도시에 1년에 10~30억 원, 마을은 1~2억 원의 사업비를 지원했는데, 동사무소와 주민자치센터는 지역경쟁력 강화 차원에서 적극적으로 참여하면서 다양한 유형의 마을 만들기가 시도되었다. 위의 책, 23 참고.

16　노영상, 『마을교회 개론』(용인: 킹덤북스, 2020), 284 참고.

리적인 경관 조성에 치우치기도 했다.[17] 또한 예산을 지원받는 공모사업으로 진행하는 과정에서 마을 실정에 맞게 유연하게 대응할 수 없어 결국 재정만 쓰고 지속성이 없는 사업으로 전락하거나, 돈 때문에 공동체가 갈등을 겪는 일도 종종 있었다.[18]

교회가 지역사회의 현안에 뛰어들어 지역공동체를 활성화하기 위해 힘쓰는 것은 의미가 있다. 교회의 대사회적 참여는 기독교가 초기부터 농촌운동에 선도적으로 참여하여 문맹퇴치, 농사개량, 협동정신 등을 고취시킴으로 농촌경제 활성화를 위해 힘쓴 일과 민중교회를 통해 농민 노동자 등과 함께 산업선교에 힘썼던 일과 연계된다.[19]

일제강점기 장로교 농촌부 총무였던 배민수는 '예수촌운동'을 통해 기독교 신앙을 기반으로 한 공동체운동의 이상을 실현하고자 했다.[20] 김용기는 가나안농군학교를 통해 기독교 신앙에 기초한 공동체운동을 전개했다.[21] 또한 김진홍은 청계천에서 빈민운동을 하다가 산업화 시대 도시재개발로 인해 어쩔 수 없이 삶의 터전을 옮기게 되자 두레마을 공동체를 통해 활동을 지속했다.

17　마을공동체 활동이 흥미 위주의 활동으로 전락하거나, 행정기관의 홍보 수단으로 활용되는 등 본연의 기능을 수행하지 못하는 예도 있었다. 이재민, 『마을 공동체 만들기』(서울: 커뮤니케이션북스, 2019), 30, 70 참고.

18　우양우 외, 『우리는 마을에 산다』(서울: 살림터, 2018), 25 참고.

19　최경석, "기독교 사회윤리학에서 바라본 한국 개신교의 경제운동에 대한 평가", 「기독교사회윤리」 42(2018), 280; 민중교회자료집편집위원회, 『민중의 교회, 민족의 희망』, 한국민중교회운동연합자료집(1996) 참고.

20　한규무, "1950년대 기독교연합봉사회의 농민학원 설립과 운영", 「한국기독교와 역사」 33(2010), 114-115 참고.

21　김용기의 공동체 운동은 1931년 봉안 이상촌을 시작으로, 삼각산 농장(1946), 용인의 에덴향(1952), 경기도 하남의 가나안농장(1954), 강원도 신림의 신림동산(1957)으로 이어졌다. 노영상, 앞의 책(2020), 120 참고.

1950년대 후반부터 공업화 정책과 도시화가 진행되면서 민중선
교에 대한 관심으로 노동자 문제에 관심을 갖고 교회가 산업선교에
참여하게 되었는데, 지역의 생산 현장과 생활 현장으로 들어가 지역
적 토대와 대중적 토대를 확충하려 노력했다.[22] 야학과 상담소, 탁아소
와 공부방 등의 주민선교 프로그램을 통해 지역에 깊이 뿌리내렸다.
1970년대 초반에는 망원동 뚝방 일대, 신설동, 광주대단지 등 20여
곳의 빈민지역을 중심으로 선교활동을 펼쳤다.[23] 당시 빈민선교는 주
민들의 자주적인 행동을 지역문제 해결의 동력으로 보고, 가난한 주민
들이 스스로 주체가 됨으로써 자신들의 삶의 수준과 의식을 변화시키
도록 도왔다. 이후 도심재개발로 인해 외곽지역으로 강제로 이주당하
는 철거민들의 재정착과 자립·자활을 도왔다. 이러한 노력이 결실을
맺어 양평동 철거민을 위한 '복음자리' 마을공동체, 1980년대 초 목동
철거민을 위한 '한독주택마을'과 '목화마을' 등이 생겨났다.[24]

2) 마을공동체 운동과 교회의 참여

최근 마을공동체 운동에 대한 교회의 지나친 관심과 참여는 시민
사회의 반발과 우려를 낳고 있다. 시민사회를 중심으로 활동해온 지역
활동가들은 교회의 참여에 의심의 눈초리로 대하고 있다. 마을은 그동
안 전도의 대상으로 여겨져 왔기에 마을공동체 운동 또한 전도를 통한

---

22 1957년 예장, 1961년 감리교, 1962년 성공회, 1963년 기장, 1965년 구세군과 복음교회
등이 시작했다. 민중교회자료집편집위원회, 앞의 책(1996), 9, 117 참고.

23 위의 책, 117, 243 참고.

24 김기호 외, 앞의 책(2012), 16 참고.

교세 확장의 방편일 것으로 여긴다. 그리고 교회가 인적 자원과 물적 자원을 총동원하여 참여함으로 인해 마을 생태계나 기존의 질서를 깰 우려가 있기에 그동안 마을을 위해 힘써온 활동가들 입장에서는 탐탁지 않게 보일 수도 있다.[25]

교회는 지역사회를 구성하는 한 구성원임과 동시에 지역사회를 위해 존재한다. 교회가 제 역할을 감당하기 위해서는 교회가 속한 지역사회와 긴밀한 관계를 유지하면서 마을을 품어야 한다. 이를 위해 목회자는 먼저 교회의 테두리를 넘어 지역사회를 품어야 한다. 지역사회의 필요가 무엇인지, 이러한 필요를 채우기 위해 교회가 할 수 있는 부분은 어떤 것이 있는지 적극적으로 살피고, 섬기려는 자세가 필요하다. 교회가 지역사회에서 역할을 감당하려면 지역사회와 소통하기를 힘써야 하며, 이를 위해 관계 형성을 통해 접촉점을 갖는 것이 중요하다.

충남 아산 송악교회 이종명 목사는 송남초등학교의 시범 교사로 자청하여 아이들과 산과 들로 다니며 자연체험학습을 실시하여 어린이들과 부모들의 관심과 사랑을 받게 되었다. 송남초등학교는 학생이 없어 학급수를 줄이는 감소 추세에 있다가 체험학습으로 활기를 띠게 되었고 도시 지역에 살던 젊은 가정들이 대거 이사하여 학급 수가 늘어나고 학부모들의 자발적인 봉사와 참여로 변모하게 되었다. 이종명 목사는 귀농하는 이들을 위하여 비닐하우스 설치법을 가르치고 공동 농사를 할 수 있도록 강의하고 협력하여 소득향상에도 도움을 주고 있다.[26]

송악교회의 사례에서 보듯, 교회가 마을공동체 운동에 참여하는

---

25 노영상, 앞의 책(2020), 74-75 참고.

26 김도일, "마을 목회, 마을 학교에 관한 기독교 교육적 고찰", 「기독교교육논총」 59(2019), 159-194; 노영상, 앞의 책(2020), 153.

것은 첫째, 지역사회를 살리고 활기를 불어넣는 새로운 목회방식과 선교전략이다. 대도시와 달리 농촌교회들은 열악한 재정 형편과 더불어 고령화로 인한 교인 수의 자연 감소로 활기를 잃어가고 있으며 미자립 상태로 정체되어 있다. 마을공동체 운동은 쇠락해가는 마을에 활기를 불어넣고 마을의 지속가능성을 증가시킨다. 마을공동체 운동을 통한 경제활동으로 농촌교회들은 열악한 재정에서 벗어날 수 있을 뿐 아니라 교인이나 지역 주민에게 적절한 일자리를 제공하고, 경제활동으로 창출한 이윤을 지역사회에 재투자함으로써 지역사회에 활기를 불어넣을 수 있다. 교회가 지역공동체의 사회와 문화 속으로 스며들어 교회의 모든 자원을 동원하여 세상을 섬기며 하나님 나라를 실현하는 효과적인 방식이다.

둘째, 마을공동체 운동은 교회의 공적 책임을 드러내는 효과적인 방식이다. 신앙은 사적인 일(private affairs)에 머물러서는 안 되며, 공적인 영역으로 확장되어야 한다. 신앙은 공공 영역에서 소명 받은 청지기로 살면서 윤리적 실천을 요구받는데, 이것이 바로 공공신학(public theology)이 추구하는 핵심 가치이다.[27] 스택하우스에 따르면, 신자들의 내적 신념과 개인적 종교 행위는 삶의 공적 영역에도 영향을 미친다. 종교는 신자의 내면세계에 자리 잡은 것이지만 동시에 외적으로 드러나는 요소를 지닌다. 종교 조직과 건물은 그 종교의 성격과 특징을 반영하면서 지역 사람들에게 신앙의 내면세계를 드러내며 신앙으로 초청하는 역할을 하게 된다.[28] 신앙공동체는 어떤 형태로든 공적인 영역으로 노

27 　새세대교회윤리연구소, 『공공신학이란 무엇인가?』(서울: 북코리아, 2007), 7.

28 　위의 책, 31.

출되면서 영향을 받게 되는데, 교회가 마을공동체 운동에 참여하는 것은 지역사회에 대한 교회의 공적 책임을 드러내는 방식이 된다.

다음은 교회가 마을공동체 운동에 참여하고 있는 대표적인 사례들인데, 하나의 교회(공동체)가 여러 유형을 동시에 진행하기도 하지만, 대표적인 유형을 중심으로 분류하면 다음과 같다.

표 1. 기독교 마을공동체 운동

유형	대표적인 사례
생태공동체 운동	전남 장성 백운교회의 한마음공동체, 경북 봉화 옥방교회의 새누리공동체, 충북 보은 보나교회의 수마을, 경남 산청 민들레교회의 민들레공동체, 아산 송악교회의 생태공동체, 거제 다대교회의 한울타리공동체, 충주 은혜교회의 한울공동체, 춘천 금산교회의 새땅공동체, 고령 산당교회의 땅지기공동체, 전남 보성 복내산촌생태마을공동체, 전북 남원 갈계교회, 경기 이천 임마누엘교회, 전북 진안 좌포교회, 보은, 영암, 고흥의 선애빌마을, 산청 간디학교, 장수 하늘소마을, 무주 진도리 광대정마을
복지공동체 운동	천안 광덕교회, 원주 작은예수공동체, 해남 새롬교회, 경북 포항 구룡포 석병교회, 전남 곡성 원등교회, 덕수교회, 연신내 광현교회, 충북 괴산 추점교회, 전북 정읍 농촌살렘교회, 전북 운주 금당교회, 화천 시골교회, 영광 여민동락공동체
문화공동체 운동	충북 청주 쌍샘자연교회, 전북 진안 봉곡교회, 강원도 화천 원천교회, 충남 보령 시온교회, 전남 강진 신전중앙교회, 성공회 원주교회, 충북 음성 생극교회
경제공동체 운동	전남 고흥 매곡교회(전통에덴식품), 충남 예산 광시송림교회(꿈포유), 경남 거제다대교회(한울타리공동체), 충북 옥천 창대교회(창대떡방앗간), 담양 개동교회(담양개동마을회), 광시송림교회(꿈이 익는 영농조합), 장신영농조합, 홍동마을, 화순 신실한교회(힐링알토스 협동조합), 거창 대산교회(솔향담은 장마을), 인천 강화 콩세알나눔센터
다문화 공동체운동	전남 완도 성광교회, 거제도 다대교회, 경북 상주교회 다문화공동체, 상주외국인학교
교육공동체 운동	이태원 한남제일교회, 부천 약대동 새롬교회
종교 영성 공동체	태백의 예수원, 함양 두레마을, 단양 산위의 마을, 산청 민들레공동체

3) 마을공동체 운동의 의의

교회는 선교 초기부터 이웃 사랑 정신을 바탕으로 복지의 사각 지역에 있는 소외된 이웃을 위한 섬김과 봉사를 실천하면서 지역사회를 위한 봉사에 중심적인 역할을 하면서 대사회적 책무를 감당했다. 교회가 참여하는 마을공동체 운동은 다음과 같은 점에서 의의가 있다.[29]

첫째, 마을공동체를 통한 자립적인 경제활동은 신자유주의 시장경제를 보완하는 창조적인 방안이 된다. 마을기업은 지역 주민의 일자리를 만들어 소득을 증대시키고, 지역사회에 필요한 복지서비스를 제공함으로써 지역사회의 문제를 스스로 해결하는 방식이다. 마을기업은 경제활동으로 창출한 이윤을 지역사회에 재투자함으로써 쇠락해가는 마을공동체에 활기를 다시 불어넣는다. 그런 점에서 마을공동체 운동은 무한경쟁으로 인한 고용불안과 실업 문제 등과 같은 신자유주의적 시장경제가 초래하는 문제를 완화하기 위한 대안이 된다.

해남 새롬교회에 부임한 이호군 목사는 중고트럭을 구입하여 10년 동안 폐지 모으기로 마련한 1억 8천만 원으로 지역사회봉사를 했으며, 새롬사회봉사단을 조직하여 매주 토요일 경로식당을 운영하고, 급식에 나올 수 없는 분들을 위해 도시락을 배달했고, 매년 11월에는 사랑의 바자회를 열었다.[30] 사회적 기업 ㈜콩세알을 통해 교인들의 일자리를 창출하고, 지역사회를 위한 활동에 필요한 재원을 마련했으며, 초

---

29 조용훈은 마을공동체 운동이 경제적 · 사회적 · 교회적 차원에서 의미가 있다고 강조했다. 조용훈, 앞의 글(2017), 172.

30 한경호 외, 『마을을 일구는 농촌교회들』(서울: 동연, 2019), 217.

록가게를 통한 환경운동을 하며 다문화가정 등과 협력했다.[31] 새롬교
회는 해남푸드뱅크와 새롬경로식당을 통해 지역주민들의 필요를 충족
하며 삶의 자리에 함께하면서 지역을 섬기고 있다.

담양의 개동교회는 전형적인 농촌마을의 이점을 살려 담양개동마
을회라는 마을기업을 만들어 절임 배추를 만들어 판매를 시작했고, 딸
기, 수박, 땅콩, 김장 체험으로 마을 사람들에게 수익을 얻게 했다.[32] 마
을기업은 공동체 활동을 통해 경제적 이윤을 발생시키고, 이러한 이윤
을 다시 마을공동체를 위해 투자하는 선순환 체계를 구축함으로써, 외
부의 재정 지원이 없이 주민 스스로 경제적 자립을 가능하게 만든다.

전라도 화순 신실한교회는 2013년 힐링알토스[33]협동조합을 설립
하여 2016년 행정자치부 지정 마을기업에 선정되었다. 마을에서 생
산되는 농산물을 이용하여 건강차, 잼, 지역농산물, 천연비누, 케냐커
피를 생산·가공하여 판매하면서 꾸준하게 성장하고 있다. 주력 상품
인 작두콩차는 비염에 좋고 몸의 면역력을 향상시키는 효능이 인정되
어 많은 주목을 받고 있다. 또한 진안의 좌포교회(홍요한 목사)는 2015년
청년협업농장을 만들어 귀농인들에게 협동조합에 대한 교육을 하면서
귀농하여 잘 정착하도록 돕고 있다.[34]

둘째, 마을공동체 운동은 신뢰와 호혜에 기반을 둔 사회적 경제운
동으로 쇠락해가는 마을에 활기를 불어넣는다. 칼 폴라니(Karl Polanyi)

---

31 위의 책, 219.

32 강성열·백명기, 『한국교회의 미래와 마을 목회』(서울: 한들, 2016), 48.

33 치유라는 뜻의 힐링과 그리스어 알토스[곡식으로 만든 양식(음식)]를 합하여 우리 몸을 치
유하는 음식이라는 의미이다. 위의 책, 23, 29.

34 한경호 외, 앞의 책(2019), 154.

는 신자유주의 시대 이후에는 호혜와 우정이 지배하는 시대가 올 것으로 예견했다.[35] 신뢰, 호혜성, 상호교류, 나눔, 헌신과 보살핌 등의 특징을 지닌 사회적 자본은 교회와 공동체 양자를 끈끈하게 묶는다. 교회는 마을공동체를 위해 일하고, 마을주민은 교회에 혜택을 제공하게 된다. 교회와 마을공동체는 호혜적 관계로 묶여 모두에게 혜택을 제공하는 사회적 자본을 만드는 계기가 된다.[36]

사회적 자본은 마을공동체의 형성과 성장에 중요한 기능을 한다. 로버트 퍼트넘(Robert D. Putnam)은 사회적 자본을 개인들 사이의 관계성으로 정의했는데, 사회적 연결망과 호혜와 신뢰의 규범은 호혜적 관계의 촘촘한 네트워크 속에 자리 잡을 때 가장 강한 힘을 발휘한다고 했다.[37] 사회적 자본은 집단의 문제를 쉽게 해결할 수 있도록 하며, 공동체를 부드럽게 움직이게 하는 윤활유 역할을 하며, 우리의 운명이 연결된 다양한 방식에 대한 인식의 폭을 넓힘으로써 우리의 처지를 개선하는 특징을 지닌다.[38]

피에르 부르디외(Pierre Bourdieu)는 사회적 자본을 인간관계 속에 존재하는 관계의 연결망을 통해 얻을 수 있는 실제적이고 잠재적인 자원의 총합으로 보았다. 사회적 자본은 사람들을 연결(linking) · 결속

---

35 이원돈, 『마을이 꿈을 꾸면 도시가 춤을 춘다』(서울: 동연, 2011), 201 참고. 퍼트남에 따르면, 미국에서 볼링 리그의 감소는 자발적인 시민 결사체를 통한 공동체 참여가 급감하는 현실을 상징적으로 보여준다고 했다. 나홀로 볼링족만 늘어나는 추세는 사회적 자본의 감소를 상징적으로 보여주며, 사회적 자본의 쇠퇴는 공동체의 삶의 질을 떨어뜨리게 된다. Robert D. Putnam, *Bowling alone: the collapse and revival of American community*, 정승현 역, 『나 홀로 볼링』(서울: 페이퍼로드, 2018), 184-188.

36 Fred Olney and Lewis M. Burton, "Parish Church and Village Community: The Interchange of Social Capital in a Rural Setting," *Rural Theology*, 9/1(2011), 27.

37 Ibid., 28.

38 Robert D. Putnam, op. cit. (2018), 474-476.

(bonding) · 연계(bridging)시켜 주는 효과로 나타나며, 두터운 신뢰 관계를 형성하여 서로 돌봐주는 관계로 발전하여 민주시민으로서의 인식 향상에 영향을 미친다.[39]

자본주의의 발전에는 물적 자본, 인적 자본이 많은 사회가 상대적으로 유리하지만, 공동체 형성의 측면에서는 선의, 동료 의식, 우정, 동정, 공감, 사회적 상호작용과 교류 등과 같은 사회적 자본이 더 중요하다. 경제적 효율성보다 사회적 자본이 긍정적이고 생산적인 기능을 하면서 사회 발전의 주요 동력으로 작용한다. 네트워킹, 지원, 정보를 포함하는 사회적 자본은 개인이나 집단이 필요로 하는 자원으로 저장될 수 있으며 다른 집단과 조직을 위해 사용될 수도 있는 이점이 있다. 사회적 자본을 기반으로 하는 사회적 경제는 지역 주민과 지역사회의 필요와 욕구와 관련된 재화와 서비스, 지역경제와 공동체의 재생, 취약계층의 일자리 창출과 복지와 관련된 모든 과정에 참여하는 이해당사자들 간의 상호협의와 활동들로 구성된다.

마을공동체 운동은 신뢰와 호혜에 기반을 둔 사회적 경제를 촉진하면서 낙후된 지역의 문화를 활성화할 수 있다. 각 지역의 특성을 활용한 향토문화 축제, 문화예술 공연 및 전시회, 전통문화를 활용한 다양한 문화콘텐츠를 통해 마을에 활기를 불어넣을 수 있다. 화순의 신실한교회는 지역 주민을 위한 문화공간으로 활용하여 도서관, 바자회, 음악회, 농촌 체험학습 등의 콘텐츠를 개발하여 다양한 볼거리를 제공하면서 마을에 활기를 불어넣고 있다.[40] 마을기업과 연계한 공동체 운

---

39 김도일, 앞의 글(2019), 172.

40 강성열 · 백명기, 앞의 책(2016), 20.

동은 주민의 자발적인 상호작용을 통해 지역의 문화가 전승되고 재생산되는 거점 역할을 함으로써 농촌사회의 자율성과 지속가능성을 증진한다.

인천시 계양구 효성2동의 '함께하는교회'는 '바오밥'(북카페), '좋은나무학원', '함께하는 커뮤니티'(비영리법인 마을교육문화센터) 등을 교회와 마을주민들이 공동 운영하고 있다.[41] '언덕나무교회'는 '이타카'(북카페)를 학습공간, 학부모의 공예 작업실, 음악 연습실, 발표회 등 다양한 문화공간으로 활용하면서 주민들에게 인정받고 있다.[42]

충남 보령 시온교회(김영진 목사)는 지역의 필요를 채워주면서 마을에 활기를 불어넣고 있다. 폐교를 앞둔 낙동초등학교를 되살리고, 미생물(EM)을 활용한 친환경 농법을 마을에 도입했다. 또한 지역과 호흡하기 위해 기획한 마을잔치가 정부가 후원하는 '찾아가는 문화 프로그램'으로 발전하여 매년 1,500여 명의 관람객이 찾는 대형축제가 되었다. 시온교회는 지역교회 목회자들과 '신죽리 수목원네트워크'를 만들어 커피 로스팅, 맷돌, 치즈 만들기 체험 등을 비롯해 다육식물, EM 비누, 말통커피(보령커피), 유기농 우유 등과 같은 친환경 먹거리로 수익을 창출하고 있다.[43]

셋째, 마을공동체 운동은 주민의 자치역량과 공동체 의식을 강화함으로써 공동체를 든든히 세우는 역할을 한다. 마이클 테일러(Michael

---

[41] 교회와 마을의 경계를 넘는 인문학 독서모임인 '청춘다방'을 이끌면서 마을공동체를 든든하게 세우면서 주민이 중심이 되는 소모임을 주도하고 있다. 고성휘, "교회의 마을 목회 전환과 마을공동체 교육에 있어서의 활동유형 연구", 「종교교육학연구」 66(2021), 190.

[42] 위의 글.

[43] 박승탁, "마을목회에 대한 교회사회복지의 실천 방안 고찰", 『신학과 목회』 53(2020. 6), 248 참고.

Taylor)에 따르면, 공동체에는 첫째, 공유된 가치와 신념, 둘째, 구성원들 사이의 직접적이며, 동시에 다면적·복합적인 관계, 셋째, 호혜성의 실천 등 세 가지 특징이 있다.[44] 주민자치는 민주주의의 발전을 위해 중요한 개념이다. 서구에서 민주주의가 발전한 나라들은 모두 자발적인 주민자치 활동이 활성화되어 있다. 마을공동체 운동은 마을주민 스스로 주체적 시민의식을 가지고 마을의 당면 문제를 찾아내어 스스로 해결책을 모색해 나가는 것이다. 마을공동체 운동은 관 주도의 하향식 운동이라기보다는 주민이 주도하는 상향식 운동이며, 지방자치 분권화를 통한 풀뿌리 민주주의를 정착시키려는 노력이기도 하다.

마을공동체 운동을 통해 지역사회를 조직화하는 것은 지역 주민의 자치역량 강화와 시민적 역량을 높여 지역사회를 변화시키는 계기가 된다.[45] 시민의 참여는 자발성, 지역성, 사회성의 특징을 지닌다. 첫째, 시민의 참여는 자발성을 지니기에 개인적인 헌신과 공공을 위한 도덕적인 덕목이 요청된다. 둘째, 시민의 참여는 지역성을 지니기에 자신이 속한 공동체에서 영향력을 지니도록 의식을 부여한다. 셋째, 시민의 참여는 사회성을 지니기에 다른 사람과의 관계 속에서 잘 드러난다.

정재영은 '눈에 보이는' 마을 만들기와 '눈에 보이지 않는' 마을

---

44 데이비드 페퍼(David Pepper)는 마을공동체를 구성하는 여섯 가지 요소를 제시했다. 첫째, 공동체 구성원의 자율적 의지에 따른 낮은 진입 장벽, 둘째, 직접적인 대면 관계가 발생하는 범위의 형성, 셋째, 일상생활 요소로서 한 가지 이상을 공유하거나 나누는 구체적 활동, 넷째, 공동체 구성원들의 가정의 사생활을 제외하고 다른 관계에 비해 우선한 공동체 관계를 유지하는 것, 다섯째, 경제적 이해관계를 넘어서며, 공동체 내 이해 가능한 목적의 공동 관심, 여섯째, 구성원들이 대안적 사회를 추구하는 과정을 중요시하는 자세다. 이재민, 앞의 책(2019), 28.

45 심성보 외, 『마을교육공동체운동』(서울: 살림터, 2019), 19 참고.

만들기의 두 측면을 강조했다. 눈에 보이는 마을 만들기는 마을 사람들의 활동으로 형성되는 마을이지만, 눈에 보이지 않는 마을 만들기는 사람 만들기라는 것이다. 이는 참여하는 마을 사람들이 시민의식을 가지고 참여하도록 의식을 개혁하는 것을 가리킨다.[46] 공동체 의식은 구성원들의 사회적 결속과 관련된 집합의식으로서 소속감과 애착, 정체성, 유대감, 상호교류, 연대와 협력 등의 특징을 지닌다. 따라서 마을공동체 운동은 구성원들의 소속감과 정체성을 강화할 뿐 아니라 공동의 과제를 해결하기 위해 연대와 협력을 효과적으로 끌어낸다.

전남 완도의 성광교회는 720여 개의 평신도 사역위원회를 통해 지역사회 개발모델에 근거하여 교인들의 자발적인 참여와 자조를 통해 지역사회와 함께하는 모범적인 교회이다. 먼저 지역사회의 필요를 파악하기 위해 지역문제발굴위원회, 지역문제대책위원회, 지역발전연구위원회, 지역행사지원위원회, 지역단체협력위원회, 지역행정협력위원회, 지역봉사연구기획위원회, 지역주민친화위원회, 지방자치연구위원회, 대완도표어사역위원회, 지역축제후원위원회, 사회복지개발위원회 등의 여러 위원회를 통해 지역의 문제를 파악하여 대책을 세우고, 교회 자체로 해야 할 일, 행정기관과 협력해야 할 일, 행정기관이 하도록 촉구할 일로 나누어 시행하면서 지역 문제 해결을 위한 자원을 발굴하고 적극적으로 활용하면서, 교인들의 역량을 강화하고 지역사회 응집력을 높이는 데 힘쓰고 있다.[47]

---

[46] 정재영, "지역사회개발과 마을 목회", 노영상, 『마을교회 마을목회(이론편)』(서울: 한국장로교출판사, 2018a), 57.

[47] 손신, "지역사회와 함께 하는 교회의 실천 모델과 사례분석", 「한국기독교신학논총」 77(2011), 299-300 참고.

성광교회는 교인들의 역량 강화를 위해 대형 면허증, 간병사, 사회복지사, 보육교사, 청소년상담사, 한글교사자격증 등과 같은 자격증을 취득하도록 지원했으며, 행정관서 및 지역의 타 교단 교회 및 지역단체들과 유기적인 협력체계 구축과 공동 사업에 앞장서고 있다. 또한 성광교회는 기초자치단체가 진행하는 사업에 협력하면서 지역사회의 신뢰를 받아왔으며, 행정기관의 요청으로 노인전문요양원, 청소년회관을 교회가 운영하면서 마을에서 중심적인 역할을 하고 있다.[48] 이처럼 다양한 은사와 자질을 지닌 성도들로 구성된 교회가 마을공동체에 참여하는 것은 세상 속에서 빛과 소금의 역할을 감당하며 하나님 나라를 구현하는 효과적인 방식이다.

3. 마을공동체 운동의 현실과 실천과제

1) 젠트리피케이션과 공동체 회복

도시형 마을공동체가 직면한 현실적 문제는 젠트리피케이션(gentrification)이다.[49] 젠트리피케이션은 도시 재활성화로 부동산 가격이 상승하면서 원래 거주하던 저소득층은 떠나고 그 자리를 고소득층이

---

48 위의 글, 301.

49 젠트리피케이션은 중산층 이상의 계층이 도심 지역의 노후한 주택으로 이사하면서 기존의 저소득층 주민을 대체하는 현상을 말한다. 본래는 외부인이 들어와 지역이 활성화되는 것을 뜻했지만, 지금은 그 지역에 거주하던 원주민이 경제적인 이유로 다른 지역으로 밀려나는 현상을 뜻하게 되었다.

대신하는 현상이다. 도시 재활성화로 인한 경제적 혜택은 대부분 부동산 중개업자와 개발업자에게 고스란히 돌아간다.[50] 도시가 재생되는 과정에서 저소득층이 대부분인 지역의 주민은 도심 밖으로 어쩔 수 없이 내몰리게 된다. 예술가들이나 원주민들이 낙후된 도시를 재생하고 활성화하는 데 앞장섰음에도 철저한 자본의 논리로 인해 이들의 노력은 인정받지 못하고, 도리어 불공정하게 배제되면서 내몰리게 된다.[51]

은평구 한양주택은 25년 동안 주민들이 가꿔왔으나 2005년 은평뉴타운 사업이 결정되면서 주민들과 시민단체들의 격렬한 반대에도 불구하고 끝내 철거되었고, 동대문구 용두동 꽃길 골목은 2006년 도심재개발 과정에서 흔적도 없이 사라지게 되었고, 20여 년 동안 정을 붙이고 살았던 주민들은 뿔뿔이 흩어지게 되었다.[52] 이처럼 자본의 경제 논리에 함몰된 도시계획으로 그동안 주민들이 소중하게 가꾸어온 삶의 터전과 더불어 마을공동체는 붕괴했다. 서울의 경리단 거리나 홍대 거리, 이태원 등에서 이권 문제로 크고 작은 갈등이 벌어지고 있다. 거주자나 세입자의 권리보다 건물주나 집주인의 소유권이 우선시되고 이를 지지하는 현행 제도는 보완되거나 수정될 필요가 있다.[53]

뉴타운 사업 등 재개발의 논리와 시공간의 저변을 뒤흔드는 자본의 폭력성 앞에 자생적인 마을공동체 운동은 지속성을 갖기 어려운 구

50 정원오, 『도시의 역설, 젠트리피케이션』(서울: 후마니타스, 2016), 20.

51 한때 낙후했던 구도심이자 한적한 주택가였던 홍대 앞, 서촌, 경리단길이 젊고 창의적인 예술가나 상인들에 의해 산뜻하고 맵시 있게 변신하자 많은 이들이 모여들게 되었고, 이에 따라 땅값, 건물값, 임대료가 폭등하게 되면서 거리에 활력을 불어넣은 변화의 주역들이 또다시 주변부로 내몰림 당하게 되었다. 위의 책, 22.

52 김기호, 앞의 책(2012), 19.

53 성석환, 앞의 책(2020), 166 참고.

조적 취약성을 지닌다. 도시계획은 도시의 쇠락한 공간을 개발의 대상으로 볼 뿐 보호하고 유지할 대상으로 보지 않는다. 오래된 저층 주거지를 철거하여 정돈된 아파트 단지로 변신시키는 과정을 반복하면서 낡은 도심이나 마을은 철거해야 할 대상이자 투기의 먹잇감으로 여긴다. 이런 사회적 분위기 속에서 주민들은 재개발, 재건축을 통해 막대한 초과 이익을 꿈꾼다. 주민들에게 심어진 이러한 환상과 기대는 대량의 신규주택을 공급하는 원동력이 되지만, 그 이면에는 마을공동체를 해체하고 주민을 내쫓는 파괴적인 과정을 정당화시키는 방식으로 이용되곤 했다.[54]

아무리 양호한 주택단지라도 단독·다세대주택이 밀집한 저층 주거지들은 개발 차익을 실현할 대상으로 간주되기에 항상 철거 재개발의 위협에 놓이게 된다. 따라서 재개발·재건축 사업의 파괴적인 위력과 그로 인해 초래된 현실을 면밀하게 주시할 필요가 있다. 폭력적인 대자본, 고층 아파트 중심의 물리적 환경 개선에만 치중한 행정, 주민들을 현혹하는 정비업체, 부동산을 통한 경제적 이익에 매몰되지 않도록 공동체를 든든히 하고 지역 성격에 맞는 다양한 개발방식이나 환경정비 정책을 세우며, 주민들의 삶의 안정성과 지속성을 보장하기 위해 힘쓸 필요가 있다.

자본의 폭력성이 가하는 젠트리피케이션을 치유하지 못하면 지속가능성 상생 도시, 공존하는 창조 도시로 나아갈 수 없다. 이를 위해 제도적 요건이 지속적으로 보완될 필요가 있다. 데이비드 하비(David Harvey)는 『반란의 도시』(*Rebel Cities*)에서 도시를 고정되고 완성된 공간

---

54   김기호, 앞의 책(2012), 49 참고.

으로 이해하지 않고 도시화의 과정으로 이해한다.[55] 도시는 계속 형성되는 과정에 놓여 있으며, 도시공간의 형성은 도시 공유재를 끊임없이 사유화하고 파괴하는 과정이기도 하다. 그런데 도로나 거리, 공원 등은 모두의 세금으로 건설되는 공유재임에도 특정 이익집단이 사유화하면서 공공재를 개인 소유로 둔갑시킨다. 경제적 계급에 따라 거주영역과 공유영역이 구분되고 구별되면서 고립이나 배제를 당연시하는데, 이때 도시는 더는 더불어 살아가는 공간이 될 수 없다. 따라서 도시를 개인의 권리가 아닌 집단적 권리로 인식하고, 더불어 살아가기 위해 필수적으로 보장받아야 할 권리를 요구하고 그것을 지켜내기 위해 공동체가 함께 노력해야 한다.

불평등과 차별로 나타나는 세속도시의 병과 상처야말로 교회에 의해 치유되어야 한다. 진정한 이웃 됨은 윤리적 주체로서 타인과 만나는 삶의 자리에서 완성된다. 얼굴도 알지 못하는 취약 계층에게 시간을 내어 찾아가 손을 내밀어 이웃이 되어주려는 주체의 윤리적 결단 없이는 약자들이 처한 고통은 여전히 그들만의 것으로 남는다. 디트리히 본회퍼(Ditrich Bonhoeffer)는 교회의 공동체성을 주목하면서 예수 그리스도의 몸인 교회로서 존재하는 하나님의 백성들은 개인으로만 존재하는 것이 아니라 타자와의 건강한 관계 또한 중요함을 강조했다.[56] 교회는 십자가의 사랑으로 서로 연대하는 거룩한 공동체(Sanctorum Communio)이다.

마을공동체 운동은 도시 환경을 개선하거나 삶의 질을 높이는 것

---

55 성석환, 앞의 책(2020), 165.

56 김도일, 앞의 글(2019), 168.

도 중요하지만 삶의 방식에 대한 근본적인 질문이 선행될 필요가 있다. 현대의 도시는 탈영토화된 문화가 접목되면서 교회는 도시의 혼종된(hybridized) 문화 속에 처하게 된다.[57] 다인종과 다종교, 다문화권 등과 같은 다양한 문화가 혼재하고 있는 상황에서 교회는 도시의 다양한 요구와 필요에 응답해야 한다. 교회는 도시의 혼종된 상황에 순응하거나 양립하기 위한 타협점을 찾기보다는 더불어 살아가는 마을공동체를 통해 창조적 대안을 모색할 필요가 있다. 마을 간 차이와 다양성을 인정하고 차별화된 방법을 통하여 지역의 특성을 살린 공동체 운동을 전개할 필요가 있다.

자본에 대한 탐욕으로 인해 파편화되고 경쟁과 갈등으로 분열되는 도시를 화해와 조화, 나눔의 공동체로 변화시키기 위한 교회의 역할이 중요하다. 부천시 약대동 새롬교회는 1986년 약대동 지역 맞벌이 부부와 아이들을 위해 새롬어린이집을 개원해 어린이들을 돌보았고, 새롬만남의 집을 통해 방과 후 공부방을 열었다. 1989년에는 '약대글방'을 열고 5천여 권의 책을 비치하여 주민들에게 제공했으며, 2000년에는 가정지원센터를 세우는 등 마을공동체 운동을 진행하고 있다.[58]

이태원의 한남제일교회는 지역사회와 함께하기 위해 벧엘사회교육관을 열어 꿈꾸는 오케스트라를 운영했으며, 드림방과후교실, 용산구 사랑나눔 푸드뱅크, 다문화 사역, 어르신 사역, 구립한남어린이집과 구립한남노인요양원 위탁 운영 등을 통해 지역복지를 위해 힘쓰고 있

---

57   노영상, 앞의 책(2020), 194 참고.
58   강성열 외, 『목회매뉴얼-생명목회』(서울: 한국장로교출판사, 2015), 101 참고.

다. 한남제일교회는 주민 모임에 적극 참여하면서 지역의 현안 문제를 함께 고민하면서 해결책을 찾기 위해 노력하며, 공동체 회복에 앞장서고 있다.[59]

2) 농촌의 마을공동체와 지속가능성

(1) 건강한 농촌 마을 만들기

건강한 농촌의 마을공동체를 이루기 위해서는 경제적으로 자립하고, 정치적으로 자치하며, 사회문화적으로 자발적이며, 생태적으로는 지속 가능해야 한다. 자립성, 자치성, 자발성, 지속성은 건강한 마을공동체의 기본요건이다. 공동체에 기반을 둔 지역적 특성과 가치들은 경쟁력 있는 요소가 된다. 글로벌(global)과 지역성(local)이 혼종된 글로컬(glocal) 시대에는 지역의 교육, 복지, 문화, 경제, 환경과 관련된 사회적 이슈에 대한 해결은 지역공동체인 마을에서 찾는 것이 효율적이며 생산적이다.

농촌 마을은 겉보기에만 좋은 외양적 이미지를 넘어 마을이 품고 있는 문화적인 요소와 자원을 결합해 품격 있는 공동체가 되기 위해 노력할 필요가 있다. 농촌 마을은 삶의 쉼터이며, 고향 마을 같은 아늑한 곳으로서 농민, 귀향·귀농인 등 다양한 이들이 함께 어울려 살아가는 곳이 되어야 한다. 마을은 다양한 재주와 특기를 가진 귀농인들이

---

59 오창우 목사가 1985년 부임할 때, 그는 한남동의 이태원 지역에 부임한 것으로 여기고 지역을 품고 목회하기로 결심했다. 이는 목회자뿐 아니라 성도들 모두가 지역을 변화시키기 위해 파송받았음을 자각할 때 가능하다. 노영상, 앞의 책(2018a), 180 참고.

다채로운 마을 시민으로 결합하여 인간다운 생활을 하며, 삶의 질을 보장받을 필요가 있다. 마을 시민이란 농사짓지 않는 귀농인을 의미하는데, 이들은 치열한 도시 생활에서 각자 갈고닦은 경험, 기술, 노하우, 지식정보 같은 무형자산과 재능을 갖고 있다.[60] 마을 시민은 지역공동체적 사회자본, 혁신적 인적 자본으로서, 마을공동체 사업을 관리하고 경영하는 역량을 갖춘 책임 있는 사업 주체로 기능할 수 있다.[61]

사람답게 사는 대안마을은 1차 친환경 농산물 생산, 2차 농특산물 바이오 가공, 3차 도농 교류를 통한 직거래 유통, 그리고 교육, 문화, 체험 등과 관련된 서비스를 아우르는 생태적이고 유기적인 토대가 구축된 마을이다. 융·복합형 농촌 발전 전략을 토대로 마을 시민과 마을기업이 중심이 되어 주체적이고 사회혁신적으로 실천하여 지속 가능한 공동체마을이다.[62] 마을에 의사, 성직자, 교사, 연구원, 작가, 사회운동가, 기업가, 기술자, 상인, 문화예술인이 함께 어울려 살아야 진정한 마을이다.

충남 홍성군 장곡면 신동리교회의 오휘승 목사는 마을이 고령화되면서 사라질 위기에 처하자 2010년 충남 농업기술원 제1기 귀농대학교육(100시간)을 받으면서 마을 목회로 패러다임을 전환했다. 2011년 3월에는 홍성군 귀농지원연구회를 창립하여 귀농인 단체를 통한 농촌 살리기에 기초를 놓았으며, 2016년부터 예장귀농상담소를 열고 귀농·귀촌 상담과 세미나를 통해 목회자나 신학생을 귀농, 귀촌 후 자

---

60 교사, 예술인, 연구원, 작가, 운동가, 성직자, 기업가, 기술자, 상인 등 다양한 직업을 가진 마을 시민은 농사짓는 대신 자신의 재능으로 마을을 다채롭게 만들 수 있다. 정기석, 『사람 사는 대안마을』(창원: 피플파워, 2014), 28 참고.

61 정기석·송정기, 『마을학개론』(전주: 전북대학교출판문화원, 2019), 7.

62 정기석, 앞의 책(2014), 10 참고.

비량 목회를 할 수 있도록 훈련하고, 지속가능한 농업과 농촌을 위해 힘쓰고 있다. 또한 그는 마을 이장을 맡아 작목반과 영농조합을 조직하고, 농업기술센터 사업 공모에 참여하면서 마을의 발전 방향을 제시하고, 주민들과 협력하여 마을회관도 신축했으며, 마을 역사홍보관을 개관했다.[63]

(2) 지속가능성

마을공동체 운동이 지속 가능하기 위해서는 경제적으로 자립해야 한다. 먹고사는 경제문제가 해결되지 않으면 생존할 수 없다. 마을의 경제가 무너지면 마을은 지속될 수 없다. 경제적 자립은 공동체 운동의 기반이지만 성취하기 어려운 과제이기도 하다. 마을공동체가 경제적 자립을 통해 지속가능성을 높이기 위해서는 1차로 생산된 제품 그대로 시장에 내놓기보다는 가공 과정을 거쳐 부가가치를 창출하여 판매하는 것이 중요하다. 이를 위해서는 마을기업으로의 전환이 필요하다.

경북 군위군은 생산된 '군위 찰옥수수'를 그대로 팔아서는 제값을 받기 어려웠다. 이에 대한 대안으로 옥수수를 진공 포장하면서 한약재를 넣어 가공하는 기술을 자체 개발하여 수익을 증대시켰다. 2013년 기준으로 찰옥수수를 400원 주고 농민들에게 구입하여 가공을 거쳐 1,150원에 판매하여 750원의 부가가치를 창출했다. 100여 개의 옥수수 재배 농가들은 시가보다 1.5배에서 2배 높은 가격을 받고 옥수수를

---

63   노영상, 『마을교회 마을목회(실천편)』, 186.

출하했다.[64] 또한 강원도 평창군은 1년 중 6개월만 농사지을 수 있는 고랭지 농사로는 수익이 제한되었으며 위험부담 또한 컸다. 평창군의 '의야지 청년경제사업단'은 고랭지 배추밭을 겨울에는 스키장으로 활용할 계획을 제안했고, 마을기업 주민들과 협력하여 마을기업을 운영함으로써 수익을 증대시켰다. 사업 소재인 눈, 배추밭, 바람은 전형적인 지역자산인데, 한겨울에 놀리는 밭을 사용했기에 기회비용은 0원이며, 눈과 바람은 천연자원이기에 이보다 더한 투자는 없다고 할 수 있다.[65]

이처럼 마을기업은 마을의 특화된 자원과 지역의 특수성을 활용한 수익사업을 통해 일자리를 만들면서 소득을 증대시키고, 지역공동체의 문제를 해결하면서 공동체 전체의 유익을 실현하는 효과적인 방식이다. 이를 위해서는 주민 스스로가 지역의 특화된 자원과 인재를 활용하여 사업에 적극적으로 관심을 갖고 참여해야 한다. 마을기업을 통해 생긴 새로운 일자리는 취약 계층에게 먼저 제공함으로써 이들의 생활 안정에 기여하고, 지역공동체를 활성화할 수 있다.

마을기업은 탄탄한 지역 공동체성을 바탕으로 '우리 마을의 기업'이라는 주민들의 주인의식과 적극적인 참여가 중요하다. 하지만 마을기업이 아무리 좋은 의도가 있더라도 시장경쟁력을 갖추지 못하면 지속할 수 없다. 규모의 경제학이 우위를 점하고 있는 현실에서 대다수의 마을기업이 영세하고 수입 또한 불안정한 형편은 마을기업의 경제적 자립을 위협하는 요인이다. 설익은 주민 의식, 준비가 안 된 마을공

---

64 정윤성, 『마을기업 희망 공동체』(서울: 씽크스마트, 2013), 58-63 참고.

65 위의 책, 128 참고.

동체, 불분명한 목표와 책임 의식, 성과에 목마른 자치단체가 만나면 마을기업은 부실한 결과를 빚게 될 가능성이 크다. 따라서 마을기업을 운영하는 가장 튼실한 토대는 주민들의 확고한 의지, 분명한 목표 의식, 이를 뒷받침할 수 있는 절박한 현실 인식이다.

정윤성은 마을기업의 자립과 지속가능성을 높이기 위해서 마을기업 운영의 조건과 공급망(supply chain)의 중요성을 강조했다. 첫째, 공급망, 즉 제품 생산을 위한 원료 조달에서부터 생산자와 소비자에 이르는 물류의 흐름에서 외부 의존도를 줄이고 스스로 조달할 수 있어야 한다. 원재료를 원하는 시점에 원하는 물량만큼 원하는 가격에 확보할 수 있어야 한다. 확보한 원재료를 가공해서 원하는 제품을 만들 수 있어야 하며, 생산된 제품을 원하는 가격에 판매할 수 있어야 한다.[66] 이러한 조건을 갖추면 마을기업은 지속 가능한 토대가 마련되지만, 이러한 조건을 마련하지 못한 상태로 성급하게 시작하면 어려운 상황에 직면했을 때 버티지 못한다.

둘째, 자체적인 핵심기술을 확보할 수 있어야 한다. 핵심기술 없이는 마을기업은 없다. 마을에서 생산된 원재료를 가지고 최종 제품을 만들 수 있는 노하우와 자체 기술력을 갖추지 못하면 외부 인력에 의존할 수밖에 없다. 그런데 마을기업이 제품 생산의 중요 부분을 외부 인력에 맡기면 어려움에 부닥칠 가능성이 크다. 반면 제품 생산의 핵심기술을 스스로 보유하고 있으면 외부환경이 변하더라도 원하는 제품을 만들어 낼 수 있다. 스스로 생산한 제품을 가공하기에 제품의 정확한 원가를 계산할 수 있고 다양한 응용상품을 비롯한 신제품 개발,

---

66   위의 책, 260.

비용 절감 등도 가능하다.[67] 그런 점에서 다양한 마케팅 전략으로 변화하는 환경에 적절하게 대응하려면 핵심기술 확보는 필수조건이다.

전남 보성 복내 산촌생태마을은 절임 배추 사업으로 2015년 전라남도 예비형 마을기업에 선정되었으며, 2017년 전통음식개발체험관에 선정되어 김치 담그기 체험 공간을 건축했고, 2018년에는 김치 공장을 건축하고 HACCP 인증을 받았다. 2019년에는 지역특산물인 녹차를 이용한 기능성 김치를 연구하여 유황 배추김치에 유기농 녹차와 특수 유산균 ML7을 첨가하여 품질을 높였다. 녹차의 카테킨 성분이 김치에 함유되어 항산화, 항염 등 면역력 강화 기능을 높였으며, 2020년에는 김치발효종균을 이용한 '보성愛녹차김치' 생산 특허 기술을 이전받았다.[68] 이는 농촌의 다원적 기능과 공익적 가치를 높이고, 농민 스스로 자립하도록 함으로써 교회 울타리를 넘어 생명 플랫폼을 든든히 세워나가는 모범 사례이다.

셋째, 마을기업은 생산된 제품이 유통되어 충분히 판매될 수 있도록 판매처 확보도 중요하다. 판매를 외부인에게 맡기거나 판매처와의 가격협상이 실패한다면 공장 가동을 멈출 수밖에 없게 된다. 따라서 판로에 대한 대비책을 세워 놓고 생산해야 하며, 인터넷 판매 등을 하거나 소비자와 직접 거래하거나 축제와 판촉 행사 등의 다양하면서도 일정한 판매 채널을 충분하게 확보하고 있어야 한다.[69]

넷째, 마을기업 운영에서 젊은 인력의 참여가 절실하다. 마을기업

---

67   위의 책, 263.

68   이박행, "농촌마을목회-복내산촌생태마을 사례중심으로", 「종교문화학보」 18-2(2021), 84.

69   정윤성, 앞의 책(2013), 264 참고.

이 대표 한 사람의 능력, 헌신으로 유지되기 때문에 대표는 무거운 중압감을 느낀다. 대표가 고령화되고 대표에게 많은 업무가 몰려 피로감이 누적되면서 2선으로 물러나려는 생각을 품게 된다. 또한 초기에는 잘 운영되던 마을기업도 시간이 지나면, 여러 경영상의 어려움에 직면하게 된다. 매출 증대, 신상품 개발, 판로개척, 고객 유치 등은 한 번 해결하는 것으로 끝나는 문제가 아니라 기업 활동의 일상적인 과제다. 따라서 이런 문제를 해결하려면 마을기업의 인력 운영이 안정되어 있어야 하기에 젊은 인력들의 참여가 절실하다.[70]

다섯째, 마을에는 마을 구성원들의 협력과 함께 이들과 보조를 맞춰갈 전문성을 갖춘 인력이 필요하다. 마을기업이 설립되기 전 단계부터 설립된 후까지 지속해서 컨설팅해주고 개별 기업에 맞는 맞춤형 지원을 해 줄 수 있는 안정적인 지원 시스템이 필요하다. 전북 완주군의 '지역경제순환센터'는 마을의 자원조사에서부터 주민 교육, 컨설팅에 이르는 전 과정을 밀착해서 지원하며 성과를 내고 있다.[71]

(3) 도농 교류를 통한 협력

도시교회와 농촌교회는 그리스도의 몸으로서 하나의 교회이기에 서로 긴밀하게 교류하면서 협력방안을 모색할 필요가 있다. 도시교회는 재정적·인적 자원이 풍부한 반면 생태 영성이 메말라 있다. 아스팔트와 시멘트로 지어진 건물에서 지내면서 어디에서 생산된 식재료인

70　위의 책, 272.

71　위의 책, 274.

지, 생산자가 누군지도 모른 채 자신과 가족의 건강을 맡기고 있다. 농촌교회는 자연 생태적인 삶과 노동 환경 속에 있음에도 농촌 사회의 소멸로 인해 생존조차 힘들어지고 있다. 이러한 상황에서 도시와 농촌 간의 교류와 협력은 서로의 필요를 채우고 상생하는 효과적인 방식이다.

도시교회와 농촌교회의 다양한 교류가 가능하지만, 가장 효과적인 교류는 농산물 직거래가 있다. 농촌교회는 하나님의 창조 질서에 부합하는 방식으로 농사를 짓고, 도시교회는 그런 농산물을 중간의 유통 과정 없이 직접 구매하는 것이다. 생산자는 어느 정도 제값을 받을 수 있고, 소비자는 보다 저렴한 가격에 건강한 농산물을 식탁에 올릴 수 있게 된다.

원주의 호저교회와 수원의 고등교회의 농산물 직거래 및 교류 활동은 도시·농촌 교회 간의 첫 번째 사례이다. 1989년 호저교회를 중심으로 호저소비자협동조합이 결성되자 고등교회가 파트너십을 갖고 교류 활동을 시작했다. 당시 호저교회는 장년 40명 내외의 교회였고, 고등교회는 장년 100명 내외 규모의 교회여서 교회 대 교회 간의 관계를 맺으면서 교류할 수 있었다. 1989년 7월 마늘로 시작된 직거래는 쌀, 잡곡, 과일, 채소 등으로 늘어났으며, 나중에는 농산물 가공까지 하게 되어 메주, 강정, 복숭아병조림 등도 유통했다.[72]

서울 영락교회의 제2여전도회는 1994년 7월부터 봉화 옥방교회와 직거래 활동을 시작하여 꾸준하게 옥방교회와 교류하면서 지원했다.[73] 도농 협력을 통해 동반 성장의 길을 모색하는 모범 사례로 생명

---

72 강성열 외, 『목회매뉴얼-생명목회』(서울: 한국장로교출판사, 2015), 86.

73 위의 책, 88.

의 망 잇기 협동조합이 있다. 광주벧엘교회 주차장에서 1년에 두 차례 농수산물 직거래 장터를 운영하는데, 15군데 정도의 농어촌교회들이 참여한다. 또한 서울 수서교회는 2008년부터 해마다 가을철에 농산물 직거래 장터를 운영해오고 있는데, 전국의 15~20여 개의 농어촌교회가 참여하고 있다.[74] 도농 협력은 농어촌 지역과 교회를 도움으로써 낙후된 농어민들의 이익 창출에 도움을 주는 경제 논리를 넘어 생명 지킴이의 역할에 동참하는 것이다.

한 아이를 키우는 데는 한 마을이 필요하다. 최근 마을마다 세워지고 있는 공부방, 작은 도서관, 박물관 등 교육, 문화, 복지의 관계망들은 새로운 지역사회의 학교이고, 지역과 시민사회가 문화적 노동을 실험하는 새로운 일자리들이다. 미래의 일자리는 새로운 공동체적 관계망을 짜는 일이고 한 사람 한 사람이 관계의 그물망, 구원의 그물망, 안전의 그물망을 짜며 작은 공동체에서 구원의 삶을 제시하는 것이다.[75]

(4) 자발적인 참여와 협력적 거버넌스

마을공동체 운동에서 자발적인 주민참여가 중요하다. 주민 스스로 자발적인 참여를 통해 마을공동체의 역량을 키워나가야 한다. 주민의 자발적인 참여를 끌어내기 위해서는 주민을 그 중심에 두면서 다양한 지원 네트워크의 협력적 참여가 이루어져야 한다. 서로 머리를 맞

---

74 노영상, 앞의 책(2020), 230-231.
75 강성열 외, 앞의 책(2015), 105.

대고 함께 문제를 해결해나가는 가운데 다양한 생각과 계획들이 모일 수 있다. 이러한 과정을 통해 마을에 대한 가치를 새롭게 인식하고 공유하면서 연대성을 갖고 적극 참여하는 계기가 된다.

마을공동체 운동에서의 주민참여는 당사자주의에 함몰되면서 폐쇄성과 집단이기주의의 위험에 노출되어 있다. 주민참여를 저해하는 요소는 경제적 이해관계로 인한 갈등이다. 경제적 이해관계를 넘어 진정한 주민의 참여가 이루어지려면 자유와 평등, 정의와 분배, 공존과 상생 등 다양한 가치를 공유하면서 관계를 유기적으로 연결해야 한다. 혜택이 모두에게 골고루 돌아가도록 분배되어야 하며, 끊임없이 장소와 사람, 사람과 사람, 과거와 현재와 미래, 지역과 세계 등 다양한 관계망에 열려 있어야 한다. 이를 위해 지속적인 학습과 의사소통을 통해 서로의 관계를 돈독하게 다져야 한다. 물리적 환경은 쉽게 변화시킬 수 있지만 사람 사이의 관계는 쉽지 않고 오랜 시간이 걸린다. 하지만 일단 유대관계가 형성되면 지속적인 영향을 미쳐 공동체를 든든하게 만든다.

또한 마을을 이끌 리더 그룹의 양성이 중요하다. 마을 리더 그룹은 단순히 마을의 대표자가 아니라 주민과 소통하고 공감할 줄 알아야 하며 지속적으로 학습하며 소통과 논의 과정을 거쳐 소외된 이들이 없도록 힘써야 한다. 지속적인 주민참여를 위해서는 주민들의 거주 안정성을 보장할 수 있는 제도적 보완도 필요하다. 주민의 거주 안정성을 위협하는 복잡한 사회적 현상들이 생겨나는 현실에서 정주성(定住性)의 확보야말로 지역에 소속감을 느끼고 지역문제에 관심을 가질 수 있는 자발적인 주민참여의 기본적인 요건이다.

마을공동체 운동을 지속하기 위해서는 주민주도형의 협력 체계인 거버넌스(governance)를 구축해야 한다. 마을공동체는 마을 구성원들이 목적과 가치를 공유할 수 있는 여건을 만들고, 그러한 목적을 달성할 수 있는 역량을 구축해 나가는 일련의 조직화한 활동을 전제로 하는데, 이를 위해서 기업, 학계, 시민사회 등과 연계하여 협치 체제를 구축하는 것이 효율적이다. 지역 거버넌스는 지역의 발전에 필요한 주요 자원을 동원하는 자발적 동원 체계로서 이러한 결사체들을 함께 묶어 협력하도록 만들 필요가 있다.

4. 나오는 말

위에서 마을공동체 운동이 농촌운동이나 도시빈민 선교, 민중 교회운동과의 연계선상에 있음을 주목하면서 교회가 참여하는 마을공동체 운동의 현황과 의의를 살펴보았다. 아울러 젠트리피케이션이나 지속가능성과 같은 마을공동체 운동이 직면한 문제와 이를 해결하기 위한 현실적인 대안을 제시했다.

마을공동체 운동은 교회의 대사회적 역할, 특히 디아코니아와 코이노니아의 주된 활동이 펼쳐지는 장이라 할 수 있다. 마을공동체 운동을 통해 교회는 성도들과 이웃 주민들의 일상의 삶, 그들의 복지와 인격적 관계망을 돌보는 역할을 한다. 마을공동체 운동은 상호 책임과 공감과 소통, 돌봄과 나눔, 일상에 충실한 소박한 삶과 같은 윤리적 가치들을 추구하는 운동이다. 마을공동체 운동은 단절된 이웃과의 관계를 친밀하게 회복하고 공동체에 대한 소속감과 연대를 통해 개인의 존엄성을 고양하여 공동체의 울타리를 든든하게 만든다.

　교회는 마을공동체 운동에 참여하기에 앞서, 지역의 특성과 주민들의 성격에 맞게 적절한 방식으로 참여할 필요가 있으며, 이를 위해 TF팀을 구성해서 마을에 대해 연구하고, 재능과 은사에 따라 참여하는 것이 바람직하다. 교회가 마을로 들어가 관계 맺을 때 경청의 자세가 중요하다. 교회가 소속된 지역이나 마을의 다양한 특성을 연구하고 주민들과 접촉점을 형성함으로써 그들의 필요를 파악하기 위해 먼저 경청하고, 그들의 필요에 적절하게 응답할 필요가 있다.

　중세 시대의 마을 중심에는 관공서, 오페라하우스와 함께 교회가 있었다. 교회는 마을 가운데 자리 잡고 마을에 깊이 관여하면서 중심적 역할을 했다. 교회는 마을 속에서 거룩한 삶의 영역을 제공하면서 인간 존재의 깊이와 삶의 진정한 의미를 발견하도록 이끌며, 소외된 인간성을 회복하는 데 이바지할 수 있다. 또한 공동체 내부에 예기치 못한 긴장이나 갈등이 발생할 때 교회는 중재 역할을 하며 화해의 도구로 기능할 수 있다.

　마을공동체 운동을 위한 교회의 역할은 직면한 과제 해결이나 물리적 환경의 개선에 앞서 구성원 사이의 관계 형성에 역점을 둘 필요가 있다. 성과나 이익보다는 사람 자체에 대한 관심을 갖고 먼저 사람을 세우는 데 역점을 둘 필요가 있으며, 이를 위해 서로에 대한 존중과 신뢰 관계가 우선될 수 있도록 배려해야 할 것이다.

참고문헌

강성열 외, 『목회매뉴얼-생명목회』, 서울: 한국장로교출판사, 2015.

강성열 · 백명기, 『한국교회의 미래와 마을목회』, 서울: 한들, 2016.

고성휘, "교회의 마을목회 전환과 마을공동체 교육에 있어서의 활동유형 연구", 「종교교육학연구」 66(2021), 187-203.

김기호 외, 『우리, 마을 만들기』, 고양: 나무도시, 2012.

김도일, "마을목회, 마을학교에 관한 기독교교육적 고찰", 「기독교교육논총」 59 (2019), 159-194.

김혜령, "마을공동체운동과 마을교회", 「기독교사회윤리」 27(2013), 197-236.

노영상, 『마을교회 마을목회(실천편)』, 서울: 한국장로교출판사, 2018a.

_____, 『마을교회 마을목회(이론편)』, 서울: 한국장로교출판사, 2018b.

_____, 『마을교회 개론』, 용인: 킹덤북스, 2020.

민중교회자료집편집위원회, 『민중의 교회, 민족의 희망』, 한국민중교회운동연합자료집, 1996.

박승탁, "마을목회에 대한 교회사회복지의 실천 방안 고찰", 「신학과 목회」 53(2020), 233-259.

박종삼 외, 『마을 목회와 지역사회복지』, 서울: 동연, 2019.

새세대 교회윤리연구소, 『공공신학이란 무엇인가?』, 서울: 북코리아, 2007.

성석환, 『지역공동체와 함께 하는 교회의 새로운 도전들』, 서울: 나눔사, 2020.

손신, "지역사회와 함께 하는 교회의 실천 모델과 사례분석", 「한국기독교신학논총」 77 (2011), 291-315.

심성보 외, 『마을교육공동체운동』, 서울: 살림터, 2019.

우양우 외, 『우리는 마을에 산다』, 서울: 살림터, 2018.

이박행, "농촌마을목회: 복내산촌생태마을 사례중심으로", 「종교문화학보」 18-2(2021), 82-87.

이원돈, 『마을이 꿈을 꾸면 도시가 춤을 춘다』, 서울: 동연, 2011.

이재민, 『마을 공동체 만들기』, 서울: 커뮤니케이션북스, 2019.

정기석, 『사람 사는 대안마을』, 창원: 피플파워, 2014.

정기석·송정기, 『마을학개론』, 전주: 전북대학교출판문화원, 2019.

정원오, 『도시의 역설, 젠트리피케이션』, 서울: 후마니타스, 2016.

정재영·조성돈, 『더불어 사는 지역공동체 세우기』, 서울: 예영커뮤니케이션, 2010.

조용훈, "지역공동체운동을 통한 농촌교회 활성화 방안: 마을기업을 중심으로", 「장신 논단」 49-4(2017), 166-189.

_____, "사회윤리적 관점에서 본 지역교회의 마을공동체 운동", 「선교와 신학」 44 (2018), 43-70.

최경석, "기독교 사회윤리학에서 바라본 한국 개신교의 경제운동에 대한 평가", 「기독 교사회윤리」 42(2018), 265-292.

한경호 외, 『마을을 일구는 농촌교회들』, 서울: 동연, 2019.

한규무, "1950년대 기독교연합봉사회의 농민학원 설립과 운영", 「한국기독교와 역 사」 33(2010), 109-131.

Gandhi, Mahatma, *Village Swaraj*, 김태언 역, 『마을이 세계를 구한다』, 서울: 녹색평 론사, 2011.

Olney, Fred & Lewis Burton, "Parish church and village community: the interchange of social capital in a rural setting," *Rural Theology*, 9/1(2011), 27-38.

Putnam, Robert D., *Bowling alone: the collapse and revival of American community*, 정승 현 역, 『나 홀로 볼링』, 서울: 페이퍼로드, 2018.

Simmel, Georg, *Philosophie des Geldes,* 김덕영 역, 『돈의 철학』, 서울: 길, 2013.

06

린지의 동물 신학 탐구와 비평적 대화 모색[1]
– 몰트만, 마우, 스택하우스를 중심으로 –

이창호(장로회신학대학교, 부교수)

1. 들어가는 말

생태적 관점은 기본적으로 인간중심주의나 인간우월주의에 비판
적이다. 생명세계의 다른 존재들을 인간의 지배 대상으로 보거나 인간
의 목적 구현을 위한 도구나 자원으로 보는 것에 대한 거부인 것이다.
오히려 생태계를 이루는 모든 존재들은 모두 필요하고 또 동등하게 가
치가 있다는 생각을 중시한다. 인간은 수많은 생물종들 중 하나이지
더 중요하거나 상대적으로 우위에 있는 존재는 아니라는 것이다. 다양
한 종의 동물이 있는데, 모든 종들 사이의 관계는 위계적 관계가 아니
라 수평적 관계라고 할 것이다. 경험적으로 보아도, 우리 사회에서 동
물은 인간의 반려자로서의 지위를 보유하고 있다. 반려동물로서 인간

---

[1]   본 장은 『기독교사회윤리』 55집에 수록된 논문을 부분 편집한 글이다.

과 함께 친밀한 공동체를 형성하고 살아가는 동물들을 인간의 욕구를 충족하기 위한 수단적 존재로 대하지 않고 동등한 사랑의 대상 곧 가족이나 친구 혹은 인생의 반려자로 여기고 사랑하며 공존하고 있는 것이다.

이러한 현실을 고려할 때, 기독교 신학은 동물의 존재론적 가치나 관계론적 의미에 대해 신학적으로 성찰하고 또 정당화의 논거를 마련해야 할 것이다. 이러한 신학적 작업이 유의미하게 진행되고 있고 또 주목할 말한 결과들도 산출되고 있다. 대표적인 보기가 린지(Andrew Linzey)의 동물 신학이다. 린지는 동물은 인간을 창조하신 동일한 하나님의 창조의 결과이기에, 인간과 동등한 피조물로서 또 인간과 더불어 조화와 공존의 생명공동체를 일구어가야 할 동반자로서 존중받아야 한다고 역설한다.

본 논문의 목적은 린지의 동물 신학과 그것에 대한 비평적 대화를 모색하고 동물 신학과 윤리 담론의 심화에 기여하는 것이다. 이를 위해 필자는 먼저 린지의 동물 신학과 윤리를 진술할 것이며, 이를 통해 그가 주장하는 핵심 논점들 곧 동물에 대한 위(胃)중심주의적 관점과 접근에 대한 도전, 인간중심적 창조론과 구원론을 넘어서는 다중성의 강조, 하나님 형상에 대한 전향적 해석과 동물을 포함한 만물에서 배우는 영적 무위(無爲)의 제안 등의 논점들이 드러날 것이다. 다음으로 이러한 논점들에 상응하여 린지와의 비평적인 대화를 모색할 것인데, 이 대화에 참여할 신학자들은 몰트만(Jürgen Moltmann), 마우(Richard J. Mouw) 그리고 스택하우스(Max L. Stackhouse)이다. 몰트만과 함께 린지의 위(胃)중심성 비판과 같은 미시적 접근을 거시적인 신학적 관점 곧 삼위일체적 초월과 내재의 긴장, 그리스도론의 우주적 확장, 인간중심적 인간론의 극복 등의 관점을 통해 확장해갈 수 있다. 마우는 창조와 구원의 다수성(혹은 다중성)에 대한 이론을 발전적으로 전개하고 있는데 린지의 창조의 다중성 논지를 소명론적 차원에서 심화할 수 있다. 스택하우스는 생태계의 전체성과 관계성을 초점으로 하면서 문화명령과 연계하여 '하나님 형상'론을 전개하고 있는데 이를 통해 린지의 하나님 형상에 대한 영적 이해의 지평을 넓힐 수 있다. 이러한 점들을 고려할 때, 위에서 밝힌 린지의 핵심 논점들을 초점으로 한 비평적 대화를 위해 적합하고 유효하다고 필자는 생각한다. 동물 신학과 윤리 담론의 성숙을 위한 몇 가지 제안을 함으로 본 논문을 맺고자 한다.

2. 동물 신학의 한 모색: 린지를 중심으로

1) 동물에 대한 전향적 자세와 신학적·윤리적 기반

(1) 동료 생명들에 대한 경축

린지는 동물을 포함하여 다른 피조물들에 대해 우리가 취해야 할 마땅한 반응 혹은 자세로서 '경탄'을 강조하는데,[2] 이러한 생각을 갖게 된 데에는 세계신앙인의회(World Congress of Faiths) 창립자인 영허즈번드(Francis Younghusband) 경(卿)에게 받은 영향이 중요하다. '이 세계의 불타

---

2   Andrew Linzey, *Creatures of the Same God: Explorations in Animal Theology*, 장윤재 역, 『같은 하나님의 피조물, 동물 신학의 탐구』(대전: 대장간, 2014), 50.

오르는 심장'과의 신비로운 경험에 대한 영허즈번드의 강조는 린지의
'경탄'론의 본질적인 근거가 된다. 다음은 린지의 인용이다.

> "모든 창조세계 안에서 그리고 모든 사람들 안에서 타오르는
> 것은, 마치 태양의 영광이 촛불의 밝은 빛 이상인 것처럼, 단순한
> 선(善)을 훨씬 넘어선 기쁨이다. 강력한 힘이 그리고 기쁨을 주는
> 힘이 세계 안에서 작용하고 있다. 나의 모든 것 주위에 그리고 살
> 아 있는 모든 것 주위에서 작용하고 있다."[3]

영허즈번드에 동의하며 인간과 함께 이 지구를 나누어 쓰는 다른
존재들을 경탄해야 한다고 주장한다면 경탄할 가치가 있다고 해도 얼
마나 있겠느냐, 현실적으로 경탄의 여지를 허용하거나 찾으려 노력하
기보다는 다른 피조물을 학대하고 인간의 사욕을 채우기 위해 도구화
하기에 바쁜 인간이 무슨 경탄을 할 수 있겠느냐 등의 반론들이 있을
수 있다는 점을 린지는 지적한다. 한편, 그는 경탄할 능력을 상실했거
나 다른 피조물에 대한 우리의 시각이 근본적으로 비틀어져 있는 것은
아닌지 묻는다.

> "하지만, 우리의 이력이 이렇게 형편없는 이유 중의 하나는 우
> 리가 경축하는 능력, 즉 우리 주위에 있는 불가사의한 피조물들에
> 경탄하고, 경외심을 갖고, 혹은 감탄하는 능력을 잃어버렸기 때문
> 일 수도 있다. 아마도 우리는 동물을 단지 여기에 우리를 위해 존

---

3 The Beginning, "the History of the World Congress by Marcus Braybrooke," www.
worldfaith.org/Beginning.htm; Andrew Linzey, op. cit. (2014), 50에서 재인용.

재하는, 혹은 우리의 이익을 위해 존재하는 사물 정도로 생각하는지 모르겠다. 왜냐하면, 우리는 한 번도 동물을 자신의 타고난 권리 때문에 가치를 가진 한 주체로 보지 않았기 때문이다."[4]

경축하기 위해 선결되어야 할 과제는 무엇인가? 영허즈번드의 개념으로 "모든 살아 있는 것들 안에서 작용하는 강력하고 기쁨을 주는 힘"이 갖는 의미를 알아차리고 또 인정·수용하는 것이라고 린지는 강조한다. 만일 이 선결과제를 풀지 못한다면, 경탄은커녕 '계속해서 심술궂고 비좁고 이기적이며 본질적으로 착취하는 삶'을 살아가는 것이 당연하게 받아들여질 것이라고 주장한다. 린지의 생각에 주목해 보자.

"핵심은 경축이 우리 밖에 있는 가치와 중요성을 인정한다는 점이다. 인간은 모든 가치의 총합이 아니다. 우리 밖에는 우리가 깨달아야 할 무언가가 혹은 누군가가 있다."[5]

(2) 생명에 대한 경외

경외는 경탄이나 경축 혹은 존중 등의 개념보다는 좀 더 고상한 의미를 가진다는 점을 전제하면서, 슈바이처가 경외라는 용어를 사용할 때 '일체(一體)에 대해 주장된 어떤 신비적 혹은 종교적 함의'를 내

---

4   Andrew Linzey, op. cit. (2014), 51.

5   Andrew Linzey and Dan Chon-Sherbok, *After Noah: Animals and the Liberaton of Theology* (London: Mowbray, now Continuum, 1997), 12; Andrew Linzey, op. cit. (2014), 51에서 재인용.

포했다고 린지는 지적한다.[6] 종교적 함의를 내포한다는 것 그리고 경외의 경험을 전제하는 것은 인간인 우리가 스스로를 낮추어야 할 어떤 대상을 상정한다는 것을 의미하며 또 경외를 불러일으킬 만한 큰 존재나 힘이 이 세계와 그 안의 생명들을 있게 하고 또 존재케 한다는 생각을 반영한다.[7] 그 존재와 힘 앞에서 이 세계의 모든 존재들은 공동의 기원을 갖게 되는 것인데, 그 존재들이 향유하는 생명이란 보편적으로 주어진다는 점에서 공통적이다. 인간이 아닌 존재, 특히 동물들도 우리와 더불어 존재의 기원을 공유하며 '공동의 선물'을 부여받고 있기에 우리는 그들을 동료 생명 혹은 동료 존재로 대해야 한다는 것이 린지의 주장이다.[8] 이런 맥락에서 린지는 동료 인간들을 향해 인간이 아닌 다른 존재들에 대해 겸손할 것을 권고한다. 성서의 확고한 증언임을 확인하면서, 린지는 인간은 "'다스리는 종(種)'이 아니라 '섬기는 종(種)'이라는 것 (…) 즉 땅과 땅 위에 모든 것들을 돌보라고 명령받은 유일한 종"임을 역설한다.[9]

(3) 생명에 대한 연민

린지는 종교의 도덕성에 대해 강조한 제임스(William James)를 인용하는데, 제임스의 말에 따르면 종교는 윤리적 관점에서 인류에게 호흡하는 공기와 같이 도덕적 생명력을 불러일으키는 역할을 본질적으로

---

6   Andrew Linzey, op. cit. (2014), 51-52.
7   위의 책, 52.
8   위의 책.
9   위의 책, 52-53.

담지하며 그럴 수밖에 없는 근본 이유는 인간은 무한자의 부르심과 요구에 대해 응답하게 되기 때문이다.[10] 동양적 개념으로 표현하여 측은지심이라는 것은 종교적 신앙의 지지를 통해 더 왕성하게 발생하게 될 것이라고 린지는 강조한다. "확실히 연민은 인간의 마음에 쉽게 일어나지 않는다. 그래서 연민이 일어나려면 종교가 제공할 수 있는 모든 자원이 필요하다. 우리는 타자를 인지하고, 타자의 고통을 상상하며, 비록 우리가 자각하는 자신의 이익에 반하더라도, 이타적으로 행동할 수 있는 능력을 필요로 한다. 이것이 왜 우리 자신을 넘어서는 종교적 비전이 우리가 다른 종을 다루는 데 있어서 너무도 중요한지의 이유다."[11]

또한 린지는 에드워즈(Jonathan Edwards)의 '수축'(shrinkage)이라는 신학적 개념을 중요하게 논한다. 에드워즈는 죄의 본질을 일종의 수축에서 찾고 있는 것이며, 죄에 사로잡힌 인간이 "강력한 수렴제와 같이 인간의 영혼을 자기애라는 아주 작은 단면으로 축소시키는지, 그래서 하나님을 버리고, 동료 피조물을 버리고, 자기 안으로 퇴각하여, 협소하고 이기적인 원칙과 느낌들에 의해 완전히 지배당하게 되는지"에 대해 선명하게 논했던 것이다.[12] 이 수축의 역동에 지배당하는 인간은 극단적인 자기중심주의에 빠지게 되는데, 인간과 동물을 포함하여 모든 존재의 창조자이신 하나님은 오직 인간만을 위해 섭리하시며 그러한 섭

---

10 William James, "The Philosopher and the Moral Life," in: *The Will to Believe, and Other Essays in Popular Philosophy* (New York: Dover, 1956), 211; Andrew Linzey, op. cit. (2014), 53에서 재인용.

11 Andrew Linzey, op. cit. (2014), 53.

12 Jonathan Edwards, *Charity and Its Fruits* (Edinburgh: Banner of Truth Trust, 1969), 157-158. Andrew Linzey, op. cit. (2014), 53에서 재인용.

리의 틀 안에서 동물은 오직 인간이라는 종을 위해 봉사해야 한다는 생각을 진리로 받아들이고 이 진리의 현실화를 위해 온 힘을 다하게 된다는 것이다. 여기서 다른 피조물들을 섬기기보다는 오직 자기 자신만을 위한 존재와 삶을 지극히 정상적인 것으로 여기고 추구하게 된다는 점에서 인간은 심각한 도덕적·영적 결핍(혹은 빈곤)으로 신음하게 될 것이라고 한탄한다.

오히려 종교는 자기 자신에게로 매몰되거나 수축되는 것이 아니라 자기의 한계를 넘어 타자를 향해 확장해 가야 하는 것이 아닌가.[13] 종교에게서 이 세계와 세계의 존재들이 찾을 수 있는 기본적인 희망은 무엇인가? 린지의 응답이다.

> "종교는 최상의 상태에서 우리를 자유롭게 풀어주어 우리 자신보다 더 멀리, 우리의 욕구보다 더 높게 보도록 돕는다. 종교는 우리가 피조물의 세계와 다시 연결되어 피조물을 경축하고 그들의 생명을 경외하며 그들의 고통을 함께 느끼고 그들을 섬기는 데 적극적으로 나설 수 있도록 도울 수 있다. 그것이 종교가 가진 최소한의 희망이다."[14]

그러나 불행하게도, 종교와 종교적 신자들마저도 인본주의를 절

---

13 린지는 동물들의 창조자이신 하나님은 창조의 여섯째 날에 그들을 창조하시고 그들에게 복을 주셨으며 살고 번성할 수 있는 삶의 기반을 선사해 주셨다는 점을 밝힌다. 인간만이 아니라 동물을 비롯한 다른 모든 피조물들과 언약의 관계를 맺으셨다는 점 또한 빼놓지 않는다. 이런 맥락에서 인간이 동물과 '동료로서의 감각'(a sense of fellow-feeling)을 갖는 것은 적절한 것이라고 강조한다. Andrew Linzey, "Animals as Grace: On Being as Animal Liturgist," *The Way,* 46-1(2007), 140.

14 Andrew Linzey, op. cit. (2014), 54.

대적인 진리로 받들어 '인간의 단순한 욕구와 필요와 만족'이 인간 외의 다른 모든 존재들이 추구해야 할 존재와 행위의 목적인 것처럼 보이게 되었다는 것이 린지의 진단이다. 심지어 종교지도자들도 동물을 경탄과 경외와 연민의 대상으로서가 아니라 존재 이하의 존재로 대우하는 오류를 저지르고 있다고 린지는 비판한다.

"종교 지도자들은 다른 피조물들을 경축하도록 돕기는커녕 종종 동물들이 아예 존재하지도 않는 것처럼 말한다. 마치 인간만이 중요한 종(種)인 것처럼, 그리고 모든 창조세계는 단지 인간 세계를 위한 단순한 극장 혹은 배경인 것처럼 말한다."[15]

2) 기독교 전통 사상에 대한 비판적 성찰과 새로운 방향성 탐색

(1) '윤리적' 관점: '위중심성'에 대한 도전

린지는 윤리적 차원에서 '위(胃)중심성'을 넘어설 것을 도전한다. 기독교는 『고통의 문제』(*The Problem of Pain*)에서 동물의 고통의 문제를

---

15 Ibid., 54. 린지는 고통의 문제가 인간에게 매우 중요한 것이라면, '고통'을 느낄 수 있는 동물들에게도 그것은 사소한 것이 아니라 중요한 것으로 받아들여야 한다는 점도 강조한다. "역설은 이것이다. 많은 종교인들에게 동물이라는 이슈는 사소하고 아주 주변적인 이슈인 반면, 고통의 문제만 놓고 보더라도 그것은 오늘날 우리들에게 매우 중요한 도덕적 문제의 하나라는 점이다. 모든 포유동물은 인간과 비교해 최소한 육체적 고통뿐만이 아니라 두려움, 스트레스, 공포, 근심, 정신적 외상, 예상, 그리고 불길한 예감 등과 같은 정신적 고통을, 단지 정도의 차이일 뿐, 인간과 똑같이 느낀다는 풍부한 증거들이 전문가들에 의해 인정받는 과학 잡지들에 잔뜩 실려 있다. 이것을 확실히 이해하기만 한다면, 우리는 사람들이 생각하는 것보다 훨씬 더 예민하고 깨지기 쉬운 세계 안에 살고 있다는 것이 명백해지며, 이와 상응해 우리의 돌봄의 의무는 더욱 커질 것이다."(Ibid., 55)

진정성 있게 다룬 루이스(C. S. Lewis)와 같은 예외적 사례를 제외하고 역사를 통틀어 동물에 대한 윤리적 성찰과 논의에 무관심해왔다고 린지는 평가한다. 이렇듯 신학은 인간을 중심에 두고 인간 외의 피조물들을 가장자리에 위치시켜 논하는 일종의 '인간학'으로 축소되었다고 린지는 안타까워한다.[16]

린지 자신의 극적 경험에 대한 증언을 주목할 필요가 있다. 자신의 강의를 듣던 한 대학생이 던진 질문에서 동물에 대한 도구주의적 이해 곧 동물은 인간을 위해 만들어졌다는 생각을 두드러지게 찾을 수 있다고 말하는데, 그 학생의 질문은 동물의 존재 이유는 인간의 식용에 있지 않느냐이다. 이 질문의 전제는 물론 인간중심성이며, 한 걸음 더 나아가 '위중심주의적인' 신념이 기독교 신앙에 깊이 뿌리내리고 있다는 사실을 입증한다고 린지는 주장한다. 동물의 존재론적 목적은 인간의 존재론적 '필요'와 일치한다는 인식을 반영한다고 보는 것인데, 린지는 이러한 인식에 대해 비판적이다.[17]

린지는 동물의 존재 목적을 인간을 위한 식용으로 보는 이해는 기독교의 전유물은 아님을 밝힌다. 아리스토텔레스도 "자연은 실현될 것으로 보이는 어떤 결말 없이는 아무것도 만들지 않기 때문에, 즉 아무 목적 없이는 아무것도 만들지 않기 때문에, 자연은 동물과 식물을 인간을 위해 만든 것이 분명하다"는 생각을 견지했다.[18] 그의 생각은 신학자들의 손을 거치면서 신학적 정당화의 기반을 다지게 되는데, 예를

---

16 Ibid., 63.

17 Ibid.

18 Aristotles, *The Politics*, T. A. Sinclar and rev. T, J. Saunders (trans.) (Harmond sworth: Penguin Books, 1985), 79; Andrew Linzey, op. cit. (2014), 64에서 재인용.

들어 아퀴나스는 동물과 같은 '비이성적인 존재들'이 상대적으로 더 '이성적인 종(種)'을 위해 존재하고 또 사용되는 것은 하나님의 창조질 서라고 가르쳤다고 린지는 전한다.[19] 이런 맥락에서 1994년의 가톨릭 교리문답은 아퀴나스의 생각을 계승하며 인간중심성을 강화한다는 점 을 덧붙인다.

> "하나님은 창조세계를 인간에게 보내는 선물로 의도하셨[으며] 동물은 식물이나 무생물과 마찬가지로 그 본성상 과거와 현재와 미래 인간의 공동선을 위해 예정되었다."[20]

린지는 기독교 전통의 주된 흐름에서 발견하는 이러한 생각이 참 으로 '터무니없는 것'이라고 강하게 의문을 제기한다.

> "수백만 종의 생물을 창조하시고 지탱하시는 창조주께서 오직 그중 한 종만 돌보신다는 것이 과연 자명한 사실인가? 지구라는 이 행성 위에서 이루어진 기나긴 생명의 진화 기간을 통해서 모든 종들이 인간을 섬기는 것을 제외하고는 다른 어느 목적도 가지지 않는다는 말이 과연 믿을 만한 것인가? 그리고, 더욱 믿을 수 없는

---

19 Aquinas, "Summa Contra Gentiles," in *Basic Writings of Saint Thomas*, Anton C. Pegis (trans.) (New York: Random House, 1945), 2:221; Andrew Linzey, op. cit., 64에서 재인용.

20 *Catechism of the Catholic Church* (London: Geoffrey Chapman, 1994), para 299, 71 and para 2415, 516. Andrew Linzey, op. cit. (2014), 64에서 재인용. 다만 가톨릭의 논자들 중 에는 인간중심성을 넘어서서 동물을 구원론적으로 포괄할 수 있고 또 그렇게 해야 한다고 주장하는 이들도 존재한다는 점을 밝혀 두어야 하겠다. 비근한 예로 프란치스코 교황을 들 수 있는데, 그는 하나님이 창조하신 모든 존재들에게 천국의 문이 열려 있다는 취지로 언 급하기도 했다.

것이지만, 다른 종들은 오직 인간의 허기진 위를 채우는 것 말고는
아무 기능이 없다는 말은 사실인가?"[21]

인간을 위한 도구로서 인간의 식욕을 충족하는 목적에 봉사함으로써 존재론적 가치를 인정받을 수 있다는, 그야말로 터무니없는 인식에 강하게 저항하며 린지는 동물은 생명체로서 마땅히 존중받을 수 있는 권리를 가진 존재라고 역설한다. 동물의 권리의 원천은 두말할 것 없이 하나님이시다. 하나님이 동물의 권리의 원천이시기에 동물의 권리에 대한 논의는 "정확하게 창조자의 권리에 대한 것"이라고 주장한다.[22] 린지에 따르면, 신학적으로 볼 때 "권리는 상으로 주어지는 것이나 부여되는 것도 아니고 얻거나 상실하는 것도 아니며 오히려 인정되는(recognized) 어떤 것이다. 동물의 권리를 인정하는 것은 하나님이 주신 생명의 본래적 가치를 인정하는 것이다."[23] 동물의 본래적 가치 그리고 그것과 연계하여 동물의 권리를 인정한다면, 어떻게 인간이 동물을 단순히 인간의 식욕을 채우는 도구로만 인식하고 또 사용할 수 있겠는가 하는 비평적 물음은 자명한 것이라고 할 것이다.

그렇다면 이런 인간중심적 혹은 위중심적 이해는 성서적인가? 성서를 오직 위중심성이라는 이데올로기를 지지하는 방향으로 읽을 수 있고 또 그렇게 해야 하는가? 린지는 동물을 인간의 '위'를 위해서 존재하는 것으로 성서가 단정하고 있다는 식의 읽기와 해석에 대해 비판

---

21 Andrew Linzey, op. cit. (2014), 64-65.

22 Andrew Linzey, "The Theological Basis of Animal Rights," *The Christian Century* (October 9, 1991), 908.

23 Ibid., 908-909.

적 입장을 취한다. 인간이 동물을 양식으로 삼을 수 있다는 가능성을 전적으로 배제하지 않지만 그렇다고 그 어떤 '도덕적 제약 없이' 인간이 전적인 통제권을 가지고 사용할 수 있는 권한을 허용하는 것은 아님을 분명히 한다. 이것이 성서의 가르침이라는 것이다. 성서는 인간과 동물 사이의 교류와 소통을 말하며 동물에 대한 인간의 책임에 대해서도 침묵하지 않는다는 것이다.[24]

> 하나님의 계약은 명백히 모든 살아 있는 피조물들과 맺어졌다.(창세기 9:9-11) 안식일의 평화는 모든 창조세계의 목표다.(창세기 2:1-3) 하나님께서는 "지으신 모든 피조물에게 긍휼을 베푸신다."(시편 145:9) "자기 가축의 생명을 돌보는" 사람은 의로운 사람이고 불의한 사람은 자기의 가축에게 "잔인한" 사람이다.(잠언 12:10) 욥기는 심지어 인간에 대한 나쁜 인상을 가지고 리워야단(Leviathan)과 베헤못(Behemoth)으로 비교한다.(욥기 40-41장) 거의 모든 그리스도인들은 하나님이 인간에게 동물에 대한 '지배권'을 주셨다고 알고 있다.(창세기 1:28) 그러나 바로 그 다음 구절에서 하나님이 채식을 명령하셨다는 것을 아는 그리스도인들은 거의 없다.(창세기 1:29)[25]

다만 전체적으로 볼 때 성서가 동물우호적 입장을 취하고 있다고 결론지을 수는 없다는 점을 린지도 받아들인다. 성서의 증언들의 대부

---

24 Andrew Linzey, op. cit. (2014), 65.

25 Ibid., 65-66.

분은 하나님과 인간의 관계성 혹은 하나님의 인간에 대한 섭리를 주제로 삼고 있다는 것이다. 뤼더만(Gerd Lüdemann)을 인용하며 성서는 거룩한 책이지만 모든 것이 거룩한 것은 아니라는 점 또한 환기한다. 그럼에도 성서를 토대로 동물에 대한 기독교윤리적 기준을 모색하는 데 있어 성서 안에 엄연히 존재하는 긍정적 내용들을 간과하지 않고 진정성 있게 듣고자 한다면, 아무런 윤리적 통제나 반성 없이 동물을 단순한 도구로 인식하고 남용·착취하는 데 이르지는 않을 것이라고 린지는 강조한다.[26]

(2) '신학적' 관점: 창조와 섭리의 다중성 강조

린지는 지금까지와는 다른 시각으로 동물 문제를 바라보고 판단할 것을 역설한다. 동물에 대한 참혹한 무관심을 드러내는 보기로서 예수회 소속 릭카비(Joseph Rickaby)를 인용한다.

> "이해력이 없고 따라서 인격이 아닌 야만적인 짐승들은 아무런 권리도 가질 수 없다. (…) 우리는 나무의 줄기나 돌에 그렇게 하지 않는 것과 마찬가지로 하등 동물들에게 자선이나 친절을 베풀 의무가 없다."[27]

린지는 이 인용에서 가톨릭교회의 동물에 대한 가치인식의 핵심

---

26 Ibid., 66.

27 Joseph Rickaby, *Moral Philosophy* (London: Longman, 1901), "Ethics and Natural Law," 2:199; Andrew Linzey, op. cit. (2014), 67에서 재인용.

적 부분을 탐색하는데, 그에 따르면 가톨릭교회는 신학적으로 동물을 인간에 견주어 열등한 가치의 존재이거나 아예 존재로서 그 어떤 가치도 부여할 수 없는 존재로 인식하고 있다는 것이다. 이러한 이해의 신학적 원천은 무엇인가? 모든 존재를 창조하신 창조자 하나님은 동물들을 돌보지 않으신다는 생각에 상응하여 하나님이 그러시기에 인간에게 동물에 대한 책임을 의무로 부과할 필요가 없다는 신념에 이르게되었다는 것이 린지의 응답이다. 아울러 린지는 어찌 보면 매우 상식적이고 논리적인 질문을 던진다.

> "어떻게 수백만의 종의 — 수십억이 아니라면 — 생명을 창조하신 하나님이 그중 오직 한 종만 돌보신다고 말하는 것이 가능한가? 물론 하나님은 모든 종들을 동등하게 돌보시지 않을 수도 있다. 그렇다면 왜 창조주는 각각의 복지에 전적으로 무관심한 존재들에게 생명을 주시길 원하셨겠는가?"[28]

하나님은 창조하신 모든 존재들에 대해 책임적이신 분이라는 신학적 신념이 성서적이라는 점을 밝히면서, 동물을 포함하여 다른 피조물들이 인간과의 관계에서 어떤 효용과 가치를 갖는지의 문제와 하나님이 그들을 어떻게 보시느냐의 문제는 별개의 것이라는 점을 지적하는데 이는 타당하다. 특별히 동물에 대한 인간중심적 가치 판단 곧 동물의 가치는 인간에 유익할 때에만 확보될 수 있다는 생각이 기독교신학의 주류를 형성하고 있으며 '인간 이외의' 피조물들에 대해 기독

---

28   Andrew Linzey, op. cit. (2014), 67.

교는 '공리주의적(功利主義的, utilitarian) 견해'로부터 큰 영향을 받아왔다는 것이다.[29] 거스타프슨(James M. Gustafson)과 같은 소수의 신학자들만이 이러한 공리주의적 대세에 거슬러 동물을 포함한 다른 피조물들을 신학적 관점에서 목적 자체로 존중하며 창조론적·구원론적 논의를 전개해 왔다는 현실도 증언한다. 린지가 인용하는 거스타프슨의 문장이다.

> "목적이 인간의 이익을 보장해주지 않는다. (…) 하나님의 최고
> 의 목적은 인간의 구원이 아닐 수도 있다."[30]

린지는 기독교 신학이 견지해야 할 전향적 시각을 제안한다. 인간 중심적 창조신학에 대한 도전으로서 창조와 섭리의 다중성에 대한 강조이다. 세계는 인간만을 위해 창조되지 않았고 또 그렇게 운영되지 않는다. 이것이 하나님의 창조와 섭리의 뜻이다. 만물을 창조하신 하나님은 그 모든 존재들을 살리시고 붙드시며 그들에게 고유한 창조의 본성을 존중하시고 고양시키신다. 기독론이나 구원론과 같은 다른 기독교의 핵심 교리는 이러한 다중성과 연계하여 이해할 때 온전한 숙고가 가능하다는 것이 린지의 생각이다. 구원론의 토대가 성육신이라고 볼 때 무엇보다도 말씀이신 하나님이 육신이 되었다는 이 진실에 담긴 대표적인 함의와 현실은 육체에 대한 긍정이다. 다만 여기서 긍정은 남성의 육체에 대한 긍정만이 아니라 여성의 육체를 포함한 모든 인간 육체에 대한 긍정이며 인간의 육체에 대한 긍정만이 아니라 동물을 포

---

29   Ibid., 68.

30   James M. Gustafson, *Theology and Ethics* (London: Blackwell, 1981), 112. Andrew Linzey, op. cit. (2014), 68에서 재인용.

함한 모든 피조물들의 육체에 대한 긍정이라는 점을 린지는 역설한다. 그리하여 성육신은 '육체를 가진 모든 피조물에 대한 하나님의 연애 사건'이 된다.[31]

> "우리는 성육신을 우주적 의미로 다시 볼 뿐만 아니라, 구속 역시 진정으로 포용적인 것으로 새롭게 생각할 필요가 있다. 우리는 시간의 종말에 이르러 나와 다른 어떤 이질적 물질로부터 뽑힐 영혼이 아니라, 모든 창조세계를 감싸는 구속의 드라마의 일부다. 로고스는 모든 피조된 것들의 기원이자 운명이다. 그럼에도 신학은 아직도 이런 기독교의 기본적 신념을 자신의 창조교리에 비추어 분명하게 설명하지 못하고 있다. 어떻게 성육신과 구속이 하나님의 창조 그 자체보다 더 작을 수 있단 말인가? 전적으로 인간만을 중시하는 하나님은 우리가 신뢰하기에 너무 작은 하나님이다."[32]

린지는 기독교 신학이 창조론적 다중성과 육체성의 긍정을 중대하게 내포하는 성육신 해석을 더욱 존중하는 방향으로 전환해야 하는 절박한 이유로 우상숭배적 인간론 방지를 드는데, 이를 주목할 필요가 있다. 인간의 '자기 확대' 혹은 '인간이라는 종의 신격화'에 대한 포이

---

31 Andrew Linzey, op. cit. (2014), 69. 린지는 이러한 인식은 초기 기독교 신학자들에게는 익숙한 생각이라는 점을 지적하면서 '단 하나의 멜로디'를 생산하는 로고스에 대한 고대 교부 아타나시우스의 문장을 제시하는데, 여기에 옮긴다.
"모든 곳에 그의 힘을 확장하면서, 보이는 것과 보이지 않는 모든 것을 밝게 비추면서, 그것들을 자기 안에 담고 에워쌈으로써, 생명을 주면서 그리고 모든 것에, 모든 곳에, 각각의 개체에, 그리고 모두에게 함께 정교하고 단 하나의 듣기 좋은 하모니를 창조하면서"[Athanasius, *Contra Gentes and De Incarnatione*, R. W. Thompson (ed. and trans.) (Oxford: The Clarendon Press, 1971), 115; Andrew Linzey, op. cit. (2014), 69에서 재인용].

32 Andrew Linzey, op. cit. (2014), 69-70.

어바흐(Ludwig Andreas von Feuerbach)의 경고를 언급하면서, 오늘날 기독교 신학은 "세계에 대한 진정으로 인간중심적이 아니라 하나님 중심적인 견해를 피력할 수 있는지" 선명하게 증거하는 것을 중요한 사명으로 삼아야 한다고 역설한다. 그래야 자기 자신에 대한 우상숭배라는 유혹과 현실을 극복할 수 있다는 점 또한 강조한다.

> "신학이 다른 모든 것을 제외하고 인간에게만 사로잡힌 결과 창조주 하나님에 대한 교리는 철저히 균형을 잃어버리고 말았다. 그렇다면 동물 신학은 인간의 자아숭배라고 하는 우상숭배로부터 그리스도인들을 구출하기 위한 신학이라고 말할 수 있을 것이다."[33]

신학적 비평을 수행하면서 린지는 마지막으로 동물을 비이성적 존재로 보는 아퀴나스적 인식의 틀을 극복할 것을 강한 어조로 권고한다. 극복이 요구되는 까닭은 아퀴나스 당대에 비해 오늘날의 인류는 동물에 대한 사실적·현상적 이해라는 관점에서 상당한 정도의 진보를 이루고 있기 때문이다. 린지가 제시하는 보기들로, 포유류의 자의식 보유, 행동의 결과를 예상하고 행동하는 초기 형태의 합리성과 수행 능력, '공포, 스트레스, 근심, 불길한 예감, 예상, 그리고 두려움'과 같은 지각 능력 보유 등이다. 동물이 자의식이나 고통 등을 감지하는 지각을 보유하고 있다면, 동물을 대하는 태도와 자세에 대해 심각하게 재

---

33   Ibid., 70.

고해야 하지 않을까.[34] 이 같은 재고의 필요성과 더불어 린지는 자신의 다른 저작에서 한 문장을 가져오는데, 여기서 유용하다.

> "동물 피조물이, 그리고 나중에는 인간이라는 피조물이 수백 년, 수천 년, 심지어 수백만 년 동안 질병과 죽음을 경험한, 하나님에 의해 창조된 이 세계가 단지 '신선한 사랑의 기회'를 제공하기 위한 것이었다는 이론은 우리로 하여금 그리스도의 얼굴을 알아보기 어렵게 만들 수 있다. 그저 자기 자신만을 영속시키길 원하는 일종의 사랑에 대해, 그러니까 추함으로 가득 찬 피조세계라는 존재를 상정해야만 성립하는 그런 종류의 사랑에 대해 우리는 어떤 판단을 내려야 하는가?"[35]

(3) '영적' 관점: 만물로부터 배우는 무위(無爲)의 영적 삶

린지는 '영적 도전들'에 대해서 논하는데, 요점은 '인간은 하나님이 아닌 것을 다시 배우기'이다. 인간중심적 동물관에 대한 비판적 성찰, 동물권 논의로 대표되는 동물의 도덕적 지위에 대한 전향적 논의 등을 통해 동물 신학과 윤리 담론을 새롭게 전개해 가다가도 흐름의 전환을 주저하게 만드는 신학적 명제 하나를 만나게 되는데, 린지에 따르면 그것은 하나님 형상에 따른 인간 창조이다. 곧 인간만이 하나님 형상으로 창조되었다는 신학적 개념이다. 하나님 형상 개념은 창세

---

34 Ibid., 70-71.

35 Andrew Linzey, "C. S. Lewis's Theology of Animals," *Anglican Theological Review*, 80-1(1998a), 71; Andrew Linzey, op. cit. (2014), 71-72에서 재인용.

기 1장 26-28절의 문화명령 본문과 연계하여 인간의 지배권을 정당화하는 데 이바지해 왔음을 부정할 수 없을 것이다. 그야말로 린지의 표현대로라면, '카드놀이의 으뜸패'처럼 작용해 왔는지도 모른다. 그러나 '어떤 종류의' 으뜸패인지는 심도 있게 숙고해 보아야 한다는 것이 린지의 생각이다. 지배권을 정당화할 수 있는 개념이고 본문이지만, 창세기 전체 맥락을 살피면서 해석하는 것이 필요하다고 보는 것이다. 전체로 읽는다면, 하나님 형상 개념과 더불어 지배로 해석될 수 있는 여지가 있는 문화명령은 인간의 자의적 지배권 부여와 정당화가 아니다. 오히려 철저하게 참주인이신 하나님의 의지와 의도와 계획을 받들면서 수행해야 하는 과업이다. 하나님 형상을 따라 창조된 인간은 지으신 하나님 곧 사랑과 정의의 하나님을 닮아야 마땅하며, 그 닮음의 추구의 맥락에서 창조세계 속에서의 인간의 역할을 감당해야 하는 것이다.[36]

'하나님 형상' 논지는 창세기 전체 맥락에서의 해석이나 창조신학적 논의의 맥락뿐 아니라 좀 더 넓은 지평, 특별히 구원론적·기독론적 논점까지 포함하여 다루는 것이 요구된다고 린지는 주장한다. 지배라는 개념이 필연적으로 지배권을 수행하는 전제로서 '힘'을 상정한다면, 힘에 대한 신학적 논의는 기독론적 접근을 통해 신중하게 전개되어야 한다는 것이다.

"예수 그리스도 안에 나타난 하나님의 힘은 '카타바시스'(*katabasis*), 즉 겸손과 희생적 사랑이며, 억압 받는 자들과 함께 그들을

---

36 Andrew Linzey, op. cit. (2014), 72-73.

위한 고통 안에서 표현된다. 한 마디로 그리스도의 주권이 의미하는 것은 섬김이다."[37]

이렇게 볼 때, 다른 피조물들에 대한 인간의 지배권은 오직 힘의 논리와 역학으로 형성되고 이루어지는 위계적 권력 수행도 아니고 어떤 책임이나 의무를 동반하지 않는 '무임승차권'도 아니다.[38] 린지는 "섬김 없는 지배권은 없다"고 강조하면서, 인간 종은 봉사자(servant) 됨이 본성적 특성이라고 역설한다.[39] 특별히 약하고 힘없으며 권리를 박탈당한 존재들이 '더 큰 도덕적 우선권'을 받고 누리는 것이 정당하다는 점을 밝힌다.[40] 이러한 인식의 근거는 신학적인데, 예수께서 그러한 존재들에게 더 크고 우선적인 도덕적 가치를 부여하시고 그들을 섬기셨다는 점이 근거가 되기에 그렇다. 봉사자로서의 인간 종이 어떤 삶을 살아갈 때 특별한가? 린지는 "다른 존재들을 위해 특별한 가치의 존재"

---

37 Ibid., 73.

38 린지는 자신의 다른 책에서 이 점에 대해 논한 바를 다시 서술하는데, 여기에 옮긴다.
"창세기 1장에 대한 낡은 견해는 키스 와드(Keith Ward)의 의역 안에 표현되었다. 그는 '사람'이 창조세계 안에서 '신'으로 만들어졌으며 피조물들은 '그를 섬겨야' 한다고 주장한다. 하지만, 새로운 견해는 이와 매우 다르다. 하나님으로부터 우리에게 온 힘과 창조세계에 대한 지배권이 주어졌다고 가정하면, 창조세계를 섬겨야 하는 것은 바로 우리인 것이다. 그리스도의 주권이 가진 내적 논리는 더 높은 것이 더 낮은 것을 위해 희생하는 것이지 결코 그 반대가 아니다. 만약 그리스도 안에 나타난 하나님의 겸손이 이렇게 값비싸고 중요한 것이라면, 왜 우리의 겸손이 그보다 못해야 하겠는가?" Andrew Linzey, *Animal Theology* (London: SCM Press and Chicago: University of Illinois Press, 1994), 71; Andrew Linzey, op. cit. (2014), 73에서 재인용.

39 인간 종의 봉사자 됨에 대한 린지에 논의에 대해 다음의 문헌을 참고하길 바란다. Andrew Linzey, op. cit. (1994), 45-61.

40 Andrew Linzey, *Animal Gospel* (Louisville: Westminster/ John Knox Press, 1998b), 39. 린지는 도덕적 우선권에 대한 신학적 논의를 다음의 문헌에서도 심도 있게 전개했다. Andrew Linzey, op. cit. (1994), 28-44.

가 될 때, 인간의 특별한 가치가 충분히 구현될 수 있다고 응답한다.[41]

린지는 동물 신학은 인간이 다른 피조물들보다 우월하며 또 지배할 권한을 받았다는 식의 위계적·권력적 이해로부터 하나님의 의도와 계획을 따라 섬겨야 한다는 청지기적 이해, 곧 '하나님의 명령을 받은 섬기는 종(種)'으로 스스로를 보는 이해로 전환할 때에야 참된 자유와 해방을 성취하고 또 향유할 수 있다는 점을 핵심 주장으로 제시하고 있다고 분명하게 밝힌다. 힘을 가졌다고 생각하고 그 힘으로 타자를 수단화하고 노예화하는 인간은 주체로서 자유를 확보하고 확장해 간다고 생각하지만, 사실은 그 힘의 사용에 상응하여 오히려 스스로를 노예화하고 있는 것이라고 주장하는 것이다. 인간이 타자와 자아의 노예화에 대항하여 치열하게 싸워 나갈 때, "만물을 있는 그대로 인정하는 '무위'(無爲)의 영적 규율을 실천할 수 있다"는 린지의 생각을 경청할 필요가 있겠다.[42] 이에 관한 그의 말을 좀 더 들어보자.

"동물 신학은 자신의 가장 기본적인 통찰, 즉 동물은 하나님에 의해 소중히 여겨지기 때문에 자신 안에 어떤 본유적 가치를 가지고 있다는 통찰과 생사를 함께한다. 이것은 도덕적이고 영적인 깨달음이다. 이것은 항성 혹은 행성이든, 원자의 존재든, 혹은 인간 정신의 다른 어떤 양상이든, 인류 역사의 다른 어떤 중요한 발견들만큼이나 객관적이고 중요한 깨달음이다. 앞으로 우리는 이 너무도 작은 것을 배우기 위해 너무도 오랜 시간이 걸렸다는 사실에

---

41 Andrew Linzey, op. cit. (1998b), 39.
42 Andrew Linzey, op. cit. (2014), 74.

놀라게 될지도 모른다."[43]

3. 린지의 동물 신학에 대한 신학적 윤리적 응답

1) 린지의 '동물에 대한 위(胃)중심주의적 관점과 접근에 대한 도전'에 관한 몰트만의 생태계에 책임적인 신학과 윤리로부터의 응답 모색

(1) 몰트만의 생태신학과 창조윤리

몰트만은 생태계의 위기를 절감하며 기독교가 피조세계와 세계의 동료 존재들에 대한 책임적인 신학을 전개해야 한다고 강조한다. 이에 몰트만은 생태계에 책임적인 신학을 위해 우선적으로 숙고해야 할 몇 가지 신학적 논점을 제안·서술한다. 먼저 신적 초월과 내재에 관한 논점이다. 하나님과 세계의 관계성을 살필 때 '초월과 내재' 논의는 중요한 의미가 있다고 할 것인데, 어느 쪽에 비중을 두느냐에 따라 세계를 바라보는 근본적인 시각이 달라질 수 있기 때문이다. 한편으로 초월에 비중을 둘 경우 하나님과 세계 사이의 거리는 멀어질 가능성이 있고 또 둘 사이의 관계를 위계적 관점에서 이해할 수도 있을 것이다. 다른 한편으로 내재에 비중을 둘 경우 하나님과 세계 사이의 거리는 가까워

---

[43] Ibid., 76.

지겠지만 이 둘의 동일시나 일치를 신학적으로 정당화하는 방향으로 기울 수도 있다.

몰트만은 초월과 내재의 균형을 견지한다. 다시 말해, 초월과 내재 중 하나를 정하는 이분법적 접근이 아니라 이 둘에 대한 균형적인 시각을 존중하며 또 그러한 시각으로 하나님과 세계의 관계성 논의에 접근하고자 하는 것이다.[44] 하나님은 피조세계로부터 초월하여 계시기도 하지만 그렇다고 세계로부터 분리·단절되어 계신 분이 아니라 세계 안으로 들어오셔서 임재하시고 역사하시는 분이기도 하다. 몰트만은 한편으로 초월을 존중하면서 하나님과 세계 사이의 적절한 구분을 견지하고 다른 한편으로 내재를 존중하면서 깊은 사랑으로 세계의 과정에 함께하시는 하나님의 섭리를 강조한다.[45] 몰트만에 따르면, 하나님과 세계의 관계는 삼위일체 하나님의 내적 교통과 유비를 갖는다. 하나님과 세계 사이의 사귐과 세계 안의 존재들 사이의 사귐은 삼위의 상호침투를 통한 '코이노니아' 형성에 상응한다. 곧 하나님과 세계는 함께 존재하고 서로를 위해 일하며, 세계 안에 존재들 가운데도 이러한 공존과 이타적 삶 그리고 사귐의 관계가 이루어진다.[46]

다음으로 우주적 그리스도에 관한 논점이다. 예수 그리스도를 통한 구원은 창조의 지평을 포괄한다. 무슨 의미인가? 인간의 구원의 관점에서 말한다면, 영혼만이 아니라 하나님이 창조하신 온몸이 구원의 대상이다. 인간만이 구원의 대상이 아니다. 하나님이 창조하신 만물이

44　Jürgen Moltmann, *Ethik der Hoffnung*, 곽혜원 역, 『희망의 윤리』(서울: 대한기독교서회, 2012), 248-249.

45　Jürgen Moltmann, *Gott in der Schöpfung: Ökologische Schöpfungslehre*, 김균진 역, 『창조 안에 계신 하느님: 생태학적 창조론』(서울: 한국신학연구소, 1986), 133.

46　Jürgen Moltmann, op. cit. (2012), 250.

구원의 대상이 되는 것이다. 고대 기독교의 우주적 기독론이 보이지 않는 세계의 영적 세력에 대한 승리에 초점을 맞추었다면 몰트만의 우주론적 논의는 보이지 않는 세계를 배제하는 것은 아니지만 보이는 세계 곧 하나님이 창조하신 세계(우주) 전체를 포괄한다는 점을 밝혀 두어야 하겠다.[47] 인간이 구원을 갈망하고 하나님의 은혜를 간구하고 있는 것과 마찬가지로, 인간이 아닌 다른 피조물들도 "썩어짐의 종노릇한 데서 해방되어 하나님의 자녀들의 영광의 자유에 이르[기]"를 깊은 탄식 가운데 소망하고 있는 것이다(롬 8:19-21). 하나님은 이러한 탄식에 응답하셔서 구원의 길로 인도하길 원하시며 그러기에 하나님의 구원의 의도를 존중하여 그 의도 실현에 동참하는 것이 마땅하다고 몰트만은 강조한다.[48] 그리하여 "우주적 그리스도론에 대한 신앙을 통해 인간은 자연에 대항하여 그와 투쟁하기보다 자연과 화해하고, 또한 자연은 인간과 화해할 수 있는 길이 열리게 된다"는 점 또한 덧붙인다.[49]

한 가지 더 생각한다면, 인간론적 논점이다. 신적 초월과 내재의 균형 그리고 우주적 기독론의 전개와 연관해서 인간론을 전개한다면 자연스럽게 인간중심적 패러다임을 극복하는 방향이 될 것인데, 몰트만의 생태적 인간론은 바로 이 방향을 취한다. 생태계에 책임적인 신학의 틀 안에서 기독교 인간론은 인간중심적이지 않은 인간 이해일 수밖에 없다는 것이 몰트만의 생각이다. 이러한 인간 이해의 빛으로부터 인간과 생태계의 관계를 본다면, 분리나 위계가 아니라 공존과 공생의

---

47 Ibid., 253; Jürgen Moltmann, *Der Weg Jesu Christi: Christologie in messianischen Dimensionen*, 김균진·김명용 역, 『예수 그리스도의 길: 메시아적 차원의 그리스도론』(서울: 대한기독교서회, 2017), 88-100, 426-452.

48 Jürgen Moltmann, op. cit. (2012), 253.

49 Ibid.

관계에 방점을 두고 둘 사이의 관계성을 정립하게 될 것이며 둘 사이의 필연적 의존성을 인정하고 증진하는 것을 신학적으로 또 윤리적으로 정당화하게 될 것이다.[50]

인간중심성의 극복을 위한 이론적·실천적 시도는 생태윤리에 대한 논의에서도 탐지되는데, 몰트만의 생태윤리의 대표적인 보기들을 비평적으로 논하면서 탈인간중심적 기조를 확고히 한다. 환경윤리는 '인간중심성'을 두드러지게 드러낸다고 몰트만은 평가한다.[51] 환경(Umwelt, 움벨트)이라는 개념을 어의를 따라 읽으면 중심과 둘레(주변)를 나누고 중심에 위치한 구성원과 그 구성원을 둘러싼 주변부의 구성원들로 구성되는 세계상을 자연스럽게 그리게 된다. 중심은 당연히 인간이며 인간을 중심으로 둘레에(혹은 중심인 인간을 둘러싼 주변부에) 인간이 아닌 존재들이 위치한다는 것이다. 이 세계에서 인간은 특별한데, 인간이 아닌 다른 존재들의 의미는 오직 인간을 통해서만 온전히 실현될 수 있기 때문이다.

환경윤리에 견주어, 슈바이처로 대표되는 생명경외 윤리는 인간중심성을 극복하는 유효한 대안이 될 수 있다는 것이 몰트만의 생각이다. 다만 여전히 인간중심성이 남아 있다는 신중한 평가도 내린다. 슈바이처의 생명경외 윤리가 모든 생명이 '살려는 의지'를 보유하고 있기에 인간만이 아니라 모든 존재들이 경외의 대상이 되어야 한다고 역설한 점에서 인간중심성을 넘어서는 특성을 분명히 내포하지만 경외감을 느낄 수 있고 경외감을 주요 동기로 하여 생명세계의 위기를 치

50　　Ibid., 253-254.

51　　Ibid., 256-257.

유할 주체로서 인간을 특수하게 다른 존재들로부터 구분한다는 점에서 여전히 인간중심주의의 한계를 띠고 있다는 것이다.[52]

그런가 하면, 동료세계 윤리는 중심과 주변의 관념을 뚜렷하게 내포하는 환경(Umwelt)이라는 용어보다 '동료세계'(Mitwelt, 〈미트벨트〉)라는 용어가 더 적합하다고 강조하면서 동료세계 안에서 모든 존재들은 동등하게 존재론적 가치와 그에 상응하는 권리를 부여받고 또 향유해야 한다고 주장한다는 점을 밝힌다. 동료세계 윤리는 인간중심성을 분명하게 극복하고자 하는 방향성을 견지한다고 몰트만은 풀이한다. 다만 인간중심적이지 않은 인간관이라는 점은 틀림없지만, 인간이 아닌 세계의 다른 구성원들과의 사귐과 교류와 공동체 형성을 통해서 참된 인간이 될 수 있다고 본다는 점에서 '자연중심적' 인간관을 추구한다고 몰트만은 평가한다.[53]

생태윤리에 대한 비평적 논의 후에 몰트만은 자신의 대안으로 창조윤리를 제안한다. 자연 중심, 인간 중심, 생명 중심 등 '중심'을 분명하게 전제하는 접근보다는 세계를 구성하는 존재들 사이의 관계성을 중시하는 접근이 적합하다고 생각한다. 물론 하나님은 세계의 창조자이시며 궁극적으로 세계의 중심이시라는 신념을 존중해야 한다는 점은 분명히 한다. 하나님 안에서, 하나님과 함께, 또 하나님을 통하여, 다른 피조물들과 동료 존재로서 함께 살고 사랑하면서 하나의 네트워크(혹은 공동체)를 형성하는 것을 규범적 방향성으로 중시하는 세계상을 제시하고 있는 것이다. 이런 맥락에서 인간은 다른 피조물들을 도구적

---

52   Ibid., 254-256.

53   Ibid., 257-258.

관점이나 위계적 관점에서 바라보아서는 안 될 것이며 또 스스로를 전체로서의 생명세계를 구성하는 단순한 한 부분 혹은 부속품으로 인식해서도 안 된다는 몰트만의 생각을 주목할 필요가 있겠다.[54]

(2) 린지의 동물 신학에 대한 응답

인간을 중심에 두고 창조의 다른 존재들을 주변부로 또 인간을 위한 도구의 지위로 내모는 신학은 확연하게 환원주의적이어서 신학을 인간학으로 축소시키는 결과에 이르고 말았다는 린지의 평가에 대해 몰트만은 일정 부분 동의할 것이다. 몰트만도 신학적 인간론이 나아가야 할 방향은 인간중심적이지 않은 인간론을 추구하는 것이라고 강조한 점이 이를 뒷받침한다고 할 것이다. 동물이라는 동료 피조물을 인간의 위(胃) 곧 식욕을 충족하는 도구로 제한하는 위중심적 이해에 강력히 도전하는 린지의 접근이 동물의 윤리적 지위와 가치에 대한 정당한 평가를 위해 의미 있는 기여를 할 수 있을 것이라고 생각한다. 다만 도구주의적 관점으로 인간과 동물의 관계를 보는 입장을 비평하는 것은 이 둘 사이의 관계성에 관심을 집중하는 미시적 접근이라고 볼 수 있는데, 이 점에서 거시적 맥락에서 동물과 인간 모두를 동등한 '부분'으로 설정하고 동물과 인간에 대한 신학적 논의를 전개하는 것이 좀 더 유효한 접근이라는 점을 제안하고자 한다.

몰트만의 생태계에 책임적인 신학 추구에서 린지의 논지를 거시적 차원에서 확장할 수 있는 유의미한 토대를 탐색할 수 있다고 판단

---

54 Ibid., 259; Jürgen Moltmann, *Trinität und Reich Gottes: Zur Gotteslehre*, 김균진 역, 『삼위일체와 하나님의 나라: 삼위일체론적 신론을 위하여』(서울: 대한기독교출판사, 1982), 81.

한다. 신적 초월과 내재의 균형 그리고 하나님과 세계의 관계성에 대한 삼위일체적 이해로부터 하나님은 인간과 동물을 포함하는 전체 세계 가운데 임재하시는 동시에 초월하심으로 피조세계와의 구분을 지키신다는 점, 하나님과 세계의 관계는 삼위일체의 내적 관계에 유비를 가지며 더 나아가 세계 안의 존재들 사이의 관계에도 적용된다는 점 등을 추론해 낼 수 있다. 특히 후자의 관점에서 세계 안의 존재들인 인간과 동물은 삼위일체적 사귐을 관계적 이상으로 삼고 이를 구현하는 방향으로 그 관계성을 일구어가야 한다는 규범적 함의를 뚜렷하게 내포한다. 또한 몰트만의 '우주적 그리스도'론은 예수 그리스도를 통한 구원의 지평을 우주적 혹은 세계적 차원으로 확장함으로써 오직 인간 영혼의 구원에 집중하는 전통적 구원론의 한 흐름을 넘어서 창조의 전체 영역과 신적 창조의 결과로서의 모든 피조물을 포괄하는 구원 이해를 뚜렷하게 제시한다. 우리가 본 대로, 인간뿐 아니라 동물을 포함한 모든 피조물이 동료 인간들과 더불어 '영광의 자유'를 열망한다는 로마서 8장의 증언(21절)은 이러한 포괄적·우주적 구원론을 위한 핵심적인 성서적 기반이다.

2) 린지의 '인간중심적 창조론과 구원론을 넘어서는 다중성의 강조'에 대한 마우의 신칼뱅주의적 창조와 구원 이해로부터의 응답 모색

(1) 다수성(다중성)에 초점을 둔 마우의 창조와 구원 이해

마우는 신칼뱅주의를 대표하는 신학자들 중 한 사람인 카이퍼

(Abra-ham Kuyper)의 칼뱅주의 신학과 강한 연속성을 가진다. 카이퍼의 영향을 스스로 밝히면서 마우는 칼뱅주의 신학의 요체에 대한 카이퍼의 이해를 옮기는데, 특별히 1898년 카이퍼가 프린스턴 신학교에서 행한 스톤 강연(Stone Lectures)을 주목한다. 마우에 따르면, 카이퍼는 이 강연에서 칼뱅주의가 전통을 교조주의적으로 견지하는 것에 대해 비판적 입장을 취하며 칼뱅주의의 기본 원리들을 중시하면서도 현대의 도전과 변화에 능동적으로 또 적절하게 응답할 필요가 있다는 점을 강조한다.[55] 마우는 카이퍼의 칼뱅주의 이해를 존중하면서 전통에 대한 혁신을 가로막는 보호주의적 저항을 경계하고 새로운 역사적·사회문화적 변화에 창조적으로 반응해야 한다는 점을 견지하고 있는 것이다.

마우는 이러한 새로운 변화는 기독교의 입장에서 위기이자 도전일 수 있지만 동시에 복음의 메시지를 현대인들이 유효하게 듣도록 하기 위해 하나님이 허락하신 기회가 될 수 있다는 점을 분명히 한다.[56] 여기서 마우의 낙관론을 탐지할 수 있는데, 이러한 낙관적 인식에 대한 핵심적인 신학적 근거는 그의 일반은총론이다. 마우의 일반은총론의 핵심은 하나님의 창조와 구원의 목적이라는 관점에서의 '다수성'(many-ness, 혹은 다원성)이다. 하나님은 오직 개별 인간의 영혼을 창조하고 구원하는 것에만 배타적으로 관심을 두시는 것이 아니라 전체 세계와 다른 피조물들에 대해서도 애정 어린 섭리로 복수의 목적을 설정하시고 구현해 가신다는 것이다.

---

55 Richard J. Mouw, *Abraham Kuyper: A Short and Personal Introduction*, 강성호 역, 『리처드 마우가 개인적으로 간략하게 소개하는 아브라함 카이퍼』(서울: SFC출판부, 2015a), 12-13.

56 Richard J. Mouw, "Thinking about 'Many-ness': Inspirations from Dutch Calvinism," 미간행 원고(2015b).

마우는 하나님 창조에 대한 신학적 이해에 있어 인간중심성을 넘어서고자 하며 인간이 아닌 다른 존재들을 포괄하는 다원성을 강조한다. 하나님은 창조의 결과에 대해 기뻐하시는데, 인간만이 아니라 다른 모든 피조물들에게서도 기쁨을 찾으시고 또 누리신다. 이러한 생각을 뒷받침하는 대표적인 성서적 근거로서 마우는 시편 104편을 제시한다. 이 시편은 이른바 창조 시편으로 천지를 창조하신 하나님을 향한 찬양을 담고 있는데, 마우는 창조의 결과들 중 하나인 인간에 대한 언급이 없다는 점에 주목한다. 시편의 기자는 하나님이 "하늘을 휘장 같이"(2절) 펼치시고 바람과 불 그리고 땅의 기초를 창조하셨다고 말한다. 더욱 섬세한 묘사들이 이어지는데, '샘, 각종 들짐승, 공중의 새들, 풀과 채소, 포도주, 기름, 양식, 각종 나무, 들나귀, 학, 산양, 너구리' 그리고 그 외에도 다른 많은 피조물들에 대한 묘사가 포함된다.

찬양의 절정에 이르러 두 가지 핵심적 고백이 올려진다. 24절의 "여호와여 주께서 하신 일이 어찌 그리 많은지요"와 31절의 "여호와는 자신께서 행하시는 일들로 말미암아 즐거워하시리로다"이다. 마우는 이 시편은 창세기를 선명하게 연상시킨다는 점을 밝히면서, 인간이 창조의 무대에 들어서기 전에 하나님과 다른 피조의 현실 사이에 많은 일들이 벌어졌음을 인식할 필요가 있다고 강조한다. 하나님은 빛을 있게 하시고 "보기에 좋다"고 선언하신다. 그러고 나서 바다와 육지를 나누시고 동일하게 "보기에 좋다"는 찬사를 보내신다. 하나님의 찬사는 다른 모든 피조물들에게도 동일하게 주어진다는 점을 우리는 잘 알고 있다. 창조 이후 하나님의 기쁨의 대상은 인간만이 아니다. 인간이 아닌 다른 피조물들에 대해서도 하나님은 기뻐하신 것이다. 특별히 아직 인간은 등장하지도 않은 상태에서 하나님은 당신이 기뻐하시는 많은

존재들을 이미 갖고 계셨다는 사실을 예사롭게 넘겨서는 안 된다고 마우는 강조한다.[57]

하나님은 식물과 동물 그리고 강과 산을 통해 영광을 받으신다. 요한계시록 5장에 나오는 어린 양을 향한 위대한 찬양을 생각해 보라. 이 찬양에서 천상의 보좌와 수많은 증인들은 각 나라와 족속과 방언에서 모여든 사람들의 구원으로 인해 기뻐한다(계 5:9-10). 사도 요한은 이 찬양과 함께 올려지는 다른 한 곡의 찬양을 소개하는데, 이 찬양의 주체는 '모든 피조물'이다. 그들의 찬양을 들어보자.

> "내가 또 들으니 하늘 위에와 땅 위에와 땅 아래와 바다 위에
> 와 또 그 가운데 모든 피조물이 이르되 보좌에 앉으신 이와 어린
> 양에게 찬송과 존귀와 영광과 권능을 세세토록 돌릴지어다"(계
> 5:13).

하나님은 인간뿐 아니라 다른 피조물들을 보며 동일하게 기뻐하시고 또 그들을 통해 영광을 받으신다는 진실을 주목해야 하는 까닭은 무엇인가? 이 질문에 응답하여, 마우는 하나님은 창조하신 세계와 세계의 존재들에 대해 다수의(혹은 다중적인) 목적과 관심사들을 가지고 계시기 때문이라는 점을 밝힌다.[58] 다시 말해, 하나님은 창조와 구원을 위한 신적 계획과 역사에 있어 복수의 목적을 설정해 두신다는 것이다. 하나님은 창조하시고 오직 인간만을 신적 창조와 구원의 계획과 역사

---

57   Ibid.
58   Ibid.

안에 두지 않으시고 인간이 아닌 다른 피조물들도 포함하신다는 것이다. 하나님의 창조와 구원은 개별 영혼에 국한되지 않고 창조의 전체 지평을 포괄한다는 것이다. 요컨대, 마우의 근본적인 입장은 "하나님은 복합적인 목적(multiple divine purposes)으로 세상을 이끌어 가신다는 것이다. 쉽게 말해서 하나님은 그분이 창조하신 세상에서 그분의 계획을 드러내심에 있어, 오직 한 가지에만 관심을 집중하지 않으신다는 것이다. 하나님은 각 사람의 영원한 운명에도 분명 관심이 있으시지만, 더 나아가 그분의 계획은 더 넓은 창조세계에까지 미친다".[59]

(2) 린지의 동물 신학에 대한 응답

창조와 구원에 대한 신학적 논의의 지평을 인간중심성에서 다중적 초점으로 확장하고자 하는 방향성을 견지한다는 점에서 린지와 마우 사이에 연속성이 있다. 창조와 섭리에 있어 하나님은 차별적이지 않으시다는 것이다. 인간과 동물에 대해 차이를 설정하지 않으시고 동등하게 창조와 섭리의 역사를 이루어 가신다는 말이다. 구원에 있어서도 린지와 마우 모두 인간중심성을 극복하고자 하는 의도를 분명하게 드러낸다. 앞에서 본 대로, 린지는 '창조와 섭리의 다중성'을 강조하며 마우는 세계에 대한 하나님의 '광범위하면서 다원적인 관심사'에 주목한다.

다만 마우는 인간뿐 아니라 동물도 창조와 구원의 신적 역사에 참여할 수 있는 여지를 열어 둔다는 점에서 동물 신학에 관한 논의를 확

---

59 Richard J. Mouw, *He Shines in All That's Fair*, 권혁민 역, 『문화와 일반 은총: 하나님은 모든 아름다운 것 가운데 빛나신다』(서울: 새물결플러스, 2012), 80.

장할 수 있는 기반을 제공한다고 볼 수 있다. 새 하늘과 새 땅의 찬양대에는 인간만이 있는 것이 아니라 다른 동료 피조물로서의 동물들이 중요하게 포함된다. "보좌에 앉으신 이와 어린 양에게 찬송과 존귀와 영광과 권능을 세세토록 돌릴"(계 5:13) 주체는 구원받은 인간만이 아니라 하나님이 창조하신 모든 존재 곧 강과 산과 바다를 비롯한 창조의 전체 영역 그리고 식물과 동물을 포함한 모든 피조물이라는 점을 마우가 분명히 함을 보았다. 인간과 함께 동물들이 하나님께 영광을 돌리는 거룩한 소명을 감당한다고 밝히고 있는 것이다. 이런 맥락에서 구원의 대상의 관점뿐 아니라 구원에 응답하는 삶이라는 관점에서도 동물 신학 논의의 지평을 확장할 수 있는 근거를 마우가 제안하고 있다고 풀이할 수 있을 것이다.

3) 린지의 '하나님 형상에 대한 전향적 해석과 동물을 포함한 만물에서 배우는 영적 무위(無爲)의 제안'에 대한 스택하우스의 하나님 형상 이해로부터의 응답 모색

(1) 스택하우스의 문화명령과 하나님 형상 이해

스택하우스에 따르면, 창세기 1장 28-29절을 통해 하나님이 주신 문화명령은 모든 인간에게 보편적으로 주어진 도덕적 의무라기보다는, 하나님이 창조의 결과 중 하나인 인간에게 고유하게(혹은 특수하게) 부여하신 책무이다. 피조세계와 다른 피조물들의 지배자가 아니라 전체 세계의 한 부분으로서 인간은 하나님의 명령을 따라 '자연의 잠재

성'을 보존하고 증진할 책임을 수행해야 하는 것이다.[60]

"참으로 인종(人種)을 번성시키고 땅에 충만하라는 명령과 함께 이러한 과학기술적 개입은 인류를 땅을 다스리는 주체적인 행위자(agent)임과 동시에 완수해야 할 목표와 관련하여서는 하나님에게 복종하는 행위자가 되게 한다. 하나님의 행위(agency)와 인간의 행위 사이의 이러한 뚜렷한 차이는 인간의 창조성이 인간에게 이미 부여된 것 혹은 인간의 문화적이고 사회적인 우연성 속에서 발생하는 것에 의존하고 있는 데 반해 하나님은 무에서(*ex nihilo*) 창조하셨다는 사실에서 볼 수 있다."[61]

하나님께 명령을 받고 자연의 잠재성을 보존하고 증진할 책임을 감당하기 위해 하나님은 인간에게 상응하는 역량을 주신다면, 이 역량을 신학적으로 어떻게 해명할 수 있는가? 스택하우스는 이를 '하나님 형상'으로 풀어낸다. 인간이 창조자 하나님의 명령에 응답하여 제1차 환경으로서의 자연에 대해 인공적으로 개입하여 제2차 환경으로서의 문화(혹은 문명)를 창출해야 하는데, 이러한 인간의 개입은 하나님이 인간에게 고유하게 부여하신 바이다. 다시 말해, 하나님이 그렇게 할 수 있다고 승인하시는 것이다. 이러한 신적 승인의 핵심적인 인간론적 근거는 인간에게 특수하게 주어진 바로서의 하나님 형상인 것이다.

스택하우스는 하나님 형상 개념을 기독교의 전통적 이해와의 연

---

60   Max L. Stackhouse, *Globalization and Grace*, 이상훈 역, 『세계화와 은총』(서울: 북코리아, 2013), 206-209.

61   Ibid., 209-210.

속성을 유지하며 크게 세 가지로 설명한다.[62] 첫째, 하나님 형상을 전통적으로 영혼과 동일시해 왔음을 밝힌다. 하나님 형상이 인간에 고유한 것이듯이, 영혼 역시 인간을 다른 피조물들과 구분 짓게 하는 핵심적인 인간론적 요소라는 인식인 것이다. 둘째, 하나님 형상은 하나님을 닮음과 연관된다. 하나님 형상으로서 인간은 다른 어떤 피조물보다도 하나님을 닮은 존재이며 세계 속에서 하나님 형상을 드러내어 하나님을 유비적으로 반영해야 하는 존재인 것이다. 셋째, 둘째와 연관되는 것으로, 하나님 형상은 하나님과의 사귐을 내포한다. 하나님 형상은 하나님과 친밀한 관계를 형성할 수 있는 지향과 역량인 것이다. 다만 하나님 형상이 인간에게 고유한 것이지만 하나님 형상을 보유하고 있다고 해서 인간이 신의 지위에 이르게 되는 것은 아님을 스택하우스는 분명히 한다. 인간이 하나님 형상을 부여받게 된 것은 오직 하나님의 은혜에 의한 것이라는 생각인 것이다.

하나님 형상에 내포된 인간론적 역량은 무엇인가? 특별히 문화명령 수행과 자연과의 연관성의 관점에서 어떤 잠재력을 포함하는가? 스택하우스는 크게 세 가지 역량을 제시한다.[63] 첫째, 지적 역량이다. 하나님이 창조하신 피조세계와 세계의 존재들을 관찰하고 숙고하여 존재론적으로 또 현상적으로 이해·서술할 수 있는 능력이다. 둘째, 의지적 역량이다. 스택하우스는 자연과 자연 안의 존재들이 갖는 본성적 특징들 중 하나로 의지적 '비결정성'에 주목할 필요가 있다고 말하는데, 이와 견주어 인간은 의지적으로 '결정성'을 특성으로 한다. 인간이

---

62   Ibid., 213-215.
63   Ibid., 215-217.

결정함으로써 자연 안에 결정성을 가져오게 되는 것이다. 셋째, 정서적인 역량이다. 자아가 아닌 타자나 외부 세계를 철저하게 대상화하여 정서적 관계 형성을 원천적으로 차단하는 존재가 아니라 타자에 대한 공감의 능력을 갖춘 존재로 살고 작용하게 하는 능력인 것이다.

하나님이 인간에게 보편적으로 부여하신 문화명령과 하나님 형상 그리고 형상에 내포된 인간론적 역량을 종합적으로 고려하면서, 스택하우스는 창조세계 속에서 문화명령을 수행하는 인간이 견지해야 할 규범적 방향성을 크게 두 가지로 제시한다. 첫째, 피조물은 완전한 존재가 아니라 유한하고 불완전한 존재임을 분명하게 인정하고 동료 피조물들과 상호 의존하고 공존해야 한다는 것이다. 특별히 인간은 세계와 세계의 존재들과의 관계성의 관점에서 인간중심주의 혹은 인간우월주의를 근본적으로 배제해야 한다는 규범적 방향성을 내포하는 것이며 그러기에 인간의 세계내적 의미도 전체 세계와의 연관성과 상호 의존성을 본질적으로 고려하면서 탐색해야 한다는 것이 스택하우스의 생각이다.[64]

"아무(것)도 영원하지 않으며, 존중되어야 하는 부여된 존엄성을 가지고 있는 우리 자신을 포함하여 어떤 피조물도 자율적이지 않다. 더구나 모든 것의 배후에 있는 역동적인 우주 만물의 존재를 지배하는 법칙과 창조주를 제외하고 그 어떤 것도 불변하는 것은 없다. 많은 사물과 많은 사람이 생겨나서는 사라졌으며 세계 자체도, 우리도 영원히 존속하지는 않는다. 하나님은 자연을 창조하셨

---

[64] Ibid., 219.

고 지탱하신다. 자연은 자력으로는 불안정하고 신뢰할 수 없다."[65]

둘째, 문화명령과 문화명령의 수행 역량을 내포하는 하나님 형상의 청지기적 특성을 진지하게 수용해야 한다는 것이다. 동료 피조물들과의 관계와 그 관계 안에서의 인간의 책임 수행은 인간중심적 임의성을 벗어나 철저하게 하나님의 뜻에 따르는 것이 되어야 한다는 주장이다.

"만약 우리가 '문화명령'을 하나님의 명령으로 진지하게 받아들인다면, 지배가 아닌 하나님의 청지기직 수행과 하나님의 창조물의 경작으로서 우리의 다스림dominion을 완수하기 위해 테크놀로지에 가능한 한 능해야 하는 것이 신학적인 의무다. 이러한 신념의 실제적인 함의는 우리가 '자연의 존재 법칙'ontic laws of nature이라 부를 수 있는 것을 발견함에 있어 신학이 창조주 하나님을 믿지 않는 사람들과 소통과 교류를 할 수 있다는 것이다. 그와 동시에 이러한 신념은 자연에 대한 과학기술적 지배에 있어서 책임 있는 청지기직에 관해 그들 비신자들이 제공할 수 있는 것보다 더 강력한 정당화를 제공할 수 있다."[66]

(2) 린지의 동물 신학에 대한 응답

문화명령과 하나님 형상을 연계하여 논의한 점에서 린지와 스택

---

65 위의 책, 219-220.
66 위의 책, 220-221.

하우스 사이의 연속성을 탐지한다. 문화명령 수행의 정당성과 행위 동력의 원천으로서 하나님 형상이 갖는 신학적·윤리적 의미에 주목하는 방법론적 특성을 공유한다고 할 것이다. 특별히 하나님 형상을 보유한 인간은 하나님을 닮아 그 형상을 구현함으로 문화명령을 수행할 수 있고 또 그렇게 해야 한다는 인식은 이 두 학자에게서 공히 찾을 수 있다는 점을 주목할 만하다. 린지는 하나님 형상에 대한 기독론적·성육신적 해석을 통하여 하나님 형상을 구현하는 문화명령 수행은 그리스도의 섬김을 닮는 것이 되어야 한다고 강조하는 한편, 스택하우스는 기본적으로 기독론적 관점을 존중하면서 닮음의 주지(主旨)와 함께 '사귐'의 의미를 제안함으로 하나님과 세계 그리고 세계 안의 존재들 사이의 교류와 상호작용과 공동체 형성을 하나님 형상의 중요한 신학적·윤리적 함의로 덧붙인다.

특별히 하나님 형상을 문화명령 수행의 역량으로 이해하고 지적, 의지적, 정서적 차원에서 상술한 점은 유익하다. 지적 역량을 발휘하여 세계와 세계 안의 존재들의 본성 중 보존하고 유지해야 할 부분과 변화나 재구성이 가능한 부분을 파악·분별하고 서술하는 책무를 수행한다. 의지적 역량을 발휘하여 인간의 결정이 세계와 동료 존재들에게 존재론적으로 또 현상적으로 중요한 영향을 끼칠 수 있다. 다만 이러한 영향성을 생각할 때 의지의 결정성이라는 요소는 인간으로 하여금 동물을 비롯한 다른 피조물들에게 늘 신중하고 겸손한 마음과 자세를 견지해야 한다는 윤리적 방향성을 내포한다는 점을 밝혀 두어야 하겠다. 정서적 역량은 타자에 대한 공감의 능력을 핵심적으로 포함하는데, 인간이 세계의 다른 존재들과 관계를 형성하고 또 그들을 위한 섬김의 책임을 수행함에 있어 행위의 동기와 동력의 중요한 원천으로 작용한다고 할 수 있다.

또한 문화명령, 하나님 형상, 인간의 잠재적 역량 등을 종합적으로 검토하면서 결론적으로 스택하우스가 제시하는 제안은 린지의 논의를 발전적으로 전개하는 데 기여하는 바가 있다고 생각한다. 하나님 형상을 전체성과 관계성의 맥락에 위치시킴으로써 인간의 지위를 전체를 이루는 한 '부분'으로 설정하고 또 인간을 포함하여 모든 피조물들이 생존을 위해 상호 의존할 수밖에 없다고 강조한 점으로부터 하나님 형상의 관점에서 동물 신학을 전개하는 데 있어 유의미한 통찰을 얻을 수 있다고 본다.

4. 나오는 말

이상의 논의와 탐구를 토대로 하여 몇 가지 신학적·윤리적 제안을 하고자 하는데, 이 제안들이 동물 신학과 윤리 담론의 성숙에 이바지할 수 있기를 바란다. 첫째, 동물 신학과 윤리를 전개함에 있어 인간과 동물을 포괄하는 신중심적 관점을 중시할 것을 제안한다. 동물의 존재론적 지위와 의미를 탐색할 때 인간과의 관계성을 초점으로 하여 목적과 수단, 지배와 피지배, 중심과 주변부 등 위계적·이분법적 틀로 접근하기보다는 전체를 구성하는 부분들, 부분들 사이의 상호연관성 등에 우선순위를 설정하고 하나님의 창조와 섭리와 구원의 관점에서 접근하는 것이 더 적절할 것이라는 생각이다. 하나님의 창조와 섭리와 구원은 우주적 지평을 본질적으로 내포하며, 동물과 인간을 포함한 세계의 존재들은 전체로서의 우주를 구성하는 동등한 주체들로서 창조하신 세계(우주) 가운데 임재하시고 또 궁극적 완성으로 이끌어 가시는 하나님의 역사에 참여한다. 이러한 신중심적 틀을 존중하며 동물 신학과 윤리를 모색하는 것은 인간 중심, 동물 중심, 식물 중심 등, 중심과 주변부로 세계의 존재들을 나누고 서열화하는 관점과 구조를 극복하는 데 기여할 수 있을 것이다.

둘째, 창조와 섭리의 틀 안에서의 동물의 신학적 의미의 심화에 관한 것이다. 시편 104편의 창조의 목록에는 인간이 포함되지 않다는 점을 들어 마우는 인간중심적이지 않은 창조신학을 탐지할 수 있다고 밝힘을 보았다. 그렇다고 창조의 중심이 인간이 아닌 다른 존재들에게 있음을 주장하고자 함은 아니다. 오히려 인간뿐 아니라 다른 모든 피조물들이 소중하기에 하나님은 지극한 사랑으로 그 모두를 돌보시고 지키시며 궁극적 완성으로 인도해 가시는 것이다. 구원의 대상일 뿐 아니라 하나님은 모든 피조물들을 하나님 뜻 실현을 위해 부르신다. 시편 119편에서 하나님은 만물을 하나님의 종으로 세우셨다고 말씀하신다(91절). 만물에는 인간뿐 아니라 동물도 포함된다. 인간만이 아니라 동물도 하나님의 종으로 부름 받고 또 하나님의 의도와 계획을 위해 쓰임 받는다는 것이다.

셋째, 하나님 형상의 관계론적 해석의 강화에 관한 것이다. 앞에서 본 대로, 하나님 형상은 '닮음'의 의미를 중요하게 내포하는데, 하나님을 본보기로 삼아 하나님을 반영하는 것이 하나님 형상의 실현이 되는 것이다. 린지는 기독론적 해석에 방점을 두고 예수 그리스도의 섬김을 닮아 인간이 다른 피조물들을 섬기는 것이 하나님 형상 실현의 요체라고 강조함을 보았다. 기독론적 관점뿐 아니라 삼위일체적 관점도 중요하다. 삼위일체적 관점을 존중하여 하나님 형상을 해석한다는 것의 중요한 함의 한 가지는 삼위일체의 본질을 삼위 하나님의 온전한 사귐에서 찾고 하나님 형상을 '사귐'을 현실화함을 통해 구현할 수 있고 또 그렇게 해야 한다는 것이다. 이러한 함의를 생태적으로 확장한다면, 하나님 형상을 구현함에 있어 동물과의 사귐을 중요한 측면으로 강조하고 이 사귐을 적극적으로 모색하고 또 구체적으로 실현해 나가야 한다는 신학적·윤리적 함의를 추론할 수 있을 것이다.

참고문헌

Linzey, Andrew, "The Theological Basis of Animal Rights," *The Christian Century* (October 9, 1991), 906-909.

_____, *Animal Theology*, London: SCM Press and Chicago: University of Illinois Press, 1994.

_____, *Animal Gospel*, Louisville: Westminster/ John Knox Press, 1999.

_____, "Animals as Grace: On Being as Animal Liturgist," *The Way*, 46-1 (2007), 137-149.

_____, *Creatures of the Same God: Explorations in Animal Theology*, 장윤재 역, 『같은 하나님의 피조물, 동물 신학의 탐구』, 대전: 대장간, 2014.

Moltmann, Jürgen, *Trinität und Reich Gottes: Zur Gotteslehre*, 김균진 역, 『삼위일체와 하나님의 나라: 삼위일체론적 신론을 위하여』, 서울: 대한기독교출판사, 1982.

_____, *Gott in der Schöpfung: Ökologische Schöpfungslehre*, 김균진 역, 『창조 안에 계신 하느님: 생태학적 창조론』, 서울: 한국신학연구소, 1986.

_____, *Ethik der Hoffnung*, 곽혜원 역, 『희망의 윤리』, 서울: 대한기독교서회, 2012.

_____, *Der Weg Jesu Christi: Christologie in messianischen Dimensionen*, 김균진 · 김명용 역, 『예수 그리스도의 길: 메시아적 차원의 그리스도론』, 서울: 대한기독교서회, 2017.

Mouw, Richard J., *He Shines in All That's Fair*, 권혁민 역, 『문화와 일반 은총: 하나님은 모든 아름다운 것 가운데 빛나신다』, 서울: 새물결플러스, 2012.

_____, *Abraham Kuyper: A Short and Personal Introduction*, 강성호 역, 『리처드 마우가 개인적으로 간략하게 소개하는 아브라함 카이퍼』, 시울: SFC출판부, 2015a.

_____, "Thinking about 'Many-ness': Inspirations from Dutch Calvinism," 미간행 원고, 2015b.

Stackhouse, Max L., *Globalization and Grace*, 이상훈 역, 『세계화와 은총』, 서울: 북코리아, 2013.

07

글로벌 재난시대를 위한 지구윤리의 도덕적 특징에 대한 기독교적 연구[1]

조용훈(한남대학교, 교수)

1. 들어가는 말

1980년대부터 진행된 세계화 과정은 개별 국가들의 상호의존성은 물론 지구적 재난 위험성도 함께 증가시켰다. 세계 경제위기, 테러와 전쟁, 팬데믹 그리고 기후재앙 같은 글로벌 재난으로 인해 인류 역사에서 처음으로 지구행성과 그 안의 생명체 모두가 위험한 상황에 내몰리고 있다. 이러한 글로벌 재난시대를 맞아 하나 된 세계의 생존과 번영이란 비전을 실현하는 데 필요한 보편윤리를 모색하는 이 연구가 글로벌 재난을 윤리적 관점에서 다루는 이유는 다음과 같다.

첫째, 글로벌 재난의 원인은 인간과 사회의 윤리적 실패와 연관되어 있기 때문이다. 지난 3년간 인류를 고통에 몰아넣고 세계경제를 크

---

[1] 본 장은 『기독교사회윤리』 56집에 수록된 논문을 부분 편집한 글이다.

게 후퇴시킨 코로나19 팬데믹만 보더라도, 그 직접적 원인이 인간에 의한 동물 서식지의 파괴 때문이었으며, 국가 간 불신과 비협조 태도가 피해를 늘렸다. 또 다른 예로, 2011년 일본 후쿠시마 원자력발전소 재난은 지진과 쓰나미라는 자연적 요소 외에 인간과 사회의 윤리적 실패 때문이었다. 원전사고의 위험은 설계과정, 시공 과실, 부주의한 조작의 실수 같은 인간적 요소들과, 상업성만 생각하는 원전기업과 정부 사이의 부도덕한 결탁 때문에 증폭된다는 점에서 인재(人災)다.[2] 최근 전 세계가 실감하고 있는 기후재앙 역시 물리적 세계와 사회적 세계 사이의 접점 혹은 경계선상에 놓여 있는 이슈다.[3]

그리고 글로벌 재난의 파국적 결과가 국가 간에 불평등하게 배분된다는 점에서도 국제정치와 세계 시민사회의 윤리적 실패다. 사람들은 기후재앙을 지구촌 문제라고 말하지만, 그 피해는 저개발국에 훨씬 치명적이다. 대표적인 사례가 남태평양의 투발루나 인도양의 몰디브 같은 섬 국가들의 침수다. 해수면 상승의 직접적 원인이 되는 대기 중 이산화탄소의 증가는 대부분 부유한 국가들의 산업생산과 높은 수준의 소비생활에서 발생하지만, 그 치명적 결과는 가난한 나라들이 고스란히 떠맡고 있다.

둘째, 세계가 하나의 마을 단위처럼 변한 지구촌 시대에 보편적 세계윤리의 구축이 긴급한 과제가 되었기 때문이다. 지구촌 사회에서 어떤 형태의 재난이든 이내 글로벌 차원으로 변하고 있다. 그런데 글

---

2 Yamamoto Yoshitaka, *Fukusima no genpatsu jiko o megutte*, 임경택 역, 『후쿠시마, 일본 핵발전의 진실』(서울: 동아시아, 2011), 66, 76-84.

3 John C. Mutter, *Disasterprofiteers: how natural disasters make the rich richer and the poor even poorer,* 장상미 역, 『재난 불평등: 왜 재난은 가난한 이들에게만 가혹할까』(서울: 동녘, 2016), 38.

로벌 재난 앞에서 각 나라는 각자도생의 길을 추구하느라 그간 인류가 국제정치 무대에서 힘들게 이룩했던 온갖 국제기구들과 제도들을 무력화시키고 있다. 각자 자국의 경제적·정치적 득실만을 따지느라 국제적 연대와 협력의 정신마저 약화시키고 있다. 그 결과 유엔과 수많은 국제정부기구들(IGOs)의 권위와 영향력이 급격히 줄어들고 있다. 그 자리를 보호무역주의, 자국 우선주의, 포퓰리즘 정치 그리고 외국인 혐오증이 차지하고 있다.[4] 인류가 당면한 글로벌 재난을 예방하고, 지구적 풍요와 번영의 꿈을 이루려면 지구적 차원의 보편적 가치에 따라 사고하고, 윤리적으로 책임 있게 행동할 수 있는 지구윤리를 시급히 구축해야 한다.[5]

셋째, 재난은 충격적 방법으로 인간의 윤리적 태도 변화에 영향을 주는 강력한 요소이기 때문이다. 제러미 리프킨(J. Rifkin)은 인류역사에 결정적인 시기가 닥치면 어쩔 수 없이 인류가 하나의 행성을 공유하고 있으며, 그 하나뿐인 행성의 영향 아래 있으므로, 이웃의 고통을 내 고통으로 자각하게 될 것이라고 전망하면서, 글로벌 재난이 인류를 역사의 전환점으로 몰아가고 있다고 보았다.[6] 인류는 과연 당면한 글로벌 재난을 윤리적으로 성숙하고 도약할 수 있는 기회로 만들 수 있을까?

---

4 조용훈, "글로벌 재난윤리의 종교적 접근 가능성과 중요성에 대한 연구", 「기독교사회윤리」 54(2022), 367-370.

5 지구윤리란 흔히 세계윤리와 혼용되어 사용되는 개념이다. 국민이란 정체성에 기초하여 국제무대에서 에티켓이나 국제정치 관계를 다루는 '국제윤리'나 경제의 세계화 과정에서 생겨난 새로운 사회 문제를 다룬다는 의미에서의 '세계윤리'와 다르다. 여기서 사용되는 지구윤리는 국민이 아니라 지구적 시민의식을 강조하고, 인류만 아니라 지구행성 안의 모든 생명공동체에 대한 책임과 배려를 중시하는 세계 보편적인 윤리 태도를 의미한다.

6 Jeremy Rifkin, *The Empathic Civilization*, 이경남 역, 『공감의 시대』(서울: 민음사, 2010), 755, 760.

재난이 사람을 더 영리하게 만들 뿐 더 도덕적으로 만들지는 못한다고 보았던 볼프강 소프스키(W. Sofsky)의 견해가 맞을지,[7] 아니면 인간은 재난 속에서 고통에 공감하기도 하고, 이타주의 행동이나 공동체 정신을 창조하기도 한다는 레베카 솔닛(R. Solnit)의 견해가 맞을지는 우리들의 손에 달려 있다.[8] 그리고 그 선택은 마침내 인류를 포함하여 지구행성과 그 안에 살아가는 모든 생명체의 운명을 좌우할 것이다.

한 세기 전 1차 세계대전의 참상을 경험한 알베르트 슈바이처(A. Schweitzer)는 현대문명의 비극이 물질문명의 발전 속도와 정신적 발전 속도 사이의 불균형에서 발생한다고 보았다.[9] 우리는 슈바이처가 한 세기 전에 목도했던 비극적인 문화지체(cultural lag) 혹은 도덕지체 현상을 세계화 시대에 다시금 목도하고 있다. 인류는 세계를 하나의 마을처럼 바꾸고, 지구행성을 멸절시킬 수 있는 가공할 과학기술들을 발전시켰지만, 정작 그 기술문명 발전 방향을 통제할 만한 정신적 자원 곧 세계 시민의식이나 세계 보편윤리를 발전시키지 못하고 있다. 인류의 윤리의식이 여전히 세계화 시대 이전의 전통윤리관에 머물러 있다 보니 세계화로 말미암는 글로벌 재난들에 대처하는 데 어려움을 겪고 있다. 전통윤리가 글로벌 재난 이슈를 다룰 때 여전히 부족 중심적이고, 과거 지향적이며, 인간 중심적이고, 이성 중심적인 입장에 머물러 있기 때문이다.

---

7   Wofgang Sofsky, *Das Prinzip Sicherheit,* 이한우 역, 『안전의 원칙: 위험사회, 자유냐 안전이냐』(파주: 푸른숲, 2007), 24.

8   Rebecca Solnit, *A Paradise Built in Hell* 정혜영 역, 『이 폐허를 응시하라: 대재난 속에서 피어나는 혁명적 공동체에 대한 정치사회적 탐사』(서울: 펜타그램, 2012), 10-14.

9   Albert Schweitzer, *Kultur und Ethik*, Ausgewaehlte Werke in fuenf Baende. Hg. von R. Grabs, Bd.II (Berlin: Union, 1973), 118.

이러한 도덕상황에 대한 문제인식에서 출발하는 이 글은 인류의 생존과 번영에 필요한 지구윤리의 토대를 모색하는 데 그 목적이 있다.[10] 세계화 시대 이전에 통용되었던 전통윤리가 지닌 한계와 문제점이 무엇인지 분석하면서, 새로운 윤리로서 지구윤리의 특징을 도덕 주체의 정체성, 책임의 대상, 배려의 범위, 도덕 판단과정에 미치는 이성과 감정 요소들 그리고 규범적 토대 등에 대한 질문을 중심으로 서술하면서 지구윤리의 개략적인 특징을 제시하겠다.

2. 지구윤리의 도덕적 특징

1) 도덕 주체의 정체성

칸트의 윤리이론으로 대표되는 근대 합리주의 윤리 전통은 도덕 행위자보다는 윤리적 원리나 규칙을 찾아내는 데 더 많은 관심을 기울였다. 그 결과 합리적이고 명료한 사고에 필요한 이성의 기능과 역할이 윤리학의 중요한 관심사가 되었다. 도덕적 인간이 된다는 것은 좀 더 합리적인 인간이 된다는 것과 같은 뜻이 되었다. 하지만 윤리 논의에서 도덕 원리나 규칙만큼 도덕 행위자도 중요한 요소다. 이는 도덕

---

10 여기서 사용하는 '윤리'라는 개념은 엄격한 의미의 윤리이론(학)이라기보다는 윤리적 근본 태도(ethos)를 가리킨다. 보편적 세계윤리를 주장했던 한스 큉(H. Kueng)은 세계윤리(Weltethos)를 두고 새로운 이데올로기나 유일무이한 세계문화를 의미한다기보다는 공통의 인간적 가치와 윤리적 기준들과 윤리적 근본 태도를 가리킨다고 했다. Hans Kueng, *Weltethos fur Weltpolitik und Weltwirtschaft* (Muenchen: Piper, 1997), 132-133 참고.

행위자가 자신의 정체성을 어떻게 규정하는지에 따라서 도덕적 판단과 행위가 얼마든지 달라질 수 있기 때문이다.

세계화 시대 이전의 전통윤리에서 도덕 주체의 정체성은 대체로 부족 주의적이라는 특징을 지녔다. 흔히 부족이란 같은 언어나 관습을 지닌 인종 집단으로서 구성원의 소속감과 충성심의 토대가 된다. 정치학적 관점에서 부족주의를 연구한 에이미 추아(A. Chua)는 인간에게는 집단에 소속하고자 하는 부족본능(group instinct)이 있는데, 그것은 많은 경우 인종, 민족, 지역, 종교 그리고 분파와 연관된다고 한다. 그런데 이 부족본능은 소속본능이며 동시에 배제본능으로서 소속집단 안의 구성원들을 굳게 결속시키는 반면에 타 집단에 대해서는 배타적이고 차별적으로 행동하게 만든다. 심지어 부족의 집단정체성에 사로잡힌 사람들 가운데에는 타 집단에 대한 감수성이나 공감을 잃어버리고 끔찍한 악행조차 서슴지 않는다.

> "개인의 책임은 집단정체성으로 녹아들고, 집단정체성에 의해
> 부패한다. 그렇게 해서 잔혹하고 끔찍한 행동을 찬양하고, 그런 행
> 동에 가담하는 것이 가능해진다."[11]

윤리학적 관점에서 볼 때, 부족주의는 모두에게 보편적으로 적용되는 윤리적 태도가 아니라 자신이 속한 집단과 다른 집단 사이에 이중적이고 모순적으로 적용되는 윤리적 태도를 정당화한다. 유감스럽게도 보편적 세계구원을 내세우는 종교들조차도 때로 이러한 부족주

---

11   Amy Chua, *Political tribes: group instinct and the fate of nations*, 김승진 역, 『정치적 부족주의』(서울: 부키, 2020), 143.

의 윤리의 포로가 되는 잘못을 범하곤 했다. 특히, 종교적 근본주의자들은 우리와 저들을 엄격히 구분하고, 둘 사이의 관계를 선과 악의 관계로 보며, 타 종교에 대해 공격적인 태도를 보이면서 세계평화를 위협한다. 그런 배경에서 1990년대 초 종교 간의 대화에 기초한 보편윤리를 주창했던 한스 큉은 부족주의 윤리를 가리켜 '차별의 윤리, 모순의 윤리 그리고 투쟁의 윤리'라고 비판했다.[12] 종교학자 카렌 암스트롱(K. Armstrong)은 부족주의 윤리의 특징으로 '공격적인 영주 지상주의, 신분에 대한 열망, 지도자와 집단에 대한 반사적인 충성심, 외부인에 대한 의심, 더 많은 자원을 획득하기 위한 다른 집단에 대한 무자비한 결의'라고 지적했다. 그러면서 부족주의 윤리가 고대 원시사회에서 호모사피엔스의 생존에는 도움이 되었을지 몰라도 현대사회에서는 반드시 극복되어야 할 장애물로 전락했다고 주장했다.[13]

사회학자 정수복의 연구에 따르면, 무교와 유교문화의 영향을 받은 우리 사회 역시 부족주의적 윤리관의 특징을 지니고 있다고 말한다. 한국인은 지연과 학연 그리고 혈연이라는 연고주의로 엮인 '우리'와 그런 연고가 없는 '그들'을 엄격히 구분하며, 우리 집단 안에 속한 사람에게는 각종 특혜를 베푸는 반면에 타 집단에 대해서는 차별적으로 행동한다. 그 결과 우리 사회에는 보편적 윤리관의 발전이 더디다고 보았다.[14]

이 같은 부족주의 특징을 지닌 전통윤리와 비교할 때 새로운 지

---

12   Hans Kueng, op. cit. (1992), 17.

13   Karen Armstrong, *Twelve steps to a compassionate life,* 권혁 역, 『자비를 말하다』(서울: 돋을새김, 2012), 42-43.

14   정수복, 『한국인의 문화적 문법』(서울: 생각의 나무, 2007), 132-141, 492-493.

구윤리는 도덕 주체의 정체성을 지구시민(global citizenship)으로 규정한다. 지구시민이란 국경이나 인종 그리고 종교적 당파성을 넘어서 우주적 관점에서 지구행성 안의 모든 생명체의 안녕과 번영에 관심하고 책임적으로 행동할 줄 아는 시민을 가리킨다. 천체물리학자 칼 세이건(C. Sagan)은 우주에서 내려다본 지구에는 국경선이 없기 때문에 극단적 형태의 민족우월주의나 우스꽝스러운 종교적 광신 그리고 맹목적이고 유치한 국가주의가 발붙이지 못하게 만들어야 한다고 주장했다.[15] 그는 인류의 역사를 인간이 충성하고 사랑할 대상의 범위를 지속적으로 넓혀온 과정으로 해석했다. 인류역사의 초기에 충성과 사랑의 대상이 마을이나 부족이었다면, 점차 도시국가와 국민국가로 확대되었으며, 이제는 인류가 생존하기 위해서라도 인류 전체와 지구 전체로 확대해야 할 때라고 강조했다.[16]

구약성서에 나타나는 유대인의 윤리는 전형적인 부족주의 윤리의 한 예이다. 다른 부족에 대한 절멸전쟁(헤렘)은 말할 것도 없고, 심지어 이웃 사랑을 강조하는 계명에서조차 사랑할 대상을 동족인 유대인으로 제한했다(레 19:18). 예수시대에 이르기까지 유대인과 이방인 사이에는 높은 인종 장벽이 존재했으며, 이방인에 대한 차별적 태도는 신앙적으로 정당화되었다. 이런 부족주의 윤리관에 맞서 예수는 사랑의 대상을 확장하라고 가르쳤다. 그는 배타적이고 제한적이며 차별적인 사랑 대신에 보편적인 사랑을 가르쳤다.(마 5:43-48) 그는 선한 사마리아인의 비유(눅 10장)를 통해서 사랑해야 할 대상을 동족 유대인이 아니라

15　Carl Sagan, *Cosmos*, 홍승수 역, 『코스모스』 특별판(서울: 사이언스북스, 2006), 632.

16　Ibid., 675.

'고통 가운데 있는 모든 사람'으로 확장했다. '누가 내 이웃입니까?'라는 율법학자의 물음에 '누가 강도 만난 사람의 이웃이냐?'라고 되물었던 데는 고통당하는 모든 타자는 누구나 사랑과 배려의 대상이 되어야한다는 확장된 도덕 주체의 정체성이 잘 나타나 있다.

윤리학을 '타자를 위한 책임의 학문'으로 정의한 에마뉘엘 레비나스(E. Levinas)는 인간의 주체성이란 자기 자신에 대해 철학적으로 더 깊이 성찰하거나 타자로부터 자신을 분리함으로써 형성되는 것이 아니라 타자를 자기 안으로 받아들이고, 타인과의 윤리적 관계를 형성할때 비로소 형성된다고 말했다. 즉, 고통 속에 있는 타인을 영접하고, 환대하고, 섬기는 책임적인 삶을 통해 비로소 인간답게 된다고 본다.[17]

기독교의 세계화에 기여했던 바울은 유대인과 헬라인의 경계를넘어 예수 안에서 하나 됨을 강조했다(갈 3:28). 동시에 기독교인의 정체성을 하나님 나라의 백성이며 동시에 국가의 시민이라는 이중적 정체성으로 제시했다(빌 3:20). 이 세상을 순례자처럼 살아가는 기독교인은 하나님 앞에서 그리고 인간과 세상 앞에서 고통받는 모든 존재에대해 책임적으로 응답하는 사람들이다. 그러려면 '국민'이라는 정체성을 떨치고 '시민'이라는 정체성을 가져야 한다. 흔히 국민이란 말이 한국가의 구성원으로서 민족주의적이고, 집단주의적이며, 권위주의적성격을 지닌다면, 시민이란 말은 헌법이 보장하는 정치적 권리를 행사할 수 있는 자유 국민으로서 개별적이며 동시에 세계적인 성격을 지닌다. 이런 배경에서 이혁배는 기독교인의 정체성을 개인적 관점에서는 '기독 시민'(Christian citizen)이요, 공동체적 관점에서는 '교회시민'(church

---

17 강영안, 『타인의 얼굴: 레비나스의 철학』(서울: 문학과지성사, 2005), 41-42.

citizen)이라고 규정한다. 전자가 시민의식을 지닌 각성된 기독교인을 가리킨다면, 후자는 사회의 공동선을 추구하면서 시민사회의 활성화에 기여하는 신자들의 집단적 시민의식이라고 말한다.[18] 기독 시민이건 혹은 교회 시민이건 공통점은 그리스도인은 사적 시민이 아니라 하나의 안전하고 풍요로운 지구라는 공동선의 실현을 힘쓰는 공적 책임을 수행하는 도덕 주체라는 사실이다.

2) 도덕적 책임의 대상

세계화 시대 이전의 전통윤리에서는 도덕적 책임을 '인간 대 인간' 혹은 '인간 대 사회'의 관점에서 다루었다. 이는 이성주의적 근대 윤리가 지구행성 안의 생명체들 가운데 오로지 인간 종(種)에게만 도덕적 주체로서의 자격을 인정했기 때문이다. 여러 생물종 가운데 오직 인간 종만이 이성을 지니고 있어서 합리적으로 사고하고, 도덕적으로 판단할 수 있으며, 자율적으로 행동할 수 있고, 그 결과에 대한 책임을 질 수 있다고 보았다. 이런 생각과 태도는 결과적으로 인간 종 이외의 다른 생물종이 지닌 내재적 가치나 도덕적 권리를 부인하는 인간 중심적 윤리를 낳았다.

그런데 오늘날 생태학적 연구들은 공통적으로 인간과 자연이 각기 고유한 내재적 가치를 지니고 있다는 점을 인정한다. 구약학자 오딜 스텍(O. Steck)은 인간과 자연을 '공동의 역사와 미래'를 가진 역사공

---

18 시민의식의 역사적 발전과 기독 시민과 교회 시민의 중요성과 역할에 대해서는 다음을 참고하라. 이혁배, "시민에 대한 신학적 성찰", 2022년도 한국기독교사회윤리학회 정기학술대회 논문집(2022), 67-77.

동체로 보았다.[19] 철학자요 물리학자인 프리드리히 폰 바이체커(C. F. von Weizaecker)는 자연도 인간처럼 역사성을 가졌다고 주장한다. 자연의 역사에 비교할 때, 인간의 역사란 지극히 짧고 작을 뿐이고, 둘 사이에 차이가 있다면 인간은 자신의 역사를 인식할 수 있다는 점뿐이라고 말한다. "인간을 특징짓는 것은 인간이 역사를 가졌다는 사실이 아니라 자기의 역사에 관해서 무엇인가를 파악한다는 사실입니다."[20] 신학적 관점에서 보더라도, 인간과 자연은 하나님의 심판으로 말미암은 고통을 함께 당하며(창 3:14-21), 구원의 약속과 희망을 함께 지니는 운명공동체다(창 9:1-19, 롬 8:20-22).

윤리학자 피터 싱어(P. Singer)는 인간중심주의적 전통윤리가 자신의 종에 속한 존재들의 이익만 옹호하고, 다른 종들의 이익은 고려하지 않는다는 점에서 종차별주의(speciesism)라고 비난했다. 그가 이론적 근거로 삼는 도덕 논리는 모든 사람의 이익을 동등하게 고려해야 한다는 공리주의 이론이다. 이익평등의 고려 원칙의 핵심적 질문은 각각의 존재가 어떤 본성이나 속성을 가지고 있느냐가 아니라 고통을 동일하게 느끼냐이다. 만약 어떤 존재가 다른 존재와 동일하게 고통을 느낀다면, 그 둘을 동등하게 대우하는 것이 윤리적이다.[21]

지구행성 안의 모든 생명체의 내재적 가치와 도덕적 권리에 대하여 긍정적인 지구윤리는 윤리적 책임의 대상을 인간 종을 넘어 지구행성 안의 모든 생명체에게로 확장한다. 세이건의 표현대로, 지구란 '쥐

---

19   Odil H. Steck, *Welt und Umwelt* (Stuttgart: Kohlhammer, 1978), 80.

20   C. Friedrich von Weizsaecker, *Die Geschichte der Natur,* 강성위 역, 『자연의 역사』(서울: 서광사, 1995), 23.

21   Peter Singer, *Animal Liberation: A New Ethics for Our Treatment of Animals,* 김성한 역, 『동물해방』(고양: 인간사랑, 1999), 41.

면 부서질 것만 같은 창백한 푸른 점'[22]이거나 요나스가 걱정한 대로 인간의 가공스러운 기술적 힘에 의해 쉽게 해를 입고 훼손될 수 있는 연약한 상태로 변했기 때문이다.[23] 이런 위기 상황에서 인간마저 지구와 자연을 돌보려 하지 않는다면 지구행성은 어떻게 될 것인가?

생명체들이 공통적으로 지닌 고통 감수성에 기초하여 책임의 범위를 모든 생명체에게 확대하길 요구했던 싱어와 달리, 슈바이처는 모든 생명체가 지닌 공통된 생명의지에 주목했다. 말하자면, 그에게 살려는 의지는 데카르트의 생각하는 것만큼이나 자명하다. 그에게 생명의지는 사고행위보다 더 근원적인 사실이다. "나는 살려는 의지를 가진 생명 가운데에서 살기 원하는 생명이다."[24] 그의 생명 중심적 윤리에서 도덕적 선이란 생명을 보전하고 촉진하는 것이요, 도덕적 악이란 생명을 파괴하거나 저지하는 것이다. 그에게 "윤리란 살아 있는 모든 존재들에 대한 무제한으로 확장된 책임이다."[25]

물론 동물이 인간과 마찬가지로 자기 권리를 법정에서 다툴 수 있는 법적 주체가 될 수 있는가에 대해서는 여전히 논쟁 중이다.[26] 하지만 우리가 동물이 지닌 내재적 가치와 고통 감수성 그리고 살려는 의

---

22   Carl Sagan, op. cit. (2006), 632.

23   Hans Jonas, *Das Prinzip der Verantwortung*, 『책임의 원칙: 기술시대의 생태학적 윤리』(서울: 서광사, 1994), 33.

24   Albert Schweitzer, op. cit., 377.

25   Ibid., 379.

26   동물의 권리를 인정하지 않으려는 사람들은 권리의 법적 실제성의 부족을 문제 삼는다. 말하자면, 동물의 권리를 인간의 권리와 동등하게 생각하게 되면, 인권의 중요성이 약화될 수 있고, 권리 개념에 혼동이 오고, 권리를 규정하고 균형을 유지하는 데 있어 복잡한 문제가 발생하며, 타당한 윤리 규범과 규제가 비실제적이라는 점을 논거 삼아 비판한다. James A. Nash, *Loving Nature: Ecological Integrity and Christian Responsibility*, 이문균 역, 『기독교생태윤리』(서울: 한국장로교출판사, 1997), 273-275 참고.

지를 인정할 수 있다면 동물의 도덕적 권리도 마땅히 인정해야 한다. 인권 발전의 역사에서 볼 수 있듯이, 인권이 도덕적 권리를 넘어서 법적 권리로 발전하는 데는 오랜 시간과 노력이 필요했다. 얼마 전부터 우리 사회에서도 반려동물을 가족의 범주로 생각하는 문화가 확산되면서 동물의 권리에 대한 도덕적 책임의식도 급속하게 발전해 가고 있다. 1991년 제정된 우리나라 동물보호법은 동물에 대한 학대나 유기행위를 처벌하고 있으며, 점차 적용 범위도 넓어질 전망이다.

예언자 이사야는 모든 생물들이 평화롭게 살아가는 종말론적 샬롬 세계를 하나님의 약속이요 동시에 우리가 추구해야 할 비전으로 제시했다.

> "주님을 아는 지식이 온 땅에 가득해질 때 이리가 어린 양과 함께 살고, 암소와 곰이 서로 벗이 된다. 어린아이가 표범과 새끼 염소, 송아지와 새끼 사자를 함께 이끌고 다닌다. 젖 먹는 아이가 독사의 구멍 곁에서 장난해도 해를 입지 않게 될 것이다."(사 11:6-9)

이런 종말론적 샬롬의 비전은 우리로 하여금 생명 중심적 지구윤리를 형성하려는 노력에 강력한 동력과 목표를 제시한다.

3) 도덕적 배려의 시간적 범위

전통윤리에서 도덕적 배려의 시간적 범위는 과거나 현재로 제한되어 있다. 이런 태도는 과거에 이미 일어난 사건이나 현재 진행되고 있는 사건에 대해서 책임을 묻는 '사후 처리적' 태도다. 하지만 원자력

발전이나 생명공학 기술처럼 최첨단 과학기술이 미치는 영향이 먼 미래세대까지 확장된 현실을 고려할 때, 윤리적 책임과 배려의 범위를 미래로 확장할 필요가 생겼다. 한 예로서, 원자력발전소에서 나오는 사용 후 핵연료를 보면, 맹독성 물질인 고준위 방사성 물질이 안정화되는 데는 보통 수만 년에서 수십만 년의 긴 기간이 필요하다.

요나스는 전통윤리에서 다루는 책임의 범위가 직접적이고, 현재적이며, 동시대 인류에게로만 제한되었다는 한계를 지적했다. 즉, 인간의 행동이 미칠 문제를 예견하고, 목표를 설정하고, 계산할 수 있는 시간적 간격이 매우 짧았으며, 행동 결과의 장기적 진행 과정은 우연이나 운명에 맡겨진 셈이다. 전통윤리의 세계는 동시대인들로만 구성되어 있고, 세계의 지평은 예견 가능한 범위 내의 기간으로 제한되어 있다.[27] 이런 문제인식에서 그는 기술이 미래세계에 미칠 잠재적 위험성을 예측하는 데는 미래에 대한 낙관적 기대나 희망 대신에 공포심이나 두려움에서 생기는 사전 예방적 태도가 훨씬 낫다고 본다. 그러면서 '미래는 완결되지 않는 우리 책임의 차원'이라고 힘주어 말했다.[28]

법철학자 오트프리트 회페(O. Hoeffe)는 자연자원을 인류의 공동유산, 곧 '모든 세대들이 그 자체는 훼손하지 않고 그 이자에 의존해서 살아갈 수 있는 자본'에 비유했다.

"개인이든 집단이든 세대든 간에 공동재산에서 어떤 것을 취하는 사람은 그것과 똑같은 것을 되돌려줄 의무가 있다."[29]

---

27 Hans Jonas, op. cit. (1994), 29-30.

28 Ibid., 40-42, 65-67.

29 Ottfried Hoeffe, *Gerechtigkeit: Eine Philosopische Einfuehrung*, 박종대 역, 『정의: 인류의 가

지구행성은 우리 세대만 아니라 미래세대를 위해서도 거주 가능한 공간으로 남아야 하고, 자연자원은 지구행성 안의 모든 생물체의 생존을 위해 보존되어야 한다. 도덕적 관점에서 볼 때, 어떤 세대도 미래세대가 지닌 잠재적 이익과 권리를 훼손하거나 일방적인 희생을 강요해서는 안 된다. 세계환경개발위원회(WCED)는 이런 미래세대의 권리를 '지속가능성'(sustainability)이란 가치로 표현했다. 이것은 현세대의 생활방식이 미래세대의 요구를 충족시킬 수 있는 능력을 손상하지 않는 범위 안에서만 허용될 수 있다는 의미다.[30]

가톨릭 환경운동가 프란츠 알트(F. Alt)는 기후재앙과 관련하여 미래세대의 권리에는 무관심한 채 지금 편리하고 풍요롭게 사는 데만 관심하는 현세대의 행태를 '치명적 죄악'이라고 비난했다.

> "인류 역사상 최초로 제 핏줄, 제 후손에게 아무런 보호본능도,
> 아무런 책임감도 느끼지 못하는 세대가 되었다. 동물도 이런 보호
> 본능을 갖고 있는데, 우리는 그렇지 못하다."[31]

2020년 유엔기후행동 정상회의에서 스웨덴의 10대의 환경운동가 그레타 툰베리는 기후재앙의 원인이 된 이산화탄소를 제거할 임무를 미래세대에게 떠넘긴 기성세대의 무책임을 비난하면서 '어떻게 감히 그렇게 행동할 수 있는가'를 물었다.

장 소중한 유산』(서울: 이제이북스, 2004), 140.

30 World Commission on Environment and Development, *Our Common Future,* 조형준·홍성태 역, 『우리 공동의 미래』(서울: 새물결, 1994), 36.

31 Franz Alt, *Der Oekologische Jesus,* 손성현 역, 『생태주의자 예수』(서울: 나무심는 사람, 2003), 20.

법적 관점에서 아직 태어나지 않은 미래세대가 자신의 잠재적 피해를 법정에 호소할 만한 권리의 주체가 될 수 있을지는 논쟁 중이다. 그러나 도덕적 관점에서 현세대로부터 마땅히 배려를 받아야 할 대상이라는 사실은 부정하기 어렵다. 왜냐하면, 특별한 일이 없는 한 그들은 이 땅에 태어나게 될 것이고, 우리가 누렸던 자연의 혜택을 동등하게 누릴 것이라 예상할 수 있기 때문이다. 이런 배경에서 기독교윤리는 세대 간 환경 정의를 실천하는 세대 간 연대와 배려를 위해 힘써야 한다.[32]

4) 도덕 행위와 판단에 미치는 정서적 요소

근대 합리주의 윤리가 인간성의 특성을 도덕성과 이성에서 찾음으로써 보편적 도덕 원리를 인지하고, 도덕적 판단 과정에서 옳고 그름을 분별할 수 있는 이성의 역할은 무엇보다 중요한 관심사가 되었다. 그러다 보니 인간의 감정적 요소들이란 합리적 도덕 판단을 왜곡하는 위험스런 것으로 간주되었고, 도덕행위에 미치는 감정의 역할도 무시하게 되었다.

도덕성에 미치는 감정의 역할을 무시하는 이성주의 윤리는 일반 철학은 물론 심지어 기독교사회윤리학에도 등장했다. 한 예로서, 기독교 현실주의자 라인홀드 니부어(R. Niebuhr)는 산상설교에 나타난 예수의 사랑윤리가 지나치게 이상적이고 절대적이어서 복잡한 사회현실에 적용하기 힘들다고 보았다. 이해관계가 첨예한 현실 정치나 경제에서

---

32   조용훈, "환경정의에 관한 기독교윤리적 이해", 「장신논단」 40(2011), 319-321.

는 집단적인 힘의 균형에 기초한 평등한 정의(equal justice)를 통해서만 사랑의 근사치에 접근할 수 있다고 보았다. 그에게 평등이란 "사랑의 법의 합리적이고 정치적인 번역판(version)"이다.[33] 심지어 그는 사회적 이익의 관점에서 볼 때, 행위가 불러올 결과보다는 행위의 동기에만 관심하는 예수의 절대적 사랑윤리를 해롭기까지 하다고 본다. 그 이유는 종교적 박애주의에서 보듯이, 동기에만 관심하는 윤리는 많은 사회적 부조리를 낳을 수 있기 때문이다.[34]

도덕 판단에서 감정적 요소를 간과하거나 무시하는 이성주의 윤리를 비판했던 한 무리의 도덕감정론자들이 영국에 등장한 것은 18세기였다. 그들 가운데 프랜시스 허치슨(F. Hutcheson)은 인간의 선행 동기를 자비심에서 찾았으며, 자비심과 연민 같은 도덕 감정(moral sense)을 신에 의해 주어지는 것으로 생각했다.[35] 그의 뒤를 이은 데이비드 흄(D. Hume)이나 애덤 스미스(A. Smith)는 허치슨의 주장을 수용하면서도, 도덕 감정의 초자연적 성격에 대해서는 비판적이었다. 허치슨과 달리 두 사람은 신적 존재를 배제한 채 인간의 도덕 감정을 설명하고자 했다.[36] 흄의 주장에 따르면, 공감이란 그것을 통해 타자의 느낌에 들어가고, 타자의 느낌을 나의 느낌으로 전환하는 과정에 작동하는 심리적 기제다. 애덤 스미스는 공감을 타인의 감정만 아니라 그 감정을 느끼게 되

---

33   Reinhold Niebuhr, *An Interpretation of Christian Ethics* (New York and London: Harper & Brothers, 1935), 39, 108.

34   Reinhold Niebuhr, *Moral Man and Immoral Society* (New York: Charles Schribner's Sons, 1960), 74; 이한우 역, 『도덕적 인간과 비도덕적 사회』(서울: 문예출판사, 2004), 111-113.

35   양선이, "허치슨, 흄, 아담 스미스의 도덕감정론에 나타난 공감의 역할과 도덕의 규범성", 「철학연구」 114(2016), 312.

36   위의 글, 313-316.

는 상황과 그 상황에 대한 타인의 태도를 함께 고려하는 일종의 판단 과정으로 이해하면서 이 과정에 작동하는 양심을 통해 심리적 공감이 도덕적 공감으로 바뀐다고 본다.

이들의 노력에도 불구하고 합리주의가 지배적인 근대윤리학에서 감정의 역할에 대한 관심은 크게 주목을 받지 못했다. 하지만 최근 들어 보편적 도덕 원칙이나 규범보다는 도덕 행위자에 관심하는 덕 윤리(혹은 성품윤리)나, 자연에 대한 인간 중심주의를 비판하는 심층 생태론, 그리고 정의보다 관계성을 강조하는 돌봄과 배려 윤리의 등장은 도덕 행위자와 도덕적 태도에 미치는 감정의 역할을 재평가하고 있다.

수전 손태그(S. Sontag)는 『타인의 고통』에서 공감 없이 사실성만 강조하는 전쟁터 사진이나 저널리즘이 어떻게 재난 속 고통들을 비인간적인 방식으로 소비하게 만드는지 설명했다. 대중매체를 통해 재난 현장의 이미지가 반복적으로 노출되면 시간이 지나면서 핵심이 되는 이야기는 사라지고 이미지만 기억하게 되면서 사람들은 점차 타인의 고통에 무감각하거나 무관심하게 된다.[37]

철학자 마사 누스바움(M. Nussbaum)은 연민(compassion)이란 감정이 사회윤리적으로 긍정적인 역할을 할 수 있음을 주장하면서 그 근거로 인간 감정에는 혐오나 질투, 수치심과 같은 차별을 낳는 나쁜 감정만 있는 것이 아니라 공감과 연민 그리고 사랑 같은 좋은 감정도 있음을 제시했다. 도덕 감정에 대한 논의에서 그의 공헌은 연민이란 감정이 이성적 판단과 모순되는 도덕 요소가 아니라 오히려 타자의 복지에 관심하게 만드는 지극히 이성적인 감정임을 설득력 있게 설명했다는 점

---

37   Susan Sontag, *Regarding in the pain of others,* 이재원 역, 『타인의 고통』(서울: 이후, 2004), 25, 140, 155-160.

이다. 그의 공감 이해는 세 가지 인지적인 요소를 포함하는바, 첫째, 고통의 심각성에 대한 인식이요, 둘째, 고통을 낳는 원인의 부당함에 대한 인식이며, 마지막은 자신도 상대처럼 고통당할 수 있다는 연약함과 유사성에 대한 인식이다.[38]

도덕 감정은 철학적으로만 아니라 신학적으로도 매우 중요한 요소다. 기독교 역사적으로 보면, 근대의 사변주의 신학을 비판한 17세기의 독일경건주의운동과 뒤이은 18세기 미국 복음주의 부흥운동은 신앙 생활과 도덕 생활에 미치는 거룩한 감정의 역할을 강조했다. 한 예로, 미국의 대각성운동을 이끈 조나단 에드워즈(J. Edwards)는 감정을 영성의 핵심 요소로 보았을 뿐만 아니라, 윤리적 행동의 변화를 이끈다고 보았다. 거룩하고 은혜로운 감정(religious affections)은 성품을 변화시키고, 그가 가진 신앙심이 행위로 열매 맺을 수 있도록 이끌어준다고 주장했다.[39]

랍비 아브라함 헤셸(A. Heschel)은 구약성서의 하나님, 특별히 예언자들이 경험하고 선포한 하나님을 '정념(emotion)과 동정(sympathy)의 신'으로 묘사한다.

"정념이 예언-신학을 이해하는 데 근본적인 개념이듯이, 예언-종교를 이해하는 데는 동정이 근본적인 개념이다."[40]

---

38 김현수, "연민(compassion)의 사회윤리에 관한 연구: 마르타 누스바움과 마커스 보그를 중심으로", 「기독교사회윤리」 24(2012), 100-103 참고.

39 Jonathan Edwards, *Religious Affections,* 정성욱 역, 『신앙감정론』(서울: 부흥과개혁사, 2005), 480-504, 540-638.

40 Abraham J. Heschel, *The Prophets,* 이현주 역, 『예언자들』(서울: 삼인 2004), 465.

하나님은 인간의 고통에 참여하는 공감의 신이요, 예언자들은 동정심 가득한 인간(homo sympathetikos)이었다.[41] 그런데 여기서 잊지 말아야 할 중요한 사실은 예언자들의 동정심이 감상적 차원에 머문 것이 아니라 '세계의 참상과 사회적 불의, 그리고 하나님으로부터 소외된 인간의 위로'라는 윤리적 행위와 연결되었다는 점이다.[42] 예언자들이란 정념과 동정에 기초하여 '행동하는 종교인'이었다.

신약성서학자 마커스 보그(M. J. Borg)도 연민이 지닌 윤리적 중요성에 주목했다. 그는 당시 유대사회가 종교적 거룩함과 순수함만 추구하느라 사람들 사이에 경계를 만들고, 구분하고, 배제하고, 차별하는 사회였음을 지적했다. 이런 사회에 맞서 예수는 거룩함 대신에 연민을 가치 판단의 기준으로 삼아서 각종 사회적·종교적 경계들을 가로질렀다. 예수가 병자를 고치시고, 사회적 약자를 편드시고, 주변인까지 포함하는 포괄적인 사회질서를 추구하신 근본 동기는 연민에 있었다.[43]

종교학자 암스트롱은 모든 세계종교가 공통적으로 내세우는 자비라는 가치를 공감이라는 정서적 요소와 동일시한다. 공감을 뜻하는 영어 'compassion'은 라틴어 'cum patior'에서 온 말로서 '함께 아파한다'는 뜻을 지닌다. 이 단어는 성서 히브리어에서 자비를 뜻하는 '헤세드'나 긍휼을 뜻하는 '라함'(어머니의 자궁)과도 연관되어 있다(렘 31:20). 그리고 예수의 성육신과 십자가에는 인간의 고통에 공감하시는 하나님

---

41 한 예로서 예언자 이사야는 하나님을 '해산하는 여인'(사 42:14)이요, 고통 속에 있는 백성과 함께 고난당하는 '수난의 종'으로 묘사한다(사 53, 사 63:9). 눈물의 예언자로 이름 붙여진 예레미야가 멸망당한 유다를 위해 흘린 눈물은 하나님께서 자기 백성을 위해 흘리는 눈물이었다(렘 8:18-23, 15:5 등).

42 Abraham Heschel, op. cit. (2004), 468.

43 김현수, op. cit. (2012), 107-117.

의 연민과 자비가 드러나 있다. 즉, 공감이란 고통 가운데 있는 타자에 대한 감상적인 자선의 태도가 아니라 고통을 제거하려고 노력하는 '지속적인 이타주의'와 관련되어 있다.[44]

위에서 살펴본 것과 같이, 감정의 역할을 강조하는 감정윤리는 글로벌 재난시대에 필요한 지구윤리에 많은 도움이 된다. 공감은 재난 희생자와의 정서적으로 연대하게 만들며, 재난을 해결하려는 윤리적인 노력을 촉진한다. 하지만 감정의 역할을 강조하는 윤리가 하나의 체계적인 윤리이론으로 발전하려면 극복해야 할 한계나 해명해야 할 질문들이 여전히 남아 있는 것도 사실이다.[45]

감정윤리가 지닌 이런 이론적 어려움에도 불구하고 감정윤리가 그간 이성주의에 치우쳤던 전통윤리의 한계를 보완할 수 있다고 생각한다. 글로벌 재난 이슈를 중심으로 지구윤리를 모색하려는 이 연구에서 고통의 원인을 밝히고 책임을 묻는 분석적 이성만큼이나 고통에 대한 연민과 공감이 중요해졌기 때문이다. 따라서 지구윤리에서는 이성과 감성을 상호보완적 관점에서 보는 노력과 더불어 어떻게 실천으로 옮길 것인가 하는 실천의지라는 요소도 간과해선 안 된다.

공감을 인간의 가장 깊은 곳에 자리 잡은 원초적인 감정이요, 시간과 상황을 초월하는 보편적 감정으로 보았던 리프킨은 인간을 '호모

---

44 Karen Armstrong, op. cit. (2012), 16.
45 여기에는 다음과 같은 질문들이 포함된다. 첫째, 개념의 모호성 곧 공감이란 느끼는 것인지 아니면 지각하거나 이해하는 것인지, 둘째, 객관성 문제로서 내가 느끼는 감정과 타인이 느끼는 감정은 동일한 것인지, 셋째, 공감의 작동방식에 대한 물음으로서 공감이 유전자에 의해 작동하는지 아니면 환경의 영향을 받는지, 마지막으로, 공감의 효과 문제로서 공감력이 즉각적으로나 자동적으로 타인을 배려하는 행동을 낳을 수 있는지 등이다. 소병일, "공감과 공감의 윤리적 확장에 관하여: 흄과 막스 셸러를 중심으로", 「철학」 118(2014), 216-220 참고.

엠파티쿠스'(homo emphaticus)라고 정의했다.[46] 그는 공감이 인간에게 생물학적으로 내장된 원초적 감정이지만 동시에 꾸준히 연마해야 할 감정이라고 말했다. 공감력을 향상시키는 방안으로서 교육의 중요성을 강조했는데, 캐나다 교육가 메리 고든(M. Gordon)이 시작한 '공감의 뿌리 프로젝트'(Roots of Empathy Project)와 '협동적 학습 환경과 교육 방식'을 실례로 들었다.[47] 고통받는 타자에 대한 연민의 감정이 지닌 사회윤리적 역할에 관심했던 누스바움 역시 그 가능성의 전제로서 고통당하는 존재에 대한 감정이입적인 상상력과 병리적인 자아도취를 극복할 수 있는 교육방안, 그리고 고통의 원인에 대한 비판정신을 강조했다.[48]

요약하면, 공감이나 연민 같은 감정이 윤리적 이슈들의 해결책은 아닐 수 있어도 윤리적 행동의 강력한 동기가 된다는 것은 틀림없는 사실이다. 그러므로 교회는 교인들로 하여금 "우는 자들과 함께 울 줄 아는"(롬 12:15) 공감과 연민의 정서를 함양하게 할 수 있는 정서교육에 관심해야 한다. 더불어 교회공동체로 하여금 재난 속 희생자를 위로하고, 재난을 극복하며, 파괴된 공동체를 재건할 수 있도록 돕게 하는 섬김과 구호 사역에 힘써야 한다.

5) 보편적 도덕 규범의 토대

지구행성을 하나의 운명공동체로 보고, 그 안에 살아가는 모든 생명체의 안녕과 번영을 실현하는 데 필요한 지구윤리를 탐색하는 이 연

---

46 Jeremy Rifkin, op. cit. (2010), 16.

47 Ibid., 742-750 참고.

48 김현수, 앞의 글(2012), 104-107.

구의 마지막 질문은 규범적 보편성에 대한 것이다. 세계가 하나이면서 동시에 다양해지는 글로컬(glocal) 시대에 지구행성 구성원의 다양성과 차이점을 넘어 윤리적 공감대와 합의로 이끌 수 있는 도덕적 최소치가 있다면 무엇일까? 그 답이 무엇이든 그것은 앞에서 비판적으로 검토되었던 전통윤리의 특징들과는 차별성을 지닌 새로운 윤리여야 할 것이다.

이러한 전제에서 우리는 황금률을 지구윤리의 규범적 토대로 검토해 보려 한다. "무엇이든지 남에게 대접받고자 하는 대로 너희도 남을 대접하라."(마 7:12, 눅 6:21)는 예수의 황금률은 기독교는 물론 유대교, 나아가 역사 속 대부분의 세계종교와 동서고금의 일반 철학사상에도 공통적으로 등장하는 보편적인 윤리 원리이다. 예수와 동시대의 랍비 힐렐은 '자기가 싫어하는 일을 남에게 하지 말라'는 교훈을 토라의 전부라고 했으며, 토빗서(4:15)에도 비슷한 가르침이 등장한다. 공자가 생활 속에서 인(仁)을 실천하는 방법으로 제시한 서(恕)의 뜻은 "내가 당하기 싫은 일을 남에게도 하지 말라"(己所不欲 勿施於人)다. 석가모니도 "자기를 사랑하는 사람은 남들도 해치지 말아야 한다"고 가르쳤다. 한편, 고대 그리스의 소크라테스나 탈레스 같은 철학자도 "남을 비난하거나 화낼 일을 자신도 하지 말라"고 가르쳤다. 로마의 공공건물에는 "네가 당하기 싫어하는 일을 남에게 행하지 말라"는 글귀가 있었다고 한다.[49] 비록 표현방식에 있어서 예수의 황금률이 적극적이고 긍정적이라면, 일반 황금률은 소극적이고 부정적이라는 차이가 있긴 해도 내용과 본질이 크게 다르다고 보기는 어렵다. 황금률이 지닌 이러

---

[49] 조용훈, "기독교윤리의 관점에서 본 황금률 윤리", 「신학과 실천」 64(2019), 666-668.

07. 글로벌 재난시대를 위한 지구윤리의 도덕적 특징에 대한 기독교적 연구 **239**

한 규범적 보편성에 주목했던 세계종교공회의는 '세계윤리선언'(1993)에서 황금률을 세계평화를 건설하는 데 필요한 '최소한의 윤리적 토대요, 확고하고 무조건적인 규범'으로 제시했다.[50] 큉은 칸트의 정언명령이 황금률을 '현대적이고, 합리적이며, 세속화된 형태로 표현한 것'이라고 말했다.[51]

한편, 황금률의 핵심이 보편적 사랑과 자비의 실천이라는 점에서도 지구윤리의 규범적 토대가 될 수 있다고 본다. 암스트롱은 보편적 사랑과 자비의 가르침이야말로 인류를 도덕적으로 한 단계 도약시킨 '축의 시대'(Axial Age)에 나타난 공통적 윤리였다고 본다.

"축의 시대 현자들은 이기심을 버리고 자비의 영성을 계발하는 것을 그들의 의제의 맨 위에 두었다. 그들에게 종교란 곧 황금률이었다."[52]

비록 서(恕), 인(仁), 측은지심(惻隱之心), 겸애(兼愛), 사랑같이 종교마다 각기 다른 용어로 표현되지만, 자비는 종교의 진정한 영적 권위를 시험하는 잣대로서 초월자에 이르는 길로 간주되었다. 그러면서 인류

---

50 Hans Kueng und Karl J. Kuschel (hg.), *Erklaerung zum Weltethos* (Muenchen: Piper, 1993), 27-28.

51 Hans Kueng, op. cit. (1992), 127-128.

52 '축의 시대'란 표현은 독일 철학자 칼 야스퍼스(K. Jaspers)가 사용한 개념으로서, 대략 기원전 900년부터 기원전 200년 사이에 등장한 중국의 유교와 도교, 인도의 힌두교와 불교, 유대교, 그리고 그리스의 철학 사상가들을 통해 인류가 정신적으로 크게 발전한 시대를 가리킨다. 축의 시대에 부처, 소크라테스, 공자와 맹자, 예레미야, 『우파니샤드』의 신비주의자들, 에우리피데스 같은 현자들이 활동했다. Karen Armstrong, *The Great Transformation*, 정영목 역, 『축의 시대: 종교의 탄생과 철학의 시작』(서울: 교양인, 2010), 662 참고.

가 당면한 위기를 극복하려면 전 세계 종교인들이 종교적 가르침의 중심에 자비를 회복하고, 적을 포함하여 모든 인간이 겪는 고통에 대한 공감을 장려하자고 호소했다.[53]

사랑과 자비의 실천과 관련하여 예수의 황금률에서 주목해야 할 점은 사랑의 대상이 아니라 사랑의 방식에 있다. 즉, 예수의 황금률의 가르침이 일방적이고 무조건적 사랑이라는 맥락에서 등장한다는 점이다. 마태복음의 산상설교에 나오는 황금률은 하나님 사랑과 이웃 사랑 계명의 요약으로 원수 사랑의 맥락에서 선포된다(마 5:45-48).[54] 그리고 누가복음의 평지설교에서는 황금률에 대한 가르침이 주고받는 호혜적 태도 대신에 조건 없이 거저 주는 일방향적 태도를 강조한다(6:32-35).[55] 윤리학자 진 아웃카(G. Outka)는 이러한 예수의 사랑을 '동등배려'(equal regard)의 행위로 해석한다.[56] 사랑의 동등함이 사랑의 범위와 대상에 대한 차별 없는 보편성을 뜻한다면, 배려로서의 사랑이란 행위자의 헌신성에 대한 것으로서 아무런 대가나 보상을 바라지 않고 최선을 다하는 태도를 의미한다.

글로벌 재난시대에 기독교인과 교회가 실천해야 할 사랑이란 차별 없는 보편적 사랑이요, 예수가 십자가에서 보여준 자기희생의 이타

---

53   Karen Armstrong, op. cit. (2012), 13-14.

54   하나님은 악한 사람에게나 선한 사람에게나 똑같이 해를 떠오르게 하시고, 의로운 사람에게나 불의한 사람에게나 똑같이 비를 주시는 분이다. 세리처럼 자신을 사랑하는 사람만 사랑한다거나, 이방 사람처럼 형제자매에게만 인사하지 말고, 모두에게 차별 없는 사랑을 실천할 때 비로소 하나님처럼 완전해질 것이라고 가르친다.

55   "만일 되돌려받을 생각으로 남에게 꾸어준다면 그것이 무슨 장한 일이 되겠느냐? 아무것도 바라지 말고 꾸어 주어라"는 가르침에는 황금률의 무조건적이고 일방향적인 사랑이 나타난다.

56   이창호, "재난에 대한 기독교윤리적 성찰: 사랑과 정의 실천을 중심으로," 박경수 외 편, 「재난과 교회」(서울: 장로회신학대학교 출판부, 2020), 130-135.

적이고 일방적이며 무조건적인 사랑이다. 그런데 그 사랑은 재난의 원인과 결과에 대해 눈감은 감상적 사랑이 아니라 재난의 원인을 밝히고 공평한 책임을 묻는 정의로운 사랑이다. 손태그가 지적했듯이, 타인의 고통조차 감성적으로 소비되는 이미지 과잉 시대에 타자의 고통에 제대로 공감하려면 고통을 불러온 구조적 원인을 잊게 만드는 감상으로서의 연민에 빠지지 않도록 주의해야 한다.[57]

3. 나오는 말

세계화 과정은 국가 간 상호의존도를 심화시키면서 재난을 지구화시켰다. 그런데 세계화 시대 이전의 규범이었던 전통윤리는 세계적 경제위기 및 테러와 전쟁, 코로나19 팬데믹과 기후재앙 같은 글로벌 재난 이슈를 도덕적으로 다루는 데 한계와 문제점을 보이고 있다.

이런 한계와 문제를 극복하기 위해 시급히 모색되어야 할 새로운 지구윤리는 전통윤리와 달리 도덕 주체의 주체성을 국민이나 민족을 넘어 지구시민성에서 찾는다. 도덕적 책임의 대상을 인간 대 인간의 관계로 제한한 전통윤리와 달리 인간 대 자연의 관계로까지 확대한다. 도덕적 배려의 시간적 범위를 과거나 현재로 제한하지 않고 미래세대로까지 확장시킨 사전 예방적 태도를 중시한다. 도덕행위자나 도덕적 판단과정에 미치는 이성의 한계를 인정하고 공감이나 연민 같은

---

57   Susan Sontag, op. cit. (2004), 153.

정서적 요소를 통해 보완한다. 마지막으로, 다양성과 차이를 넘어 도덕적 공감대와 합의에 이를 수 있는 지구윤리의 도덕적 토대로서 황금률을 고려한다. 이는 황금률이 동서고금의 종교와 사상에 공통적으로 나타난 윤리적 자원일 뿐만 아니라 글로벌 재난시대에 꼭 필요한 사랑과 자비의 실천을 강조하기 때문이다.

　　지구윤리에 대한 체계적인 이론 연구는 연구자의 역량을 넘어서는 거대한 연구주제다. 어쩔 수 없이 이 연구에서 연구자는 지구윤리의 방향과 개략적 특징을 시론적 차원에서 시도했다. 보다 체계적이고 정교한 이론적 연구는 누군가에 의해서든 앞으로 계속해서 시도되어야 할 과제이다.

참고문헌

강영안,『타인의 얼굴: 레비나스의 철학』, 서울: 문학과지성사, 2005.

김현수, "연민(compassion)의 사회윤리에 관한 연구: 마르타 누스바움과 마커스 보그를 중심으로",「기독교사회윤리」24(2012).

소병일, "공감과 공감의 윤리적 확장에 관하여: 흄과 막스 셸러를 중심으로",「철학」118(2014), 197-225.

양선이, "허치슨, 흄, 아담 스미스의 도덕감정론에 나타난 공감의 역할과 도덕의 규범성",「철학연구」114(2016), 305-335.

이창호, "재난에 대한 기독교윤리적 성찰: 사랑과 정의 실천을 중심으로", 박경수 외편,「재난과 교회」, 서울: 장로회신학대학교 출판부, 2020.

이혁배, "시민에 대한 신학적 성찰", 2022년도 한국기독교사회윤리학회 정기학술대회 논문집(2022), 67-77.

정수복,『한국인의 문화적 문법』, 서울: 생각의 나무, 2007.

조용훈, "환경정의에 관한 기독교윤리적 이해",「장신논단」40(2011), 311-333.

_____, "기독교윤리의 관점에서 본 황금률 윤리",「신학과 실천」63(2019), 655-676.

_____, "글로벌 재난윤리의 종교적 접근 가능성과 중요성에 대한 연구",「기독교사회윤리」54(2022), 363-392.

Alt, Franz, *Der Oekologische Jesus*, 손성현 역,『생태주의자 예수』, 서울: 나무심는 사람, 2003.

Armstrong, Karen, *The Great Transformation: The World in the Time of Buddha, Socrates, Confucius and Jeremiah*, 정영목 역,『축의 시대: 종교의 탄생과 철학의 시작』, 서울: 교양인, 2010.

_____, *Twelve steps to a compassionate life*, 권혁 역,『자비를 말하다』, 서울: 돌을새김, 2012.

Chua, Amy, *Political tribes: group instinct and the fate of nations*, 김승진 역,『정치적 부족주의』, 서울: 부키, 2020.

Edwards, Jonathan, *Religious Affections*, 정성욱 역,『신앙감정론』, 서울: 부흥과개혁사, 2005.

Heschel, Abraham, *The Prophets*, 이현주 역,『예언자들』, 서울: 삼인, 2004.

Hoeffe, Ottfried, *Gerechtigkeit: Eine Philosopische Einfuehrung*, 박종대 역,『정의: 인류의 가장 소중한 유산』, 서울: 이제이북스, 2004.

Jonas, Hans, *Das Prinzip der Verantwortung*,『책임의 원칙: 기술시대의 생태학적 윤리』, 서울: 서광사, 1994.

Kueng, Hans, *Projekt Weltethos*, 안명옥 역,『세계 윤리 구상』, 왜관: 분도출판사, 1992.

Kueng, Hans, *Weltethos fur Weltpolitik und Weltwirtshcaft*, Munchen: Piper, 1997.

Kueng, Hans und Kuschel, Karl J. (hg.), *Erklaerung zum Weltethos*, Munchen: Piper, 1993.

Mutter, John, *Disasterprofiteers: how natural disasters make the rich richer and the poor even poorer*, 장상미 역,『재난 불평등: 왜 재난은 가난한 이들에게만 가혹할까』, 서울: 동녘, 2016.

Nash, James, *Loving Nature: Ecological Integrity and Christian Responsibility*, 이문균 역, 『기독교생태윤리』, 서울: 한국장로교출판사, 1997.

Niebuhr, Reinhold, *An Interpretation of Christian Ethics*, New York and London: Harper & Brothers, 1935.

_____, *Moral Man and Immoral Society*, New York: Charles Scribner's Sons, 1960.

Rifkin, Jeremy, *The Empathic Civilization*, 이경남 역,『공감의 시대』, 서울: 민음사, 2010.

Sagan, Carl, *Cosmos*, 홍승수 역,『코스모스』, 특별판, 서울: 사이언스북스, 2006.

Schweitzer, Albert, *Kultur und Ethik*, Ausgewaehlte Werke in fuenf Baende, Hg. von R. Grabs. Bd.II, Berlin: Union, 1973.

Singer, Peter, *Animal Liberation: A New Ethics for Our Treatment of Animals*, 김성한 역, 『동물해방』, 고양: 인간사랑, 1999.

Sofsky, Wolfgang, *Das Prinzip Sicherheit*, 이한우 역,『안전의 원칙: 위험사회, 자유냐 안전이냐』, 파주: 푸른숲, 2007.

Solnit, Rebecca, *A Paradise Built in Hell*, 정혜영 역,『이 폐허를 응시하라: 대재난 속에서 피어나는 혁명적 공동체에 대한 정치사회적 탐사』, 서울: 펜타그램, 2012.

Sontag, Susan, *Regarding in the pain of others*, 이재원 역,『타인의 고통』, 서울: 이후, 2004.

Steck, Odil, *Welt und Umwelt*, Stuttgart: Kohlhammer, 1978.

von Weizsaecker. C. Friedrich, *Die Geschichte der Natur*, 강성위 역, 『자연의 역사』, 서울: 서광사, 1995.

World Commission on Environment and Development, *Our Common Future*, 조형준 · 홍성태 역, 『우리 공동의 미래』, 서울: 새물결, 1994.

Yoshitaka, Yamamoto, *Fukusima no genpatsu jiko o megutte*, 임경택 역, 『후쿠시마, 일본 핵 발전의 진실』, 서울: 동아시아, 2011.

집필진 소개

조용훈

장로회신학대학교에서 신학을 공부했고, 독일 Bonn 대학에서 기독교윤리 전공으로 신학박사 학위를 받았다. 1995년부터 한남대학교 기독교학과에서 가르치고 있으며, 재직 중 교목실장 및 학제신학대학원장과 한남대학교회 담임을 맡아 사역하기도 했다. 저서로는 『마을공동체와 교회공동체』(2017) 등이 있으며, 논문으로는 "글로벌 재난 시대를 위한 지구윤리의 도덕적 특징에 대한 기독교적 연구"(2023) 등이 있다.

오지석

숭실대학교 대학원에서 "조선 후기 지식인사회의 서학 윤리사상 수용과 이해"를 주제로 박사학위를 수여받았으며, 숭실대학교 한국기독교문화연구소 부소장 겸 부교수로 재직 중이다. 한국기독교사회윤리학회 회장과 한중철학회 교육이사를 지냈다. 현재 한국해석학회 부회장으로 재직 중이다. 근대전환기 동안 한국과 동아시아 사회의 다양한 사회 변화에 대한 학술적 연구를 수행하고 윤리에 기반한 결과를 발표하였다. 저서로는 『소안론: 숭실을 사랑한 선교사』, 『근대전환기 금칙어 연구』 등이 있다. 그는 다양한 학술 활동을 통해 한국 기독교 문화를 확산하는 데 주력하고 있다.

이장형

장로회신학대학교 신학대학원 졸업 후 숭실대학교 대학원에서 "라인홀드 니버의 사회윤리 구상과 인간이해"로 철학박사 학위를 받았다. 현재 백석대학교 교수(기독교윤리학)로 재직 중이다. 장로회신학대학교, 숭실대학교 강사, 소망교회 가나안교회 교육목사, 백석대학교회 담임목사를 역임했고, 한국기독교사회윤리학회 회장, 한국연구재단 인문학단 전문위원 등을 역임했다. 2009년 라인홀드 니버연구소를 설립하여 소장을 맡고 있다. 『글로벌 시대의 기독교 윤리』, 『기독교윤리학의 한국적 수용과 정립』 등 다수의 저서와 논문이 있다.

문시영

숭실대학교 철학과와 동 대학원 석·박사 과정을 마치고 장로회 신학대학원을 졸업했으며, 아우구스티누스의 윤리를 전공하여 철학박사 학위를 받았다. 시카고대학, 에모리대학에서 연구했고 국가생명윤리위원회 전문위원, 한국연구재단 전문위원, 한국기독교사회윤리학회장, 한국기독교학회 연구윤리위원장을 역임했다. 교회됨을 위한 윤리를 추구하는 새세대 교회윤리연구소장이고 한국기독교윤리학회장이며 남서울대학교 교수(교목실장)이다. 『안으로 들어가라!』(북코리아, 2021), 『죽음의 두려움을 이기는 세븐 게이트』(북코리아, 2019), 『아우구스티누스와 덕 윤리』(북코리아, 2014)를 비롯한 다수의 저서와 논문 및 역서가 있다.

홍순원

감리교신학대학, 연세대학교 대학원 신학부를 졸업하고 독일 하이델베르그 대학에서 헬무트 틸리케의 신학적 윤리를 연구하여 박사학위를 취득하였다. 현재 협성대학교 사회와 윤리 교수, 사단법인 한국인문학 연구원 이사장, 메타신학연구소 소장으로 재직 중이다. 저서로는 『헬무트 틸리케의 신학과 윤리』, 『바른 영성 길잡이』, 『예수의 윤리』, 『교회와 사회(공저)』, 『소극적 안락사(공저)』 등이 있으며 그 외 다수의 논문을 저술하였다.

이종원

숭실대학교 철학과(B.A), 장로회신학대학원(M.Div.), 연세대학교 연합신학대학원(Th.M)에서 수학한 후, 숭실대학교 대학원(Ph.D.)에서 기독교윤리학으로 철학박사 학위를 받았다. 숭실대학교 베어드학부대학 조교수를 거쳐 지금은 계명대학교 교목실장, 연합신학대학원장, 한국기독교사회윤리 학회장을 맡고 있다. 저서로는 『기독교 윤리로 보는 현대사회』, 『기독교 생명윤리』, 『희생양과 호모 사케르』(2020년 세종 우수학술도서 선정), 『선한 영향력과 서번트 리더십』, 『기독교 협동조합론』 등이 있으며, 그 외 다수의 공저가 있다.

이창호

장로회신학대학교(Th.B., M.Div.)와 연세대학교(Th.M.) 그리고 미국 예일대학교(S.T.M., Ph.D.)를 졸업하였고, 현재 장로회신학대학교 부교수(기독교와 문화)로 재직 중이다. 저서로는 『평화통일 신학과 실천: 기독교 통일 연구의 흐름과 전망』(나눔사, 2019), 『사랑의 윤리: 사랑에 관한 신학적 윤리적 탐구』(장로회신학대학교출판부, 2020), 『신학적 윤리: 어거스틴, 아퀴나스, 루터, 칼뱅을 중심으로』(장로회신학대학교출판부, 2021), 『기독교 공적 관계론: 기독교사회윤리 이론과 실천』(장로회신학대학교출판부, 2022, 제39회 한국기독교출판문화상 신학부문(국내) 우수상 수상), 『과학기술과 인간에 관한 기독교적 성찰』(장로회신학대학교출판부, 2023), 『생태신학과 기독교윤리 실천』(장로회신학대학교출판부, 2024) 등이 있다. 다수의 공저가 있고, 역서로는 『네 이웃을 네 자신과 같이 사랑하라』(Gene Outka 저, 장로회신대학교출판부, 2015)가 있다.